誠慢誠懇
以純淨無邪

小謝哥

听小璐歌讲中国历史

十分钟了解一个朝代

小璐歌 著

陕西师范大学出版总社　西安

图书代号　SK24N1803

图书在版编目（CIP）数据

十分钟了解一个朝代：听小璐歌讲中国历史 / 小璐歌著. -- 西安：陕西师范大学出版总社有限公司, 2025. 5. -- ISBN 978-7-5695-4891-4

Ⅰ. K207

中国国家版本馆CIP数据核字第2025V7M388号

十分钟了解一个朝代——听小璐歌讲中国历史

SHI FENZHONG LIAOJIE YI GE CHAODAI —— TING XIAOLUGE JIANG ZHONGGUO LISHI

小璐歌　著

出 版 人	刘东风
责任编辑	雷亚妮
责任校对	庄婧卿
封面设计	允在文化
出版发行	陕西师范大学出版总社
	（西安市长安南路199号　邮编710062）
网　　址	http://www.snupg.com
印　　刷	陕西龙山海天艺术印务有限公司
开　　本	720 mm×1020 mm　1/16
印　　张	17.5
插　　页	2
字　　数	260千
版　　次	2025年5月第1版
印　　次	2025年5月第1次印刷
书　　号	ISBN 978-7-5695-4891-4
定　　价	69.00元

读者购书、书店添货或发现印装质量问题，请与本公司营销部联系、调换。
电话：（029）85307864　85303629　传真：（029）85303879

文明的曙光：三皇五帝夏商周

华夏伊始：从三皇五帝到夏王朝	003
殷商王朝：屹立东方的最强国	010
西周王朝：从凤鸣岐山到定鼎中原	016
东周列国之春秋	022
东周列国之战国	028

统一与分崩：秦汉魏晋南北朝

秦朝：中华第一帝国　　　　　　039
西汉：耀眼的东方盛世　　　　　046
东汉：从隆兴到衰亡　　　　　　053
三国：浪花淘尽英雄　　　　　　059
晋朝：士族的门阀政治　　　　　065
南北朝之南朝宋　　　　　　　　072

1

南北朝之南朝齐、梁、陈	078
南北朝之北魏	084
南北朝之东魏、西魏	091
南北朝之北齐、北周	097

正午的文明：隋唐与五代十国

隋朝：华夏一统与夭殇	107
大唐之开基伟业	113
大唐之盛世辉煌	118
大唐命运的转折	124
晚唐之末世悲歌	130
五代十国之梁、唐	137
五代十国之晋、汉、周	143
五代十国之前蜀、后蜀	149
五代十国之南吴、南唐	154
五代十国之吴越诸国	161
五代十国之闽国、南楚、北汉	167

对峙时代：两宋与辽夏金元

北宋之统一与缔盟	175
北宋之文治与亡国	181
南宋之偏安一隅	188
南宋之日落西山	194
大宋劲敌：契丹辽国	200
大宋之恨：女真金国	207

大宋藩邦：党项西夏国 213
元朝：蒙古帝国的兴亡 219

帝国余晖：明清

大明之开国与繁荣 227
大明之由盛而衰 232
晚明之阉党擅权与覆亡 237
南明：昙花一现的小王朝 243
清朝前传：后金的开基立国 249
大清之一统与初兴 254
大清之盛世及屈辱 261
大清之衰朽与谢幕 267

后记 274

文明的曙光
三皇五帝夏商周

华夏伊始：从三皇五帝到夏王朝

说起华夏的起源，我们从小就听过太多的故事，比如盘古开天、女娲造人等等，但这毕竟是神话传说，不足为信。目前公认的华夏起源是三皇五帝的时代。但很有意思，"三皇"到底是哪三位，大家并没有一个清晰的定论，甚至连《史记》的作者司马迁也对"三皇"避而不谈。当然，这并不奇怪，毕竟年代久远，流传下来的资料实在太少。

一般而言，与"三皇"有关的众多说法里包括有巢氏、燧（suì）人氏、伏羲氏和神农氏。实际上他们也并非指具体的某一个人，而应该是中国历史上几个时间延绵很久的族群及其部落首领的统称。其中，有巢氏让人类开启了原始的巢居生活，从而避免了野兽的侵害；燧人氏发明了钻木取火，让我们的祖先不再茹毛饮血；伏羲氏则发明了渔猎、八卦，而且做书契、制嫁娶，据说还发明了乐器；而神农氏则推进了农业的发展，让华夏民族得以延绵至今。

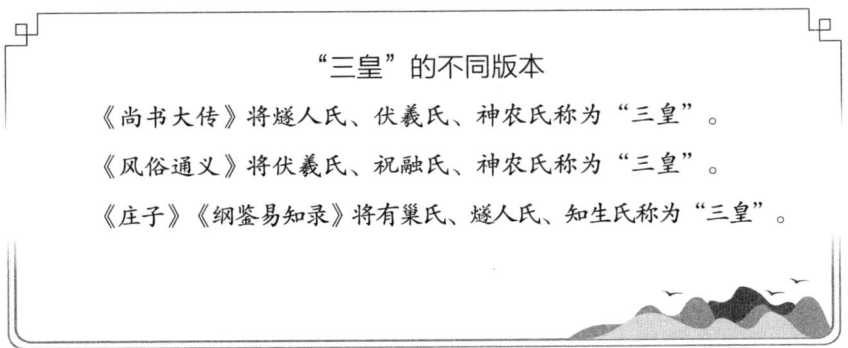

"三皇"的不同版本

《尚书大传》将燧人氏、伏羲氏、神农氏称为"三皇"。

《风俗通义》将伏羲氏、祝融氏、神农氏称为"三皇"。

《庄子》《纲鉴易知录》将有巢氏、燧人氏、知生氏称为"三皇"。

说了"三皇"，那么"五帝"呢？到底是哪"五帝"？

司马迁在《史记·五帝本纪》中的描述是：黄帝、颛（zhuān）顼（xū）、帝喾（kù）、尧和舜。其中黄帝位于五帝之首，其余四帝都被司马迁认为是黄帝的后裔。实际上，五帝之间并没有必然的血缘关系，他们应该是"五帝"时代不同时间阶段的部落族群。比如黄帝部族号称轩辕氏，又号有熊氏、帝鸿氏。而黄帝之后就是颛顼部族的时代，相传颛顼居住在帝丘（今河南濮阳县）。1988年，考古工作者在河南濮阳西水坡遗址发掘出一座用蚌壳堆塑的龙虎图案的墓葬，据说墓主人就是颛顼部族的一位部落首领。

颛顼时代之后，是帝喾的时代。再之后，到了大约距今四千年前，中国历史进入了尧舜禹的时代。在《尚书》和《史记》中记载，当时的王位传承采用的是禅让制，于是就有了这样一个温情脉脉的说法：尧在年老的时候把王位禅让给了舜，而舜在年老的时候则把王位禅让给了当时夏部落的首领大禹。

但是《竹书纪年》《韩非子·说疑》却记载了另一个不太温情的版本，那就是尧、舜、禹相互争斗，所谓"舜逼尧，禹逼舜……人臣弑其君者也"。然而无论如何，当时的传位制度明面上还是禅让的方式。

目前史学界比较权威的说法是，夏部落首领大禹接替舜成为天下共主，大约是在公元前2070年，大禹成为天下共主后，他以部落名"夏"为国号。由此，中国史书上记载的第一个奴隶制朝代正式走上了历史的舞台，也开启了长达四百七十一年的夏朝历史。

到了夏朝的开国之君大禹年老的时候，他曾想把王位禅让给东方颇有威望的偃（yǎn）姓首领皋（gāo）陶（yáo），然而皋陶还没有等到禅让就去世了，于是大禹又准备把王位禅让给东夷部族的首领伯益。等到大禹死后，伯益按照传统为大禹守丧了三年。但是三年守丧完毕，伯益并没能继承大位，反而是大禹的儿子姒（sì）启坐上了天下共主的位子，即第二任夏后，史称夏启。目前相对温情的说法是，大禹的儿子夏启是在民众的拥护下继承了大位。不过还有另外一个版本，那就是古本《竹书纪年》中说，伯益是被大禹的儿子夏启杀掉了，之后夏启自立为夏朝的第二代君主。

然而，夏启自立为王是公然践踏传统的禅让制，这等于把"公天下"变成"家天下"了。原本"皇帝轮流做，明年到我家"，这下可好，天下成你一家的啦！于是很多诸侯都表示不服气。其中诸侯有扈氏就直接起兵反对夏启。对于有扈氏的反叛，夏启倒也不慌，他亲自率兵征讨，来到甘地（约今河南省郑州市西北古荥泽一带）准备和有扈氏决战。战前，夏启为了激励士气，他做了中国历史上第一个战前动员令，史称"《甘誓》"。

《甘誓》的主要意思有两层：一是宣布有扈氏"威侮五行，怠弃三正"，讨伐有扈氏是替天行道；二是申明军纪和赏罚，要令行禁止，有功要赏，有罪必罚。之后，夏启率领军队在甘地大败有扈氏，史称"甘之战"。

平定了有扈氏的叛乱后，其他诸侯再也不敢造次，对夏启都表示顺从，因此夏启的底气越来越足。为了彻底废除传统的禅让制，确立王位世袭，他在都城阳翟（今河南省禹州市）召集各地的方国首领，举行了一场盛大的活动。

方　国

方国，也称方国部落，是指中国夏商之际的诸侯部落与国家。夏商时期的国家是一种古国与方国的联合体，有的学者把这种联合体称为"方国联盟"。一些学者认为，古国指的是高于部落以上的、稳定的、独立的政治实体，属于早期城邦式的原始国家。古国时代以后则发展到方国时代，其历史阶段大约距今四千年。部落方国后来逐渐演变为统辖于王朝之下的诸侯国。

当时夏启在阳翟举办的这场活动声势浩大，各方国的首领都来参加，他命人在城中筑起了一座高高的台坛，号曰"钧台"。活动开始的时候，夏启亲自登上钧台表演歌舞以祭祀神灵，随后设宴款待各方国的首领，史称"钧台之享"。

钧台之享是一次重要的方国盟会。这次盟会上，夏启宣扬了赫赫战功，展示了以他为代表的夏王朝的强大实力，确立了他天下共主的统治地位，也让各方诸侯彻底承认了"家天下"的世袭制度。此后，禅让制正式退出了历史的舞台，世袭制则成为后世法定的王位继承制。

夏启死后，他的儿子太康顺利继承了大位，这就是夏朝的第三代君主。但是太康继位后，只顾玩乐，不理朝政，这导致他在位时期，夏朝的权威渐渐衰落，一些野心家觊觎君主之位，比如后羿。但这个后羿并不是神话传说里那个帮助尧帝射落九个太阳的大英雄，更不是仙女嫦娥的丈夫。历史上的后羿是当时东夷部族一位善射的首领。虽然不曾射落九个太阳，但他射箭的本领确实高超。

当时后羿趁夏王太康沉湎酒色、不理国政的机会，发动叛乱，赶走了太康，之后他扶持太康的弟弟仲康登上王位，而实际的权力都掌握在他自己的手里。等到后来仲康死了，后羿赶走了仲康的儿子姒相（也称相后），干脆自己坐上了君主的位子，这就是夏朝历史上的"太康失国"事件。

然而篡夺了大位之后，后羿很快也沉湎酒色，还特别喜欢外出游猎。为了让自己玩得更舒坦，他干脆把国政都交给了自己的亲信寒浞（zhuó）。但后羿不知道的是，寒浞就是一头喂不熟的狼。想当初，寒浞被部族驱逐，是后羿收养了他，还对他非常器重。然而当后羿把国政都交给他打理的时候，尝到权力滋味的寒浞就渐渐生出了篡逆之心。

有一次后羿又外出游猎，寒浞趁其不备将后羿杀害，还霸占了后羿的妻子。随后寒浞自立为王。为了彻底消除潜在的威胁，寒浞又攻打夏部族的斟灌氏与斟鄩（xún）氏，并杀了在斟鄩避祸的姒相。姒相就是仲康的儿子，也是夏启的亲孙子。所幸当时姒相的妻子缗（mín）已经怀了姒相的骨血，她趁乱从墙洞逃出，随后奔回娘家避难，不久就生下了遗腹子,取名"少康"。少康成年后,很有智慧而且仁德,史载"能布其德"。身为夏朝的宗亲正脉,少康渐渐聚拢起夏部族的老臣和遗民,待时机成熟后,他起兵攻灭了祸乱夏朝的寒浞及其余党。由此,少康结束了夏朝四十多年的"无王时期",恢复了夏朝(夏后氏)的统治,史称"少康中兴"。

少康执政多年后去世,他的儿子姒杼继位为王。姒杼了解东夷部族对夏朝不满,为了巩固夏朝在东方的势力,他把都城迁到了老丘(今河南省开封市以东国都里一带)。此后,姒杼积极发展兵甲,夏朝的军队渐渐强大。兵力强盛后的姒杼开始讨伐不太服从夏朝的东夷部族,他接连取胜,将夏朝的版图一度扩张到了东海之滨。姒杼在位的这段时间,成为夏朝最为昌盛的时期。

姒杼死后,他的儿子姒槐继位。姒槐在位的时期是一段和平岁月,当时东夷部族与夏朝已经开始和平共处,很多部落还经常给夏朝纳贡朝贺。甚至到了姒槐的孙子姒泄在位的时候,东夷部族已经与夏部族逐渐同化,渐渐融合为一体。由此,夏朝的东方基本稳固。

姒泄之后又历经四世,大位传到夏朝第十四代君主孔甲的手里。司马迁在《史记》中描述"帝孔甲立,好方鬼神,事淫乱",就是说孔甲是一位胡作非为的昏君,于是当时依附夏朝的部落开始与夏朝离心离德,夏朝再次走向衰败。

这种衰败的情况,一直持续到了孔甲的孙子姒发继位。面对夏王朝日益衰败的局面,他忧心忡忡,于是着意留心访求贤能之士。有一次姒发外出打猎,遇到一位名叫关龙逄(páng)的农夫,几番交谈,姒发深信关龙逄有经世之才,于是很快就任命关龙逄为大夫,后来又提拔关龙逄做了国相。而关龙逄也不负所望,他辅佐姒发将夏朝治理得井井有条,夏朝一度又有了中兴的局面,似乎恢复了当年强盛时的气象。

然而,这终究只是王朝末世的回光返照,到姒发的儿子履癸继位之后,夏朝开始渐渐滑向王朝末路的轨道。史书记载履癸孔武有力,可以"手搏豺狼,足追四马",是个了不得的"运动健将"。但当时夏朝和各方国部落的关系逐渐破裂，导致给夏朝上贡的部落越来越少。见大家都不太听话，履癸不高兴了，他不断地发起战争，去讨伐那些不顺从的诸侯部落。

这履癸不光好战，他还好色。他每打败一个部落，就会从部落中挑选钟爱的女子带回宫中作为妃子。传说履癸攻打有施氏时，有施氏兵败求和，献出了他们的牛羊、马匹和美女。其中有位美女叫妹（mò）喜，履癸得到妹喜后，对她非常宠爱。他为妹喜建造了规模大到可以划船的酒池，还邀请了三千人在击鼓声中下池畅饮，结果很多人因酒醉而淹死在酒池之中。得知妹喜爱听撕扯绢帛的声音，履癸就命人搬来精美的绢帛，在美人妹喜面前一匹一匹地撕裂，只为了博取美人妹喜的嫣然一笑。

履癸骄奢淫逸，宠幸妹喜，又暴虐无道。这让大臣关龙逄实在有些看不下去，于是他冒死进谏，而履癸根本不听劝谏，他将关龙逄先是囚禁，随后杀害。这样的暴行惹得天怒人怨，各部族与夏朝渐行渐远、不再来朝，夏朝更加衰落。而此时众叛亲离的履癸竟然还把自己比作天上的太阳，自称永远不会灭亡。当时老百姓不堪其苦，经常指着太阳诅咒"时日曷丧，予及汝偕亡"，就是说"这个太阳什么时候消失呢？我们愿意和你一起灭亡"。

在这种情况下，商部落（当时活动于今河南省东部、山东省西南部一带）趁机崛起，渐渐发展壮大。到了公元前1600年的时候，商部落的首领商汤联合各诸侯方国，讨伐夏朝的履癸。最后与夏朝军队大战于鸣条（今山西省夏县之西），这就是历史上著名的"鸣条之战"。鸣条之战以履癸的失败宣告了夏朝的终结，战败后的履癸被放逐到南巢（今安徽省巢湖市），最后竟然活活饿死。履癸死后，商汤给他定的谥号为"桀"，这就是我们所熟知的夏朝末代暴君夏桀。

据说夏朝亡国之时，夏桀有一个儿子叫淳维。离乱之际，这位末代王子淳维带着父亲夏桀的数位妃子逃往了大漠之地。之后，他们就在偏远的大漠繁衍生息，又渐渐繁衍出一个令后世中原头疼不已的游牧民族——匈奴。《史记·匈奴列传》中说:"自淳维以至头曼,千有余岁。"就是说,从夏桀的儿子淳维逃往大漠,一千多年后就传到了头曼这一代。头曼就是匈奴的第一代单于,而当时的中原王朝正是挥剑决浮云的大秦帝国。

殷商王朝：屹立东方的最强国

夏朝之后就是商朝，但是商朝给我们的印象似乎并不好。今天我们一提起商朝，脑海里就会浮现出《封神演义》中的画面，比如商纣王与苏妲己奢靡无度，忠臣比干被残忍剖心，无辜百姓被炮烙残害……好像商朝完全就是一个腐朽黑暗的王朝。其实这只是商朝末期留给人们的印象。历史上的商朝曾经也是一个伟大的王朝，还涌现出了许多有名的君王和贤臣良将，而且建立商王朝的商部族还有着非常动人的起源传说。

相传在很久很久以前，五帝之一的帝喾娶了一位名叫简狄的妃子，简狄明眸皓齿、美艳动人。有一天，简狄来到附近的河里沐浴。突然天空飞来两只玄鸟（玄鸟就是通身乌黑的燕子），它们落在河边的石头上栖息。过了一会，两只玄鸟相伴飞走了，却在石头上留下了一枚蛋。简狄很好奇，于是把蛋吞入了腹中，不久简狄就有了身孕，后来生下一个儿子，名字叫契。

契后来带领族人来到豫北的漳水流域生活，漳水最早叫商水，所以契与他的族人就被称为商人，这就是商族名称的由来。而传说的那两只黑色的燕子——玄鸟，则成了商族的图腾，这就是《诗经·商颂》中唱的"天命玄鸟，降而生商"的典故。

时间转眼到了夏朝末年，此时依附于夏朝的商部落已经发展成为一个很大的方国，这时候商国的首领叫商汤。商汤作为商国首领的时候，夏朝正是夏桀当政，夏桀荒淫奢靡、暴虐无道，惹得天怒人怨，各部落渐渐与夏朝离心离德。商汤眼看着夏桀"差评"如潮，于是就动起了要推翻夏朝的念头。可夏朝毕竟已经延续了几百年，根深蒂固啊，想推翻夏朝并没有那么容易，咋办呢？

就在此时，上天给商汤送来了一个人才，这个人才就是历史上有名的贤相伊尹。按说这么有名的人才，那出场不得是锣鼓喧天、彩旗招展啊？还真不是，为啥呢？

话说当时商汤刚娶了有莘国君的女儿为妻，而当时的伊尹还只是商汤妻子的陪嫁奴隶，这个卑贱的奴隶除了厨艺高超，似乎看不到其他什么闪光的地方。但身为奴隶的伊尹很有志向，他也一心想要推翻残暴的夏桀，只可惜身份卑微，一直没有遇到赏识自己的明主。当他作为陪嫁的奴隶来到商国后，一眼就发现商国的首领商汤胸有大志、必成大器，于是他总想瞅个机会为商汤谋划一番。有一天，趁着上菜的时机，伊尹就给商汤趁机一通侃，他从做饭怎么放调味料开始，讲到天下大势、治国理政，进而又讲到夏桀暴虐，百姓身在水火之中，这侃着侃着，就侃到了商汤心坎里。

商汤对伊尹佩服得五体投地，他大手一挥，给了伊尹一个右相的官职，让他全力辅佐自己。伊尹也不负所望，他先是用离间计笼络了夏桀的妃子妹喜，从她那里得到许多关于夏朝的情报。接着他又联络东方的九夷部族，使得九夷部族也不再听命于夏桀。

大约到了公元前1600年，商汤在伊尹的辅佐下，兵锋直指夏桀，他还做了一篇历史上非常著名的战斗檄文，就是《汤誓》。经过誓师动员的商汤军队士气大振，随后商汤带领军队与夏朝的军队展开战斗，最终双方于鸣条展开决战，结果商汤大胜，夏桀失败后被放逐而死。至此，延续了四百七十一年的夏朝灭亡，新生的商朝如朝阳冉冉升起。

商汤建立商朝后，国家蒸蒸日上。他的寿命也很长，据说活到了一百岁。等到商汤死后，王位先后传给了两个儿子，但这两个儿子都很短命，先后而亡。就这样，商汤的孙子太甲继位为商朝的第四位君主。要说这太甲继位的头几年干得还凑合，之后就开始寻欢作乐、不思进取了。眼见商朝的基业就要被太甲给败完了,老臣伊尹看不下去了。于是,他将不思进取的商王太甲放逐到商汤墓地附近的桐宫,让他在那儿好好反省。而伊尹自己则摄政当国,这就是历史上的"伊尹放太甲"事件。

《汤誓》的主要内容

《汤誓》是商朝开国之君商汤发布的军事法令。大约公元前1600年,商国及各方国的联军与夏朝的军队决战于鸣条。战斗之前,为激励和规范三军,商汤颁布了《汤誓》。其主要内容为:宣布了夏桀的罪状,以示出师有名;表明商汤受命讨伐夏桀,以正天道;申明战场上的赏罚纪律,要求将士务要同心勠力,共助商汤,以行天罚。

被放逐到桐宫的商王太甲经过三年的反省,彻底悔过自新。于是伊尹又将他迎回王宫,还政给他。重新当政的太甲也不负所望,他重礼修德,于是天下的诸侯都来归顺,百姓从此安居乐业。

就这样,商朝过了一个多世纪的安生日子。一直到了商朝的第十任君主仲丁当政的时期,一系列的问题就慢慢浮现了出来。首先是天灾不断,当时的人们为了生活方便,都住在黄河的沿岸。但黄河经常泛滥,水患连连让百姓苦不堪言、流离失所。接着就是人祸,从商朝的第十任君主仲丁开始,商朝内部连续发生血腥的王位争夺,这种情况一直持续到商朝的第十八任君主阳甲,经历五代九王,史称"九世之乱"。于是乎,天灾加上人祸,商王朝江河日下,眼瞅着就要灭亡了。这个节骨眼儿,出现了一位中兴之主,他就是商朝的第十九任君主——盘庚。

大约公元前1378年,盘庚在当时的商朝国都——奄(今山东省沂源县沂蒙山腹地的东安古城)即位。约公元前1300年,盘庚决定迁都。为啥要迁都呢?一来是为了躲避时常泛滥的黄河水患;二来是把自己那些争权夺利的叔伯宗亲们迁到陌生的地界儿,让他们失去原来那些盘根错节的关系网,人生地不熟,谁也不敢瞎嘚瑟。

起初贵族们都反对迁都,但盘庚力排众议,最终还是把都城迁到了殷(今河南省安阳市)。打这儿以后,商朝混乱的节奏终于消停了下来,此后商朝的都城一直都在殷,所以商朝又叫殷商。

许多年后盘庚去世,王位先是传给了两个弟弟,两个弟弟去世后,王位又传到了盘庚侄子的手里。这大侄子是个能人,他就是商朝的第二十二位君主——武丁。据说武丁刚继位的时候,他把政务都丢给了大臣,自己则三年不说一句话。直到有一天,武丁才开口说话,他对众位大臣说,自己做了一个梦,在梦中见到了一位圣人。随后他又把梦中所见圣人的画像交给大臣们,让他们按图索骥去寻找。结果过了没多久,还真有人在一个叫傅岩(今山西省平陆县东)的地方,找到了画像上的圣人。不过这位圣人当时身份卑微,他竟然是一个叫说(yuè)的奴隶。据传说被找到的时候,正在工地上做苦力。但随后,这位奴隶就被带到了商王武丁的面前。

当时武丁一见到说,就感觉对方和自己梦中所见是一模一样,于是倍感亲切。他放下商王的架子,诚恳谦虚地向这个奴隶请教治国之道。没想到,说果然见识非凡,他对天下大事、治国之道了如指掌。于是武丁对说大为欣赏,并当着众位大臣的面,当场就任命说为宰相,还为他赐姓"傅",这就是孟子《生于忧患,死于安乐》篇中说的"傅说举于版筑之间"的典故。

从卑微的奴隶做到宰相的傅说,没有辜负武丁大王的期望,在他的辅佐下,商王朝的国力突飞猛进。商王武丁在此期间也不断地扩大疆域,成为当时世界上的东方第一强国。要说这武丁已经够厉害了,他的老婆似乎比他还要强,这就是被称为"巾帼第一英雄"的妇好。要说别的女人打架是专薅头发,妇好打架只"薅头"。这位不让须眉的巾帼英雄帮助丈夫武丁打下了很多的地盘,使商王朝的疆域远达四方。于是在宰相傅说和老婆妇好的帮助下,武丁一路开挂,商王朝的国土幅员辽阔，开创了商代盛世和华夏文明的高峰时刻。

但让武丁没想到的是，自己辛辛苦苦开创的盛世，竟然毁在他的后代、一个"熊孩子"的手里。这个"熊孩子"叫帝辛，他还有个大家都耳熟能详的名字，就是商纣王。商纣王是商王朝的第三十二代君主，也是最后一代商王。

不过，纣王不是一天就变坏的。刚刚继位的时候，他东征西讨，平定四方。论军事才能，商纣王的确有他的过人之处。但是慢慢地，他开始沉湎酒色，还特别宠爱一个叫妲己的妃子，并且荒淫无道、残忍暴虐。当时他的叔叔比干见他实在不像话，就来劝谏他，结果被他剖开胸膛，把心挖了出来。他手下的三公更惨，有两个直接被剁成了肉酱。还有西边一个属国的首领——西伯侯姬昌，据说他竟然被商纣王逼着吃了自己的儿子长子伯邑考的肉做成的肉羹。帝辛如此残暴令人发指，搞得人心惶惶的，谁都没有安全感了，于是忠臣良将纷纷离他而去。

此后，西伯侯姬昌和他的另一个儿子姬发慢慢联络了很多对商朝不满的势力，谋划着要讨伐商纣王。到了公元前1046年的春天，准备好一切的姬发趁商朝的主力正在东方与东夷部族开战，组织诸侯联军，就在距离商朝的陪都朝歌七十里外的牧野（今河南省新乡市北部），与商朝军队展开了决战，这就是历史上有名的"牧野之战"。结果商朝大败，纣王身着缀满珠玉的华服，在朝歌的鹿台上自焚而死，商朝就此灭亡。此后，一个新的王朝开始了，那就是国祚延续了近八百年的周朝。

有意思的是，商朝灭亡后，商纣王的叔父箕子不愿臣服于周，率领部分商民北迁到朝鲜半岛，建立了朝鲜国，史称"箕子王朝"，又称"箕氏朝鲜"。据说箕子王朝在朝鲜半岛上又延绵了许多年的时光。

箕子王朝

商朝灭亡后,商纣王的叔父箕子带领殷商遗民来到了今天的朝鲜半岛,随后建立政权,史称"箕子王朝"或"箕氏朝鲜"。到了战国燕昭王时期,箕子王朝归属燕国;后燕国为大秦帝国所灭,箕子王朝又归顺了秦朝,成为秦朝在海外的附属国。到了秦朝末年,一个名叫卫满的燕国人带领部属来到了朝鲜半岛,灭了当时的箕子王朝,随后建立了"卫氏朝鲜"。卫氏朝鲜持续近九十年,于公元前108年为汉武帝所灭。此后汉朝在此地设置乐浪郡,创造了辉煌灿烂的"乐浪文化"。

西周王朝：从凤鸣岐山到定鼎中原

在陕西省咸阳市武功县的老县城，有一座四千多年前周人祖先后稷教导先民们从事农业生产的"教稼台"。这座"教稼台"有点类似于今天的农业科学院。传说后稷当年就是在那里教导先民们农业生产方面的知识和技能，因此后稷又被尊为农神或谷神，而他的子民周人也很善于农业生产。

虽说后稷被尊为农神，但他并不是虚构的人物，在历史上，后稷真有其人。相传他是五帝之一帝喾的正妻姜嫄所生，他曾带领周人生活在姬水（今陕西省武功县的漆水）一带，因此周人以"姬"为姓。到了后来，后稷的子孙又率领部族辗转迁徙到今天的甘肃庆阳、陕西彬州市旬邑县（古称豳地）一带生活。等到古公亶（dǎn）父做部族首领的时候，由于受不了鬼方部族的侵扰，古公亶父就率领周人迁居到了周原。

周原在哪儿呢？就是今天的陕西省宝鸡市岐山县、扶风县一带。由于周原土地肥沃、水草肥美，特别适合善于农业生产的周人生活，所以周人很热爱周原这片土地，他们唱道："周原膴膴（wǔ），堇（jǐn）茶（tú）如饴。"就是说，周原土地真肥沃，苦菜甜如麦芽糖。

后来，古公亶父去世，他的儿子季历继任为新的周人首领，当时的周人部族已经发展成为商王朝统治之下一个很大的方国。与周人部族欣欣向荣的气象形成鲜明对比的是，当时的商王朝日薄西山，正在走向衰落。由于季历带领周人不断发展壮大，并且连续向西北一带扩张，这就引起了商王文丁的猜疑，于是他以封赏为名，让季历来到殷都，然后就软禁了季历，不久又将其杀害。这就埋下了周人与商王朝的血海深仇。

季历死后，他的儿子姬昌（不是长子）继承了周人首领的位子，姬昌就是我们都熟知的周文王。周文王姬昌在位期间，周族的势力进一步扩张，它一面征伐附近的小国，扩充实力；一面把它的都邑从周原迁到今天西安市长安区的沣河西岸，建成丰京。

迁都到丰京后，文王姬昌又建立了以卿士为首的官僚制度，健全了管理机构，还聚集了一大批有才能的贵族。而此时的商王朝正是纣王执政的时期，纣王荒淫无道、残忍暴虐，这让本就风雨飘摇的商王朝愈加快速地滑向了灭亡的轨道。加上周人与商王朝的新仇旧恨，文王姬昌和他的儿子姬发一直在暗地里积极准备，要讨伐残暴的商王朝。文王姬昌死后第四年（前1046）的初春，他的儿子姬发趁着商朝的主力在东方讨伐东夷之际，联络了很多对商朝不满的势力，在牧野（今河南省新乡市北部）和商朝的军队展开了决战，这就是历史上有名的"牧野之战"。

牧野之战的准确时间

1976年出土于陕西省临潼县（今西安市临潼区）零口镇的一件青铜器——利簋，为我们揭开了牧野之战的准确时间。利簋也称"武王征商簋""周代天灭簋"或"檀公簋"。利簋出土后，考古人员在其腹内底部发现了四行共三十二个字的铭文："珷征商唯甲子朝岁鼎克昏夙有商辛未王在阑师赐右史利金用作檀公宝尊彝。"经专家断句，其中有"珷征商，唯甲子朝，岁鼎"，这几个字清晰地表述了周武王攻击纣王的时间是甲子日的早上，铭文"岁鼎"二字表明当天是岁星（木星）高悬。再结合对利簋的碳-14含量检测等技术手段以及天文学规律、古代历法等方面的分析，科研工作者将周武王发动牧野之战的时间点，确定在了公元前1046年1月20日的早上。

牧野之战的结果是商朝战败，商纣王在陪都朝歌的鹿台自焚而死，商朝就此灭亡，周朝建立。由此，姬发成为周朝的开国之主，就是我们熟知的周武王。

然而，新生的周王朝面临许多棘手的问题，比如很多土地当时还在商朝旧贵族的手里，许多过去依附商朝的诸侯也并不承认周武王作为新的宗主。面对这种情况，如何管理这大好河山呢？当时周武王姬发采用"封建亲戚，以藩屏周"的政策，他把宗亲贵族、功臣勋贵分封到各地去做诸侯王，由此，这些分散在广袤国土上的一个个诸侯国就享有对一方土地的实际管理权，也成为拱卫周王室的一个个据点和堡垒。

但是如何管理殷商遗民呢？这个问题必须慎重，因为一旦引发殷商遗民的反对，新生的周王朝必将再次掀起腥风血雨。周武王如何处理这个问题呢？他把商纣王的儿子武庚封在殷商的旧地，就是说你们自己人管自己人，只要你们臣服于周王朝就可以了。同时，武王又派他的兄弟管叔、蔡叔、霍叔在殷都附近建立邶（bèi）、鄘、卫三国以监视武庚，史称"三监"。这是一个看起来皆大欢喜的政治策略，却也为后来的祸乱埋下了伏笔。

周朝建立的两年之后，周武王病逝，他的儿子周成王年幼，所以暂时由成王的叔叔周公旦摄政。周公旦的大权在握引发了管叔和蔡叔等人的不满，这个情况被殷都的武庚知道了，他觉得这是个引发周朝内乱、趁机复兴商朝的机会。于是，他积极拉拢管叔和蔡叔等人，并联合东方的徐、奄、薄姑等国发动叛乱，史称"三监之乱"。

然而，周朝兴起是大势所趋，尽管叛乱来势汹汹，但周公旦仅用了三年时间就平定了这场叛乱。叛乱平定后，周朝为了加强对东方的控制力，在周成王五年（前1038）的春天，成王派遣太保召公前往洛邑勘察建城的基址，名曰"相宅"。当年腊月，位于洛邑的都城初步完工，被称为东都，又称"成周"，而位于镐京的都城则被称为"宗周"。为了震慑东方，由周王室直接控制的周八师驻守在东都城内，每师二千五百人，共计两万人戍守东都洛邑，同时还将象征王权的九鼎摆放在东都城内的明堂之中，寓意是定鼎天下，展示着周王室的权威。

东都建成后，周成王回到了镐京，周公旦则留在了东都洛邑。公元前1021年，周成王病逝，之后他的儿子姬钊继位，这就是周朝的第三位君王——周康王。周康王执政的时期，由召公奭和毕公高辅佐。他兢兢业业，继续奋发图强，将周王朝治理的四海安定、民殷国富。历史上把周成王、周康王统治的这段黄金时期称为是"成康之治"。

然而，到了周康王晚年的时候，国家的富强让他心血澎湃，于是他动不动就率领大军四处征战，威服四方。但打仗打的是真金白银啊！这常年的穷兵黩武把"成康之治"辛辛苦苦攒下的家底儿快给折腾光了。不过还好，虽说钱花了，但好歹把仗都打赢了，还不算丢人。可他的后代们就不如他了，他的儿子周昭王也酷爱打仗，在第三次南征之时落于汉水而死，全军随之覆没。昭王死后，他的儿子周穆王继位，这位西周时期在位时间最长的君主，可谓是中国历史上最早的旅行家，他酷爱东游西逛，据说还到过昆仑山与西王母幽会。由于周昭王、周穆王这爷俩有点不务正业，所以历史上称他们是"昭穆嬉游"。到了这个时期，周朝的国力已经远远不如从前，国库里也没几个钱了。

又过了几十年，运气实在不好的周懿王出场了。有多不好呢？首先是天灾不断。在他继位的第七年，特大暴雨和鸡蛋大的冰雹疯狂降落在王城，这导致许多家禽家畜都被砸死。紧接着又来了股特大寒流，天气奇冷无比，据说冷得把嘉陵江和汉水都给冻住了。当时很多人被活活冻死，王城附近是一片死寂的景象。天灾也就算了，此时远征犬戎的王师也惨败而归。这时候的周懿王都蒙了，他以为是上天惩罚自己，惶惶不可终日，最终竟把自己郁闷死了。要说起来，这周懿王实在是运气不好，加上能力也不行，所以周王朝自然是江河日下。但在当时，周王室"天下共主"的牌位还很坚挺，真正动摇国本的乱子，发生在周厉王时期。

周厉王，姬姓，名胡，周朝的第十代君王。他可以说是被后世冤枉大了，今天一提起他，都说他是暴君，就连他的谥号都是个暴虐狠戾的"厉"字，殊不知他算得上是中国历史上最早的改革家。为啥呢？因为周王室传到他这一辈的时候，国库基本空了，年年都是财政赤字。这日子咋过呢？朝廷还要维系啊，还要对外树立权威啊！他就想到了改革，他决心革除旧典、实行新制，这就是《国语》记载的"厉始革典"。

当时，他通过没收大贵族的部分私产来加强财政收入，同时将山川矿产收归国家控制，这就是所谓的专利政策。而且他还准备要变革籍田，实行税亩制度。但这一系列的改革措施触犯了贵族的利益，于是贵族联合起来和周厉王对着干，还鼓动了一批住在国都的平民（史书称"国人"）起来暴动，这就是发生在公元前841年的"国人暴动"。

国人暴动之后，周厉王逃离了镐京，一直跑到了彘（今山西省霍州市），七年之后，周厉王病死于异乡。

国人暴动的结果是周王朝更加衰败，由内而外开始分崩离析，再也不复昔日的权威。尽管后来周厉王的儿子周宣王励精图治，又让周王室回光返照，出现了短暂的中兴局面，但大势已去，周王室江河日下的局面已经无法挽回了。

公元前797年，年迈的周宣王干了一件蠢事，他通过武力干涉鲁国内政，强立鲁孝公，这让诸侯们更加不满。于是乎，诸侯们渐渐多有违抗王命的行为。再加上周宣王晚年对外征战接连失败，周王朝的实力和声望是一天不如一天了。

到周宣王的儿子周幽王继位的时候，周王朝屋漏偏逢连夜雨，天灾不断、祸患寻常。周幽王继位的第二年，也就是公元前781年，镐京附近发生了大地震，这引发泾水、渭水、洛水枯竭，岐山发生崩塌。面对山崩地裂的惨状，大夫伯阳甫感叹地预言说："川源必塞，国亡不过十年。"果如其言，公元前771年，当时周幽王想废掉正妻申后，改立美人褒姒为后，这让申后的父亲申侯极为怨恨，于是联合西北的犬戎部落攻入了镐京，将周幽王杀死在了骊山脚下。至此周王朝的前半段——西周灭亡。

  第二年,诸侯们拥立周幽王的儿子姬宜臼继位,是为周平王。由于当时镐京已经被战乱毁掉,又担心犬戎随时再来攻打,于是周平王将都城迁到了东都洛邑,史称"平王东迁"。

东周列国之春秋

中国历史上时间最长的朝代就是延续了七百九十年的周朝，但周朝很有意思，总体上被分成了两大段。前半段是从公元前1046年到公元前771年，由于它的都城位于西边的镐京，所以称之为"西周"；后半段是从公元前770年"平王东迁"一直到公元前256年周王室为秦国所灭，由于都城位于东边的洛邑，所以称之为"东周"，或者是东周列国时代。

平王东迁到洛邑之后，周天子直接管辖的土地已经很少了，实力也大不如前。由于兜里没几个钱，养活不了庞大的军队，加之地盘小、人口少，周天子的权威大大缩水。当时各诸侯国把周天子只当作名义上的老大，心里面早就不当一回事儿了。而且这段时期，各诸侯国相互征伐，争当霸主，"乱哄哄你方唱罢我登场"。原来是"礼乐征伐自天子出"，这个时候则是"礼乐征伐自诸侯出"，周天子基本没了话语权。所以后世说起东周这段历史，总会用四个字来形容——礼崩乐坏。

这是一个混乱而且无序的时代，听起来就像是一曲暴烈的摇滚乐，各种音符混杂其中，显得激烈而杂乱。然而就是这混乱的东周时代，又被分成了两段，前面是虽然混乱但好歹把周天子当个吉祥物摆在那儿，还不敢公然僭越礼制的春秋时期。结果到了公元前403年的时候，诸侯国中的晋国被自己的三个卿大夫韩氏、赵氏、魏氏瓜分了，这是僭越礼制的行为，以下犯上啊。这个口子一旦撕开，卿大夫们可以反叛诸侯，那诸侯们也可以反叛周天子啊！但没想到的是，当时的周威烈王竟然就承认了韩、赵、魏三家的合法地位,封三家为诸侯,这就是历史上有名的"三家分晋"。再加上此后发生的"田氏代齐",这些僭越的行为竟然都被公认为合法。自此,礼法秩序不存,人人都觉得靠拳头就能打下一个理所当然属于自己的天下,所以谁也不在乎周天子那个"橡皮图章"了,既然拳头硬就合法,说不定哪一天老子拳头硬了,也可以当天子。于是继春秋之后更为激荡的时期——战国就轰轰烈烈地拉开了帷幕。

这段历史有点乱,所以别急,咱们先来说说东周的前半段——春秋时期。

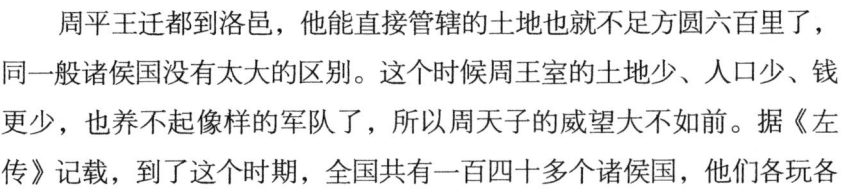

春　秋

东周分为春秋与战国,分水岭事件是历史上著名的"三家分晋",而"三家分晋"之前的历史时期就被称为"春秋"。这段时期鲁国及各诸侯国所发生的重大事件都被记录在了鲁国的国史《鲁春秋》中,后来孔子在修订《鲁春秋》时,把书名改为《春秋》,因此人们就把这段时期称为"春秋"。

周平王迁都到洛邑,他能直接管辖的土地也就不足方圆六百里了,同一般诸侯国没有太大的区别。这个时候周王室的土地少、人口少、钱更少,也养不起像样的军队了,所以周天子的威望大不如前。据《左传》记载,到了这个时期,全国共有一百四十多个诸侯国,他们各玩各的,基本也不来朝觐周天子了。不仅如此,后来这些诸侯国见周天子管不了事儿,于是干脆拉帮结派、相互攻伐、争当霸主。

当时外族看到中原各诸侯国相互攻伐,就认为这是入主中原的好机会。像北边的山戎、南边的荆蛮,开始不断地侵扰中原。与此同时,远在东方的齐国已经崛起,齐桓公在管仲的辅佐下,国力大增。当时拥有雄厚国力的齐桓公为了打击外族入侵,也为了使自己称霸天下的野心披上一层合法的外衣，提出要"尊王攘夷"。所谓"尊王"，就是尊崇周天子的权威，维护周王朝的礼法制度。所谓"攘夷"，就是各诸侯国要一致对外，抵御侵扰中原的外族。随后，他以诸侯长的身份，以"尊王攘夷"的名义发号施令，谁不服就打谁。所以这"尊王攘夷"实际上就是齐桓公利用周天子这块招牌称霸天下的一个旗号。

于是乎，有了周天子这块招牌，加上齐国有钱有势、拳头还硬，所以各诸侯国都听命于齐桓公，而齐桓公也就成为历史上有名的"春秋五霸"的第一位霸主。

然而风水轮流转，这霸主的位子很快就落到了另一个牛人的手里，这就是操一口流利山西口音的晋国的晋文公。要说这晋文公，他是标准的大器晚成，还有生理缺陷。《左传》和《史记》中都记载晋文公天生"骈胁"。所谓"骈胁"，就是肋骨与肋骨紧密相连，成为一个整体，这就是生理畸形啊。而且不光生理畸形，晋文公的命还苦，孟子的"故天将降大任于是人也，必先苦其心志，劳其筋骨，饿其体肤"这段话用在他身上，那真是再恰当不过了。他早年被他爹的宠妃骊姬陷害，以至于流亡在外十九年。那段流亡的岁月他经常吃不上饭，更看不到希望，还时刻面临着生命危险。直到他四十岁左右的时候，公元前636年的春天，他才在秦穆公的协助下回到晋国，杀了晋怀公自立为君，成为晋国历史上的第二十二任国君——晋文公。

晋文公上台执政之后，他任用贤臣良将，还改革军制，由此晋国开始崛起。到了第二年，他又协助周襄王在周地温（今河南省温县西）平定了周襄王弟弟叔带的叛乱，这让周襄王大为感动，把阳樊、温（今河南省温县西）、攒茅（今河南省辉县西南）、原（今河南省济源市西北）等四座城邑都赐给了晋文公，由此晋国的疆域更加广大，国力日趋强盛。随后晋文公东征西讨，威风八面，到了公元前632年的时候，晋文公在践土（今河南省境内）举行了诸侯会盟，史称"践土之盟"，在这次诸侯会盟上，晋文公被推举为新的诸侯盟主。由此，晋文公成为

"春秋五霸"的第二位霸主。

然而，就在晋文公呼风唤雨的同时，总有一个诸侯国跟他对着干，找他的不痛快。谁呢？这就是地处荆蛮的楚国。说起来，这个楚国和中原的那些个诸侯国还真有点不太一样，楚国王室的祖先出自五帝之一的颛顼，几经发展，到了西周的成王时期，楚人的首领熊绎被周成王册封为"公侯伯子男"中地位很低的子爵，封地只有五十里，这就是最早的楚国。据说楚国建国的时候，穷得连祭品都拿不出来，无奈之下，只好从邻居鄀（ruò）国偷了一头还没长角的小牛来祭祀祖先，这就是清华简《楚居》篇中"鄀国盗牛"的典故。但穷人的孩子早当家，熊绎和他的后代很有志气，几代楚国国君带领楚人筚路蓝缕、艰难创业，到了东周的第二任天子周桓王在位的时候，楚国已经发展成一个南方的泱泱大国了。

当时的楚国国君熊通觉得自己地盘大、实力强、翅膀硬了，他觉得子爵这么低的爵位配不上楚国的实力，于是就向周天子讨要更高的爵位，意图提升待遇。没承想这个看似合理的要求竟被周天子一口回绝了。熊通是个暴脾气，他没有忍气吞声，相反，他决定自立为王。于是，公元前704年，当其他的诸侯都还称"公侯"的时候，楚国的国君熊通竟然自己称"王"了，这就是楚武王。这是公然僭越礼制，但此时的周王室早已衰微，周天子根本奈何不了楚武王的僭越之举，于是也只能是睁一只眼闭一只眼，由他去吧。

楚武王称王的九十年后，楚国历史上那位"三年不鸣，一鸣惊人"的楚庄王继位了。楚庄王大力任用虞邱子、孙叔敖等贤臣，渐渐就开创了春秋时期楚国最鼎盛的时代。公元前606年，楚庄王讨伐陆浑之戎，陈兵于周朝的边境之上，问鼎中原。公元前597年，楚国与晋国会战于邲（bì），楚国大获全胜，从此饮马黄河、威震华夏。这一连串的胜利，加之楚国土地广袤、国力强盛，就迫使鲁、宋、郑、陈等国转而依附于它，而楚国也代替北方的晋国成为新的诸侯盟主，楚庄王也成功跻身为"春秋五霸"的第三位霸主。

问鼎中原

公元前606年，楚庄王讨伐陆浑之戎，事后，他陈兵于东周的都城洛邑之南，并举行盛大的阅兵仪式。这让当时的周定王感到非常担心，于是他忙派大臣王孙满前去慰劳楚军。见到王孙满后，楚庄王劈头就问周朝宗庙内九鼎的小大轻重。面对楚庄王的僭越之举，王孙满驳斥道："周德虽衰，天命未改。鼎之轻重，未可问也。"这就是历史上"问鼎中原"的典故。

就在楚国和晋国争夺霸主地位的同时，在楚国的旁边又崛起了一个新的诸侯国，这就是来自江苏，说着吴侬软语的吴国。你别看今天的江苏很发达，在春秋的时候，那地方落后得跟石器时代一样。要说这吴国的崛起，那得感谢晋国。当初晋国称霸中原的时候，楚庄王有事儿没事儿就跟他对着干，这让晋文公很烦。咋办呢？得给楚庄王的身边安个钉子。于是，晋国就与楚国旁边的吴国建立了友好关系，而且有求必应，要啥给啥，目的就是让吴国迅速发展起来，尽快协助晋国牵制楚国。但让晋国没想到的是，这吴国的发展有点超出它的计划，原本只是想让吴国牵制一下楚国的，没想到一不留神，这个吴国竟然一下子发展成了超级强国。公元前506年，吴国军队在孙武、伍子胥的率领下，从淮水流域西攻到汉水，五战五捷，并攻克了楚国的都城郢（yǐng）都。如果不是大老远来了个秦哀公帮忙，楚国当时就被吴国给灭了。吴国的国君，吴王阖（hé）闾（lú）也光荣跻身"春秋五霸"之列，成了第四位霸主。

这边吴王阖闾刚刚打了胜仗，称霸没多久，地处东南的越国又开始崛起。越国在今天的浙江一带，人瘦胆儿大，因为挨着吴国，所以时不时总要和吴国打上一架。但当时吴国强盛，到了吴王阖闾的儿子夫差继位之后，他差一点就把越国灭了，幸亏当时的越王勾践急忙派大夫文种贿赂吴国的太宰伯嚭（pǐ），还献上了美女西施，吴王夫差这才答应了越王勾践的求和。

此后越王勾践卧薪尝胆、发愤图强,终于在公元前473年灭掉了吴国。灭掉吴国之后,越王勾践开始向北发展,逐渐称霸中原,而勾践也成为"春秋五霸"的最后一位霸主。

春秋之后,更加混乱的战国时代即将开场……

东周列国之战国

春秋战国是中国历史上的第一个乱世，也是思想和文化最为灿烂、群星闪烁的时代。这个时期列国伐交频频，彼此攻战不休，社会动荡不安。然而就在这乱世之中，思想和文化却被彻底解放，各种学说百家争鸣，形成盛况空前的学术局面。

这是一个最好的时代，出现了老子、孔子、墨子、庄子……中华文明在这一时期与古希腊文明交相辉映，为世界文明的发展贡献了宝贵的精神文化资源。这也是一个最坏的时代，大争之世，社会动荡，底层百姓苦不堪言。

这一时期，旧的社会秩序被打破，新的社会秩序正在形成。东周列国从春秋时代以"尊王"为旗号的争霸逐渐走向了彻底抛弃周王室，以相互兼并和最终统一为目标的战国时代。这是时代的必然走向，也是天下苦于纷争而归向统一的必经阶段。

在东周的前半段——春秋时代，各诸侯国争霸归争霸，但还不至于往死里打，顶多是争当带头大哥，可谁也不敢僭越礼制，出门打架还总要以"尊王"的名义挂上周天子的大旗。可到了战国时代，大家完全撕破脸了，周天子那张大旗也不挂了，反正就是"抢钱、抢粮、抢地盘"，只要拳头够硬，那就是"我的是我的，你的还是我的"，总之，我强，这天下好像就应该统统归我。

于是乎，东周列国的后半段——烽烟四起的战国时代轰然开启……

百家争鸣

百家争鸣，是指春秋战国时期知识分子中不同学派的涌现及各学派之间彼此诘难、相互争鸣，盛况空前的学术局面。据《汉书·艺文志》记载，诸子百家中数得上名字的一共有一百八十九家，计四千三百二十四篇著作。其后的《隋书·经籍志》《四库全书总目》等书则记载诸子百家实际有上千家。但流传较广、影响较大、较为著名的不过十二家而已。归纳而言，只有十二家发展成学派。至汉武帝时，推行"罢黜百家，尊崇儒术"的政策，至此百家不存，儒家成为统治中国两千年来的主要思想。

经过三百六十多年的诸侯混战，东周列国发展到春秋末年，已经从一百四十多个诸侯国，到只剩下二十多个诸侯国了。到了这个时候，这二十多个诸侯国还是不消停，彼此攻伐那是家常便饭，一言不合就打架。但既然是打架，今天打赢了，明天可能又输了。那打输了的就琢磨，咋样才能比对手更强一些，确保以后别挨欺负呢？唯有变法图强。于是在春秋末年、战国初年的时候，变法图强的大幕就从魏国率先开启。

其实早在公元前453年的时候，晋国的韩氏、赵氏、魏氏灭了智氏，三家分晋的局面就已经形成了。当时，韩氏、赵氏、魏氏瓜分了晋国的地盘，他们各自为政，只是那个时候他们还没有得到周王室的认可，名义上还不算诸侯国。到了公元前425年，魏斯继任为魏氏集团的实际控制人（当时晋国名存实亡，魏斯名义上是晋国的正卿），当时他面临一个严重的问题，那就是当初三家分晋的时候，老魏家分到的地盘并不大，再加上当时他们的地盘地处列国的中央，东西南北四个方面随时会遭受别国的攻击。该咋样才能守住这好不容易才分到的地盘呢？又该如何才能使自己变得更为强大呢？于是，忧患的环境和勃勃的雄心就逼着魏斯作出了一个重大的决定，那就是变法图强。

当时魏斯任用上郡太守李悝（kuī）施行变法，这也是战国时代的第一场变法，史称"李悝变法"。李悝变法的主要内容是：政治上废除贵族世袭的特权，说白了就是不拼爹了，拼才华和能力，谁能干谁上。经济上废除早已落后的井田制，推行土地私有，鼓励开荒垦田。同时推行"法治"，一切按制度办事，有法可依，有法必行。再有就是在军事上任用吴起，编练出了一支威震天下、战无不胜的"魏武卒"。经过这一番变法改革，魏氏集团的实力大增。

到了公元前403年，在庄严的周天子明堂之中，魏氏集团的实际控制人魏斯与韩氏、赵氏一起被周威烈王册封为诸侯。由此，魏氏集团正式立国，成为周天子认可的新诸侯国——魏国，而魏斯也就成为魏国的开国之君，就是魏文侯。

到了战国初年，东周那二十多个诸侯国中最为强大的就数秦国、齐国、赵国、魏国、韩国、楚国、燕国这七个诸侯国了，别的诸侯国都是凑数的，对战国时代的大局基本没影响。而由魏文侯率先开启的"李悝变法"则使刚刚创建的魏国迅猛发展，甚至一度成为战国初期列国中最为强大的国家。尤其是魏国在军事上可谓连战连捷，当时，名将吴起率领"魏武卒"南征北战，所向披靡，连强大的秦国都不是对手，秦国东面的门户——函谷关被魏军攻陷，秦国黄河以西的五百多里土地尽归魏国所有。如此辉煌的战绩，使得魏国在魏文侯时期成为战国时代一颗耀眼的明星。

然而繁华易逝，随着魏文侯和李悝的相继离世，轰轰烈烈的李悝变法最终走向了人亡政息。魏国就像一颗流星，倏忽间照亮了战国时代迷茫的各诸侯国，大家看到变法带给魏国的强大，于是纷纷效仿，各自开启了变法图强。比如，吴起后来去了楚国，开启了楚国的吴起变法；韩国实行了申不害变法；齐国实行了邹忌变法；赵武灵王则以胡服骑射进行了一系列的变法改革。然而，大多数变法都不可避免地走入了一个死胡同，那就是人亡政息。

唯有当时西边被各诸侯国称为"野蛮人"的秦国把变法执行得最为彻底，这就是历史上著名的"商鞅变法"。老秦人靠着西北人的憨直，没有所谓的"变通"，没有所谓的"技巧"，就是将变法不折不扣地坚持下去。即使后来商鞅被杀，秦国依旧坚持变法，做到"人亡而政不息"，最终使秦国发展成为天下畏惧的强秦霸主。

商鞅变法

商鞅变法，是指卫国人商鞅在秦国施行的变法运动。战国时期，秦国的秦孝公嬴渠梁即位之后，决心变法图强，他发布了著名的"求贤令"。于是，商鞅来到了秦国，在秦孝公的支持下开展了一系列变法改革措施，史称"商鞅变法"。变法主要为废井田、重农桑、奖军功、实行统一度量和建立县制等一整套发展策略。经过商鞅变法，秦国的国力得到提升，军队战斗力日益增强，发展成为战国后期最强大的集权国家。

实际上到了这个时候，战国已经进入到中期阶段，战国早期二十多个诸侯国经过进一步的攻伐兼并，就剩下秦国、齐国、赵国、魏国、韩国、楚国、燕国这七个强国，这就是"战国七雄"。他们相互对峙，谁也不服谁。而经过商鞅变法后的秦国迅速崛起，成为天下畏惧的虎狼之国，给其余六国带来了莫大的压力。于是，"木秀于林，风必摧之"，大家准备要联手来对付秦国了。

怎样联手呢？六国采用的是"合纵"之策。而提出"合纵"策略的，却是一个出身贫苦、名叫苏秦的年轻人。你别看他出身不高贵，可他学识却不低，他和战国时期另一位耀眼的明星张仪同为鬼谷子的学生。早年的苏秦生活贫困，他曾经外出游历多年而一事无成，据说回到家时，"父母憎，兄弟恶，嫂不下玑，妻不愿炊"。但他酷爱学习，成语"悬梁刺股"中的那个学习狂魔说的就是苏秦。苏秦当时给六国提出的"合纵"之策，就是让六国建立统一战线，封锁围堵西边的秦国。这个策略当时被六国采纳，于是苏秦咸鱼翻身，佩戴六国相印，指导六国合纵，这下就把正在凶猛发育、精力旺盛的秦国憋在家里十五年愣是没敢露头，都快憋出病来了。

就在秦国被憋在家里正郁闷的时候，六国"合纵"的克星出现了，这个人就是苏秦的老同学——张仪。要说苏秦、张仪这哥俩早年那都叫一个惨，张仪早年曾被人诬陷盗窃财物，被打得遍体鳞伤送回家后，他挣扎着问老婆："快看看我的舌头还在不在？"老婆说："还在。"张仪苦笑着说："那就没事了。"后来，张仪看到老同学苏秦发达了，就来投奔苏秦，没想到苏秦根本不搭理他，把张仪气得直接投奔了秦国。再后来，张仪才知道正是苏秦一路资助他去了秦国，之所以不搭理他，就是为了故意激怒他，使他发奋图强，能有更好的发展。张仪来到秦国之后，为秦国提出了破解六国"合纵"的"连横"之策。

说起来，张仪的"连横"，正好与苏秦的"合纵"相对，就是秦国自西向东与各诸侯国结交，以打破各诸侯国对秦国的封锁严堵。于是，苏秦、张仪这一对同门师兄弟，凭借着个人的聪明才智，把天下的诸侯将相玩弄于股掌之间，翻手为云、覆手为雨，把自己的人生活成了千古传奇。

苏秦死后，张仪更是独领风骚，一个人把东方六国耍得团团转，硬是凭着一条三寸不烂之舌，生生把六国的"合纵"给说散了。而不被"合纵"之策封堵压制的大秦帝国，开始放开手脚，一路东进，一统天下已经势不可挡。

公元前271年，一个死里逃生的魏国人来到了秦国，他本是魏国中大夫须贾的一个门客，由于被人诬陷，差点被魏国的相国魏齐鞭笞致死。他背负着满腔仇恨，发誓要报此血海深仇。这个人就是历史上恩怨分明、睚眦必报的秦国名相范雎。

睚眦必报

战国时期，魏国大夫须贾有一个门客叫范雎，有一次，范雎被人诬陷，惨遭魏国丞相魏齐的毒打，差点丧命。靠着装死，范雎逃过一劫，之后他化名张禄偷偷来到了秦国，并依靠秦昭襄王的赏识坐上了宰相的高位。范雎为人恩怨分明，他掌权后先羞辱魏国使臣须贾，之后又迫使当年差点害死他的魏齐自尽。同时，举荐当年帮助他逃离魏国的郑安平出任秦国大将。《史记》中形容范雎"一饭之德必偿，睚眦之怨必报"，这便是成语"睚眦必报"的典故。

范雎来到秦国后，很快就得到秦昭襄王的赏识，他为秦国提出了"远交近攻"的战略规划，就是秦国要与遥远的齐国建立友好关系，而把韩国、魏国、赵国作为重点打击对象。"远交近攻"的好处是秦国打下一片土地就能实际消化一片土地，同时还打破了六国"合纵"对秦国的封堵。

公元前266年，在范雎的建议下，秦昭襄王废宣太后，又把秦国内部把持朝局的四大贵族驱逐出函谷关外，由此秦昭襄王大权在握，不再受外戚勋贵的掣肘。此后，范雎愈加受到秦昭襄王的宠信，并被拜为秦国的相国。

公元前260年，秦、赵两国在长平（今山西省高平市西北）爆发了一场大战，这就是历史上著名的"长平之战"。战前，范雎设计在外交上孤立赵国，以防止各国合纵起来联手对付秦国。同时，他用反间计让赵王换下了老将廉颇，让只会"纸上谈兵"的赵括成为赵军的主帅。这一番操作最终让秦国名将白起大败赵军，四十五万赵军被坑杀于长平。

赵括"纸上谈兵"

赵括是战国时期赵国名将赵奢之子，从小熟读兵书，谈及军事滔滔不绝。公元前260年，秦、赵两国在长平激战，赵军首战不利，主将廉颇下令固守。由此，双方僵持在长平。之后，秦国宰相范雎施展反间计，派人到赵国散布谣言，声称秦军最担心的并不是廉颇，而是赵括。赵王中了范雎的反间计，下令撤换廉颇，改用赵括为前线主将。而赵括到了前线，只知照本宣科而不懂变通，结果被秦将白起围困于长平。赵括被秦军射杀，所部数十万赵军在投降之后，悉数被秦军坑杀。由此，"纸上谈兵"被引申为空谈理论，不能解决实际问题。

长平之战的大胜加速了大秦帝国统一六国的步伐，公元前256年，秦国顺手把已经奄奄一息的周王室给灭了。由此，传承了七百九十年的周王朝就在秦国的手上断了根儿。大秦帝国也正是从这个时候开始，正式捡起了王朝更迭的接力棒。纷纷攘攘的战国时代正朝着天下一统的方向加速前行。

公元前251年，秦昭襄王去世，仅仅四年之后，十三岁的嬴政被立为秦王，而他就是后来的千古一帝秦始皇。嬴政即位的时候还未成年，所以他当时尚未亲政，国家大事都掌握在权臣吕不韦的手中。在等待亲政的九年时间里，嬴政勤奋好学，蓄积着一统天下的力量。

公元前238年，年满二十二岁的秦王嬴政亲政，当年他就用雷霆手段平定了长信侯嫪（lào）毐（ǎi）的叛乱。一年之后，他又罢免了权臣吕不韦的相国之位，将其逐出京城，不久后又逼迫吕不韦饮鸩而亡。

至此，秦王嬴政大权独揽，此后八年内，秦国的战略方针是积攒实力、徐徐图之。从公元前230年灭掉韩国开始，大秦以一年半就灭掉一个国家的速度，先后消灭了赵、魏、楚、燕，最后到公元前221年，才灭了被"远交近攻"哄得团团转的"傻狍子"——齐国。

赳赳老秦用十年的血战,终于换来了华夏的一统。从此中华大地结束了烽烟四起的战国时代,大一统的帝国时代终于到来。

统一与分崩
秦汉 魏晋南北朝

秦朝：中华第一帝国

  秦皇扫六合，虎视何雄哉！
  挥剑决浮云，诸侯尽西来。

  唐代诗人李白的这首诗，颂扬的就是建立了中国第一个大一统王朝的千古一帝——秦始皇。靠着大秦历代先王筚路蓝缕，老秦人世世代代刀山火海，最终才在秦始皇的手里诞生出这天下一统的伟大基业。大秦帝国一步步从无到有，从孱弱走向强大、又遇到挫折然后再次崛起，最后走向辉煌。它艰难曲折的创业历程有血有肉，有悲有喜，并不总是光鲜亮丽，也不都是凯歌高唱，它有时被揍得满地找牙，有时又疯狂地裂土开疆……

  《山海经·海内西经》中说，五帝之一的颛顼有个后代叫伯益，这伯益就是秦人的老祖先。话说伯益曾经和大禹一块儿治过水，后来大禹向舜帝举荐了伯益，于是舜帝让伯益负责驯养飞禽走兽。由于伯益工作认真负责，舜帝很满意，就赐伯益"嬴"姓，这就是秦人"嬴"姓的由来。

  时光如白驹过隙，转眼已是沧海桑田。到了周朝的时候，伯益的后代——非子带领族人为周天子养马，当时的周天子是西周的第八代君王周孝王。周孝王见非子驯养的马匹膘肥体壮、匹匹精良，加上非子又忠诚厚重，所以很赏识他，就把今天甘肃陇西一带的秦地赐给了非子和他的族人，由此，非子和他的族人就号秦人。

  打这儿开始，秦人总算是拥有了属于自己的第一块封地，虽然只是方圆不足五十里的一个"附庸"，连个卿大夫都算不上，但好歹是开启了创业的大门。

附 庸

"附庸"一词,原意是指古代那些附属于大国的小邦国,或受大国操纵的弱小国家。《礼记·王制第五》记载:"天子之田方千里,公侯田方百里,伯七十里,子男五十里。不能五十里者不合于天子,附于诸侯,曰附庸。"意思就是封地面积不足方圆五十里的,不朝见于天子,而隶属于较大的诸侯,称为附庸,俗称"附庸国"。后来引申为依附于其他事物而存在的事物或人。

就这样,秦人守着自己的封地,一直在甘肃陇西一带的边疆牧马,几代人苦心经营了一百多年。到了公元前770年,秦人终于迎来了发展壮大的历史机遇。就在前一年,来自西北的犬戎部落攻陷了西周王朝的都城镐京,周王室的宗庙被毁,周幽王被杀死在了骊山脚下。此后,周幽王的儿子周平王在诸侯的拥立下继位,但是宗庙被毁、宫墙败落,于是周平王将都城东迁到洛邑,史称"平王东迁"。

在东迁的路上,养马的老秦人忠心耿耿,一路护送,这让周平王非常感激,就把实际被西戎占领的西岐之地赐给了当时秦人的首领,即秦襄公。至此,老秦人终于由附庸成为一方诸侯,建立了属于自己的国家。但此时周平王赐给秦国的岐山以西之地实际上是被西戎控制的,周天子相当于只是给了秦襄公一张空头支票。要想真正在自己的地盘上做主,秦人就只能奋力拼杀,赶走西戎。为此,秦襄公率领秦人,浴血奋战,不畏生死。四年之后,秦襄公死于讨伐西戎的征途之中。

秦襄公死后的一百七十多年里,秦国又历经了八代君主。他们虽然励精图治,苦心经营,却始终无法战胜剽悍的西戎,而周天子所赐予的岐山以西之地也始终被西戎实际占有。直到公元前659年,秦国的第九代国君秦穆公即位,才彻底改变了这种局面。当时秦国的宿敌西戎已经衰落,而它东面的一个邻居——晋国,正如日中天、风头正劲。

秦穆公明白，要想彻底解决西戎，拿回属于自己的土地，必须先要稳住东边的晋国。于是他主动向晋国示好，迎娶了晋献公的女儿——穆姬，史称"秦晋之好"。这场政治婚姻为秦穆公讨伐西戎解决了后顾之忧，捎带手，秦穆公还得到了一个后来帮助他成就千秋霸业的贤臣，此人就是被称为"五羖（gǔ）大夫"的百里奚。

百里奚本是晋献公女儿穆姬的一名陪嫁奴隶，晋献公当初并没有发现百里奚的才能，但秦穆公却早就听说百里奚的贤名。谁料想，百里奚不堪为奴，他在穆姬出嫁的路上出逃，一路跑到了楚国，结果刚到楚国就被抓了。听闻百里奚在楚国被抓，秦穆公用五张黑羊皮把他赎回了秦国。一见之下，他认定百里奚有经邦纬世之才，竟让他直接做了秦国的上卿。此后，秦穆公在百里奚的辅佐下，称霸西戎、拓地千里，终于从西戎手里夺回了属于自己的土地。他还向东扩张，取得了晋国的河西之地。由此，秦国一跃成为西部的强国。

公元前621年，一代雄主秦穆公去世。他死后，即位的秦康公依照秦国的传统，为死去的秦穆公殉葬了一百七十七人，其中就包括贤臣子舆奄息、子舆仲行和子舆针虎。而这场大规模的残忍殉葬，给秦国的未来蒙上了一层阴影。当时想要来秦国发展的其他诸侯国的人才都不愿自己将来也被殉葬，于是贤能之士再也不愿踏足秦国这片土地。而刚刚有所起色的秦国，一下子又回到了人才凋敝的黑暗时期。此后将近两百多年的时间里，秦国日益衰落，成为当时中原各国所鄙视的落后国家。

这种情况一直持续到秦献公时期。公元前384年，秦献公宣布"止从死"，从此废除了秦国历史上长期存在的人殉制度。这一善举为秦国迎来了下一个发展的春天。然而，积贫积弱的秦国此时已经成为各诸侯国觊觎的对象。在秦献公继位之前，魏国已经夺取了秦国的河西之地（今山西、陕西两省间黄河南段以西地区）。等秦献公上台后，他一面对魏国割地求和，谋求生存的缓冲时间；一面将都城迁到了更东面的栎阳（今陕西省西安市阎良区）。他将都城迁到东面的边界地区，就是为了表示不再后退一步，这可以说是真正的"天子守国门"。此后他数次东征，想要收复被魏国占领的河西之地，无奈当时的秦国太弱，公元前362年，秦献公壮志未酬，死于征途之中。

秦献公死后，他的儿子，时年二十一岁的嬴渠梁即位，就是秦国的第二十五位国君秦孝公。秦孝公即位的第二年，他颁布了历史上著名的《求贤令》，这份《求贤令》的最后一句话说："宾客群臣有能出奇计强秦者，吾且尊官，与之分土。"就是说谁能让秦国强大，我就让他做高官，与他列土分疆，共享秦国。这宽广的胸怀感召了一位千古奇才，就是后来为秦国的强大立下汗马功劳的卫国人——商鞅。当时商鞅来到秦国，并很快被秦孝公赏识，在秦孝公的支持下，商鞅给秦国带来了一场掀天揭地的大变法，史称"商鞅变法"。

商鞅变法的推行，很快把秦国从上到下改造为一部庞大的战争机器，《战国策》中说："秦带甲百余万，车千乘，骑万匹，虎贲之士，跿跔科头，贯颐奋戟者，至不可胜计。"从此秦国脱胎换骨，成为战国时代令各国闻风丧胆的强大国家。

然而变法总会触动很多人的利益，商鞅变法同样如此。公元前338年，支持商鞅的秦孝公嬴渠梁病逝，十九岁的太子嬴驷即位。嬴驷上台伊始就敏锐地发现，商鞅变法在让秦国强大的同时，也惹怒了国内的一帮老贵族，而且他也不愿看到秦国存在一个功高盖主的商鞅。对于一个君王来说，巩固权力、开疆拓土是他毕生的修行。因此，他杀了商鞅来拉拢老贵族，同时继续大行新法以图强国。这是十九岁的嬴驷刚刚继位就显露出来的帝王心术。

此后，嬴驷又重用张仪、公孙衍、司马错、魏冉等人，秦国变得愈加强大。到了公元前325年，秦君嬴驷效仿山东六国的做法，自称为王，就是秦国历史上的第一个王——秦惠文王。

值得一提的是，秦惠文王嬴驷已经够牛的了，他的老婆更牛，谁啊？就是历史上赫赫有名的秦宣太后——芈月（芈八子）。这位在历史上堪比武则天的传奇女性，她在秦惠文王嬴驷去世之后以女儿之身执掌大秦帝国,玩弄权术于股掌之上,她虽未称帝,却堪比帝王。中国历史上太后的称谓,始见于她;而太后专权,也从她开始。为了秦国的发展,她不惜委身于宿敌义渠王。同样为了秦国的长治久安,她又在三十年后杀了自己的情人义渠王以及和义渠王生下的两个儿子。她的恩怨情仇,她的权谋智慧,甚至于她的无奈和悲凉都远远超乎今天人们的想象。

实际上,秦惠文王嬴驷活着的时候,芈八子只是嬴驷的妾,并不是正妻,所以她生的儿子嬴稷自然也就无缘太子之位。到了公元前311年,时年四十六岁的秦惠文王嬴驷因病去世,于是太子嬴荡继位,就是秦武王。但这位秦武王人如其名,举止不够庄重,没事儿就喜欢和人比试力气,结果在一次举鼎比赛中大鼎脱手,不幸把自己给砸死了,年仅二十三岁。

由于秦武王死的时候没有留下子嗣,他这一死,就让芈八子和她的儿子嬴稷找到了出头的机会。当时芈八子与她的弟弟魏冉秘密商议,又联合秦国"军界大佬"樗(chū)里疾等人,拥立自己的儿子嬴稷为王,就是秦国历史上著名的一代雄君——秦昭襄王。由于当时嬴稷刚刚十九岁,还未行冠礼,不能亲政,于是芈八子走上前台,她亲自执掌朝局,自号"宣太后",由此,她成为中国历史上的第一个太后。公元前265年的十月,控制秦国朝堂接近四十年的宣太后病逝,享年七十九岁,这个传奇的女人,在中国的史册上留下了至今为人津津乐道的一个篇章。

宣太后的儿子秦昭襄王是一代雄君。秦昭襄王在位期间,他拜擅长军事谋略和纵横术的范雎为相。并采用范雎所提出的远交近攻策略,不断向东发动了大大小小将近三十余场战争,连年征战、从不停歇。他也是整个大秦帝国在位时间最长、战事打得最猛的一位君王。重要的是,他几乎每次都打赢了。

到了公元前256年,他顺手把已经奄奄一息的周王室也给灭了。五年之后,即公元前251年,在位五十六年的秦昭襄王去世,享年七十五岁,他死后被埋葬于今天陕西省西安市临潼区骊山西麓的秦东陵。

之后太子嬴柱继位,就是秦孝文王。谁料,秦孝文王在位仅三天就过世,其子异人继位,即秦庄襄王。然而,仅四年之后,秦庄襄王也去世。到了公元前247年的五月,秦庄襄王的儿子,刚满十三岁的嬴政继位,就是后来的千古一帝——秦始皇。

由于嬴政即位的时候尚未成年,所以当时国政都掌握在权臣吕不韦的手中。但仅仅九年之后,刚一亲政的秦王嬴政就一举平定了嫪毐之乱,又罢免并逼死了权臣吕不韦。他要做一个真正的王,一个不受任何束缚的千古一帝。

此后的大秦"奋六世之余烈",陆续兼并六国,终于在公元前221年一统天下。从此春秋战国的混乱局面彻底终结,中国历史上的第一个大一统王朝——秦朝正式开启。

话说嬴政扫荡六合之后,他已然是站上了前无古人的王者之巅。这时候,他给自己取了个德兼三皇、功盖五帝的新称号:皇帝。此后,他又南征百越、北击匈奴,还要求"车同轨、书同文、统一度量衡、统一货币"。他不仅要国土的统一,更要文化的统一、思想的统一和经济生活的统一,他要让天下真正实现大融合。为此,他曾五次巡游,就是为了向天下宣示"秦朝"这个新的大一统王朝已经冉冉升起。

公元前210年,在位三十七年的秦始皇在东巡的途中于邢台沙丘驾崩。随后,他的长子扶苏被第十八子胡亥和宦官赵高联手逼迫自尽。之后,胡亥于咸阳宫中继位,就是秦二世。然而没多久,朝廷的实际权力就落到了宦官赵高的手里,赵高"指鹿为马",权倾朝野,祸乱朝堂。

到了第二年,在一个叫大泽乡的地方,一群准备戍边的戍卒在陈胜、吴广的带领下揭竿而起。于是乎,天下纷纷反秦。公元前207年,年仅二十四岁,继位不到三年的秦二世胡亥被赵高逼迫,自杀于咸阳的望夷宫中。同年,刘邦攻入了咸阳,由此刚刚建立十四年(部分文献称十五年)的秦朝便匆匆灭亡。

回望大秦帝国的创业史，秦人自先祖西陲养马发迹，到秦穆公首霸诸侯，几经沉浮，在秦孝公时期变法图强，后又历经六世，终成霸业。秦人这一路走来筚路蓝缕、由弱变强，最终用鲜血和生命谱写了一曲华夏一统的灿烂篇章。

西汉：耀眼的东方盛世

中国历史上最强悍的王朝，不是横扫六合的大秦，也不是万邦来贺的盛唐，更不是温文尔雅的两宋，而是"大风起兮云飞扬"的大汉帝国。它的开创者是一个出身草根的泗水亭长，却建立了一个延续四百零五年、历经二十九位帝王的伟大时代。在这个王朝里，有最豪迈的皇帝，有最深情的君王，有喋血的宫廷争斗，也有烽烟四起的末世沧桑。它是当时世界上最先进、最文明的强大帝国，两汉极盛时疆域西抵葱岭以西，南至交州日南象林县（今越南中部），北抵蒙古高原，东达乐浪郡（今朝鲜半岛北部平壤大同江南岸）。

这是一个充满自信、能人辈出的时代，少年战神霍去病说："匈奴未灭，何以家为！"名将陈汤写出了"明犯强汉者，虽远必诛"的千古奏章。更有仅凭一人一剑一马，凭借智谋和胆略行走于大漠黄沙之间、威服西域三十六国的国之大侠傅介子，他孤胆忠魂，斩杀背弃汉朝的楼兰王，面对蜂拥而至的楼兰武士，他横眉冷对，霸气地说："汉兵方至，毋敢动，动，灭国矣！"就是说：不要动，动，就灭了你们楼兰国。这样的自信除了汉朝，还有哪个朝代能够如此地霸气飞扬？

可以说，继大秦帝国之后，汉朝真正做到了威服四方，统一了华夏民族。直到今天，我们所说的汉语，所写的汉字，所穿的汉服，都受到汉朝的深远影响。由于汉朝在中间插进来一个"王莽篡汉"的短暂时期，所以汉朝被分为了两段，就是都城设在长安的西汉和后来都城设在洛阳的东汉，也称为前汉和后汉。

而这大汉王朝的开局还要从秦朝末年说起……

公元前210年，五十岁的秦始皇在河北邢台的沙丘宫驾崩，当时正有一批徭役之人从江苏徐州被押往骊山去修建他的陵寝。在被押赴骊山的路上，一部分人逃离了队伍，这让负责押送的小吏罪责难逃，于是他干脆带着剩下的徭夫落草芒砀山，准备另谋出路。然而，他们谁也没有想到，得益于这次逃亡，不久后他们竟成了另一个时代——大汉王朝的开创者。

而这位负责押送的小吏，名字就叫刘邦。

刘邦落草芒砀山的一年之后，在今天安徽宿州的大泽乡镇，九百多名戍卒在陈胜、吴广的带领下，喊着"王侯将相宁有种乎"的口号揭竿而起。一时之间，天下纷纷反秦，刚刚统一没几年的大秦帝国再次风雨飘摇。见此情景，躲在芒砀山里做山贼的刘邦趁机带着弟兄们杀出了芒砀山，也加入了反抗秦朝的滚滚洪流。

三年之后，刘邦在众多反秦的队伍中脱颖而出，他率先杀入咸阳。本以为凭着功劳，自己可以被封为关中王。谁料想却被当时的义军盟主项羽给封到了偏远的巴蜀汉中之地，做了汉王。刘邦并不甘心，于是仅仅几个月后，他派大将韩信明修栈道、暗度陈仓，很快又杀回了咸阳。此后，刘邦与项羽争夺天下。一开始刘邦屡战屡败，可他从不气馁，最终在公元前202年垓下之战中取得胜利，还逼得项羽自刎于乌江。同年二月初三，刘邦在山东定陶的氾水之阳即皇帝位，定国号为汉，由此汉朝的大幕徐徐展开。

然而此时，已然站上人生之巅的刘邦并没有闲下来享受皇帝之福。当时汉朝初立，皇权并未巩固，他不得不四处平叛。七年之后，即公元前195年，汉朝的开国皇帝——汉高祖刘邦走完了他极不平凡的一生，驾崩于长安城的长乐宫。

刘邦死后，他与皇后吕雉所生的嫡长子刘盈继位，就是汉朝的第二任皇帝汉惠帝。汉惠帝刘盈生性柔弱，他将朝政大权都委托给母亲吕雉打理。仅仅七年后，汉惠帝就撒手西去，死的时候年仅二十三岁。此后，吕雉以太后的名义先后扶立刘盈的儿子前少帝刘恭、后少帝刘弘，而政令均出自吕雉之手,由此吕氏家族开始掌握朝廷大权,而吕雉也开启了她长达八年的"临朝称制"局面。

公元前180年,吕雉因病去世,随后就爆发了铲除吕氏一族的腥风血雨。当时汉朝的开国功臣周勃、陈平与刘氏宗族联合起兵,将吕氏一族无论男女、不管长幼,全数斩杀殆尽。随后又为了斩草除根,他们以吕雉所立的后少帝刘弘和其他几个孩子均不是惠帝刘盈亲生为理由将之悉数杀死。一番血腥之后,这些双手沾满鲜血的功臣勋贵和刘氏宗亲才开始考虑接下来的问题:该让谁做皇帝呢?首要的就是不能有强大的外戚势力。于是,远在代国,母家势力小、朝中没有根基的代王刘恒就被迎入长安,随后又被立为皇帝,这就是后来开启了文景之治的汉文帝。

汉文帝刘恒是中国历史上少有的体恤百姓的君王,他在位期间,赋税极低,有一年甚至还免除了赋税。同时他奉行黄老之术,实行无为而治。由此,大汉的国力日益增长,国家渐渐走向富强。公元前157年,执政二十三年的汉文帝驾崩于长安城的未央宫中。

之后太子刘启即位,就是汉景帝。汉景帝在位期间,平定了因削藩而引发的"七国之乱",同时继续与民休息,这使得国家安定、府库充盈,所以历史上就把汉文帝刘恒和汉景帝刘启执政的这段安定富庶的时期称为"文景之治"。

文景之治为汉朝积攒下雄厚的家底儿,这个时候,富得流油的大汉准备一雪前耻了。

话说当年汉朝刚刚建立的时候,国家一穷二白,汉高祖刘邦连四匹纯色的马都找不到,王侯将相更是每天只能坐着牛车去上朝。而偏巧那个时候,北边草原上的匈奴又常常南下侵扰。那个时候汉朝穷,根本打不过彪悍的匈奴,所以汉朝从立国开始对匈奴一直采用屈辱的和亲政策。

公元前141年,匈奴的军臣单于竟然趁汉景帝病重之际起兵寇边,还发生了让大汉王朝视为凌辱之恨的"火烧甘泉宫"事件,这让当时的太子刘彻恨之入骨,发誓要报此奇耻大辱。同年,汉景帝刘启病逝,十六岁的刘彻继位,就是汉武帝。此时的汉朝经过文景之治,国力猛增,家底儿雄厚。再加上汉武帝雄才大略,他准备要对匈奴动手了。

汉武帝继位的两年之后,即公元前139年,在大汉帝国未央宫的前殿之上,二十六岁的汉使张骞从汉武帝的手中接过了象征大汉的旌节,随后开启了他"凿空"西域的壮举。本来汉武帝派张骞出使西域只是为了摸清匈奴的情况,同时与西域各国建立起打击匈奴的统一战线。谁料想,张骞这一去竟然开辟了联结东西方的丝绸之路,促进了中国同西方千年以来的沟通和交流。

汉武帝时期开始对匈奴用兵,尤其是公元前123年的定襄北之战,少年战神霍去病一战封侯。两年之后,即公元前121年,汉朝又发动了春夏两次的河西之战,匈奴人被霍去病打得唱起了哀恸的挽歌:"失我焉支山,令我妇女无颜色;失我祁连山,使我六畜不蕃息。"到了公元前119年,汉朝又发动了有史以来对匈奴最大规模的战役——漠北之战,此战霍去病以弱冠之年,封狼居胥,兵锋直逼瀚海。加上武帝对外不断用兵,汉朝的疆域得到了进一步的扩大。从此,凡日月所照、江河所至,皆为汉土,大汉的声威远播四方。

然而就在大汉隆盛之时,公元前117年,一代战神霍去病由于连年征战,积劳成疾,仅仅二十三岁就英年早逝。他的死让汉武帝极为悲伤,他让穿着铁甲的骑兵从长安城一路护送霍去病的灵柩直达茂陵,让这位国之战神陪伴在自己的陵寝之旁。

公元前87年,七十岁的汉武帝病逝,他死后葬于茂陵。对于他的一生,历来都有穷兵黩武和雄才大略两种不同的评价,但不可否认的是,他开创了一个伟大的时代。他给了一个国家前所未有的尊严,一个民族挺立千秋的自信。这就是汉武大帝,名副其实的千古帝王。

说起来,汉武帝不光是雄才大略,他还特别有福。他上继文景之治,下启昭宣中兴。他登基之前有爷爷汉文帝、爸爸汉景帝给他攒钱,这才有了对匈奴连年用兵的雄厚资本;他死了之后,大汉的家底儿也被他掏空了,又有儿孙辈儿接着来给他还债。这儿孙辈儿就是为大汉王朝创造了又一个盛世——"昭宣中兴"的汉昭帝和汉宣帝。

公元前87年春，汉武帝死后，他年仅八岁的幼子刘弗陵继位，就是汉昭帝。刘弗陵年少聪慧，很小就展现出了一个帝王应该有的优秀品质。有一次，一只黄鹄飞入了建章宫的太液池，群臣都认为是祥瑞，就来为刘弗陵上寿。刘弗陵也很高兴，他在赏赐完群臣后，写了一首《黄鹄歌》来自勉：

　　黄鹄飞兮下建章，羽肃肃兮行跄跄，金为衣兮菊为裳。
　　唼（shà）喋（zhá）荷荇（xìng），出入蒹（jiān）葭（jiā）。
　　自顾菲薄，愧尔嘉祥。

在这首诗中，刘弗陵用"自顾菲薄，愧尔嘉祥"表达了自己还太小，没有为大汉帝国作出贡献，因此这祥瑞之兆他觉得受之有愧。可以说，幼小的刘弗陵所展现出来的帝王潜质，完全对得起父亲汉武帝的期待了。之后他与辅政大臣霍光（霍去病同父异母弟）君臣携手，将大汉王朝治理得井井有条。只可惜这位少年天子寿命太短，年仅二十一岁就匆匆离世。

汉昭帝死后，由于没有留下子嗣，霍光等人就拥立昌邑王刘贺为新一任的皇帝，就是汉废帝。然而刘贺行事荒诞，登基仅仅二十七天，据说就干了一千一百二十七件坏事。这让霍光大为恼火，在让刘贺过了一把皇帝瘾后，又火速地让他"光荣下岗"。当然，也有一个说法，就是刘贺登基之后迅速开始和霍光争夺权力，这是权臣霍光所不能容许的。

刘贺被废了以后，大汉帝国的皇位再次空悬，该选谁做皇帝呢？

这个时候，时任光禄大夫、给事中的丙吉向霍光推荐了流落在民间的刘病已。刘病已是谁呢？他是汉武帝的曾孙，戾太子刘据的孙子。话说在汉武帝晚年的时候爆发了"巫蛊之祸"，太子刘据被逼自杀，而刘据的孙子——刘病已刚一出生就被关进了监狱。后来刘病已虽然被赦免出狱，但一直流落民间，过着落魄的生活。而随着刘贺的被废，让刘病已那落魄的生活发出了锦绣的光芒。

公元前74年，在霍光等人的扶持下，流落民间的没落皇族刘病已被迎入大汉的朝堂，随后登基为帝，就是汉宣帝，这一年他刚满十八岁。然而一步登天的汉宣帝并没有放纵骄狂，他冷静地观察朝中局势，发现朝中大事都是霍光说了算，因此他选择了默默隐忍。

公元前68年，权臣霍光去世。霍光死后两年，霍家被灭族。从此，权力牢牢掌握在了二十四岁的汉宣帝手中。这个来自民间的皇帝对内关心百姓，甚至为了不使百姓在避讳上有诸多麻烦，他将自己的名字由刘病已改为刘询。同时，他王道霸道、儒家法家并用，又安定民生，发展生产。由此，大汉王朝国力强盛，经济繁荣，四海宾服，政治清明。历史上把汉昭帝和汉宣帝统治的这段时间所创造的辉煌业绩称为"昭宣中兴"，昭宣中兴也成为汉朝历史上又一个强盛的时刻。

公元前49年腊月的一天，汉宣帝刘询病逝于未央宫，葬于杜陵。

大汉王朝在文景之治和昭宣中兴之后，国运已然达到了巅峰。然而，盛极而衰，自汉宣帝之后，汉朝开始走上了下坡路。汉宣帝的儿子汉元帝刘奭在位十六年就去世了，他在位期间，耳根子软，缺乏主见，导致以皇后王政君为首的外戚势力趁机崛起。汉元帝死后，他的儿子太子刘骜（ào）登基，就是好色的汉成帝。汉成帝即位后，朝政由他的母亲王政君和他的七舅姥爷八大姑爷把持，甚至他的五个舅舅创下了"一天封五侯"的纪录。随后，这大汉的朝局就由外戚操控，汉成帝基本没活干了，只好纵情声色。到了公元前7年，汉成帝刘骜酒色侵骨，中风后暴死于宠妃赵合德的怀里。由于汉成帝刘骜没有儿子，所以他在生前就立了同父异母的弟弟——定陶恭王刘康的儿子刘欣为皇太子。于是在他死后，被立为皇太子的刘欣顺理成章继承大位，就是汉哀帝。

汉哀帝即位之初，他很想励精图治，做一番事业，只可惜理智败给了感情。当时一位叫董贤的美男子出现在汉哀帝的生命里，两人如胶似漆，连上厕所都要手拉着手一起去。他们白天同行，夜里同眠，有一天早晨，汉哀帝醒来要去早朝，看见自己的衣袖被董贤压住了，为了不惊醒董贤，汉哀帝用刀裁断衣袖，然后轻轻起身离开，这就是典故"断袖之癖"的由来。为了董贤，哀帝可谓掏心掏肺，什么都愿意给。他不仅给董贤封侯，还让他做大司马，掌管国家机要位置。可这个董贤就是个花瓶，中看不中用。

公元前1年，在位刚刚六年的汉哀帝去世，年仅二十五岁。汉哀帝死后，老太太王政君又冒出来了。这时，她已经是太皇太后了，她安排董贤为汉哀帝治丧，结果董贤啥也不会，就知道哭丧。没办法，王政君只好把自己的侄子王莽叫来代替董贤。自此，王莽担任大司马，正式掌握军政大权。之后，王莽迎立年仅九岁的中山王刘衎（kàn）入宫做了皇帝，就是汉平帝。

公元6年，汉平帝病死，王莽又将汉宣帝的玄孙、当时刚刚一岁的刘婴立为皇太子，国政实际都掌握在他自己的手里。再后来，王莽索性把刘婴一脚踹了，自己上台做了皇帝。自此，大汉王朝被王莽篡夺，汉朝这前半段的历史戛然而止。

然而，大汉的传奇还在延续……

在王莽篡汉的十五年后，汉高祖刘邦的后代，一个位面之子即将登场，他将续写大汉的传奇！

东汉：从隆兴到衰亡

司马迁在《史记》中记录了这样一则花边新闻：西汉景帝时期，有一天晚上，汉景帝喝醉了酒，他来到妃子程姬的寝宫，恰巧程姬那天来了例假，于是程姬就让一个唐姓侍女代替她给醉酒的汉景帝侍寝，就这么稀里糊涂的一个晚上，那唐姓侍女居然就意外地怀了汉景帝的龙种，随后她生下了一个儿子，这件事就是历史上著名的"唐姬误会"。

而汉景帝醉酒之后和唐姓侍女所生的儿子，就是后来的长沙定王刘发。他这一支传到第五代的时候，出现了一位天选之子，就是号称中国历史上"最有学问、最会打仗、而且最会用人的皇帝"，东汉王朝的开国之主——汉光武帝刘秀。

公元前6年腊月甲子日，刘秀出生在陈留郡的济阳县，当时他的父亲是济阳令。据说刘秀出生的时候，满室红光，随后他们家的房前还长出了九个穗的好谷子，于是他的父亲就为他取名为"秀"。虽说这刘秀是汉景帝儿子——长沙定王刘发的五世孙，属于标准的汉室宗亲。但其实到了这个时候，大汉朝的刘姓宗室子弟达十多万人，大街上随便打个招呼，对面那个有可能就姓刘。再加上他家的爵位早在汉武帝刘彻施行推恩令的时候就给"推"没了，所以这个时候的刘秀就和三国时期那位卖草鞋的刘备一样一样的，早就不是贵族了。不过他比刘备幸运，刘秀他们家当时还蛮有钱的，他爹和他叔叔都当过县令，而且他们家的姻亲也都是一些有权有势的人家。比如刘秀的外祖父樊重就是当时的大富豪。他姐夫邓晨，家庭背景更是世禄二千石的高官，不光有钱还有权，所以刘秀他们家在当时应该是"不差钱"。

有意思的是，这位后来很会打仗的开国皇帝早年的时候，喜欢种地、读书。相反，他的哥哥刘縯却颇有汉高祖刘邦当年的样子，喜欢结交各路朋友，还好行侠仗义。

当时已经是西汉的末年，朝堂乌烟瘴气。不久后王莽篡夺了汉家江山，自己登基做了皇帝，并改国号为"新"，至此延续了二百一十年的西汉灭亡，王莽的新朝建立。

王莽做皇帝之后，他一味拟古，不切实际。又盲目改革，试图来个翻天覆地的大变化，结果却触动了大地主、大豪强，乃至市井小民的普遍利益。加上天灾不断，当时的天下是赤地千里、饿殍遍野。于是在新莽天凤年间，大大小小的农民起义不断爆发，各路义军纷纷揭竿而起。其中比较有名的是赤眉军、绿林军、铜马军……

一时之间，海内分崩，天下大乱。到了公元22年的十月，刘縯、刘秀兄弟俩也打出了"复高祖之业，定万世之秋"的旗号，加入了反抗王莽的绿林军。当年六月，刘秀在昆阳（今河南省叶县）一战成名，他以不到两万的兵力打败了号称百万的新莽军队，史称"昆阳之战"。三个月后，绿林军杀入长安，王莽为乱军所杀，他建立的新朝也随之灭亡。

王莽的新朝灭亡之后，绿林军的内部开始争权夺利，当时刘秀的哥哥刘縯功劳最大，却遭人忌恨而死在了自己人的屠刀之下。于是悲愤的刘秀开始自立门户，到了公元25年六月二十二日，他在今河北省邢台市柏乡县的千秋亭即皇帝位，并复国号为汉。由于将都城设在相对长安以东的洛阳，所以他所延续的汉朝就被称为"东汉"，又称"后汉"，而刘秀就是东汉的开国皇帝——汉光武帝。

东汉刚刚建立的时候，天下并未统一，直到十二年后，即公元36年，东汉才完成了全国的统一大业。此后，刘秀夙夜辛劳，改革官制，清丈土地，振兴农业，鼓励生产，于是天下渐渐安定。他还先后九次下诏书释放奴婢为平民，使初建的东汉拥有了充足的劳动力。在他统治的期间，海内安定，人口恢复，汉朝又再一次强盛起来，史称"光武中兴"。

刘秀不光自己能力超群，他与皇后阴丽华所生的儿子刘庄同样也很优秀。公元57年，六十三岁的光武帝刘秀驾崩于洛阳。之后，他的儿子刘庄继位，就是汉明帝。汉明帝刘庄很会治国，而且严令外戚不得干政，对宗室诸侯也管控极严，所以在他执政的时期，朝野清明，海内肃然。

他还命窦固带兵北征自王莽篡汉后又死灰复燃的匈奴，以消除隐患。而窦固更是为东汉发现了一个绝世的外交天才，那就是仅凭三十六人，以国家威望为后盾，靠个人胆略和天才的外交手段，最终降服西域五十多个国家的班超班定远。当时班超没有动用朝廷的军队，他几乎以一己之力就牢牢控制住了西域，为东汉西部疆域的发展和稳定贡献了毕生的精力。

公元75年，汉明帝刘庄驾崩，他十九岁的儿子刘炟（dá）即位，就是汉章帝。而这位少年天子刚刚即位，朝堂之上就收到了一封颇为紧急的求救信，这封求救信来自千里之外的西域疏勒城。

疏勒城位于今天的新疆奇台县，是当年汉军在西域修建的一个关键要塞。这封求救信就是疏勒城的守将耿恭发来的，信中说匈奴几万人围攻疏勒城，而城中守军只有两三百人，经过数月的围困，城中已无粮草，汉兵一个接一个地战死、饿死，而匈奴还在一天不停地进攻。即便如此，汉军的军旗依然不倒，还是高高飘扬在疏勒城的城头之上。

看到这封求救信，年轻又血性满满的汉章帝刘炟经过朝议，决定发兵千里、营救耿恭。于是在当年冬天，张掖、酒泉、敦煌三郡以及鄯善国军队共计七千余人，在冰天雪地中驰援疏勒城。几个月后，汉军到达疏勒城，匈奴军闻风而撤。至此，疏勒城最后的二十六名汉家勇士终于获救。原路返回的时候，一路上饥寒交迫，等到了玉门关，仅有十三名疏勒城的勇士活了下来，这就是"十三勇士归玉门"的真实故事。

汉章帝当政期间，宽仁厚重，鼓励农桑，同时打击地方豪强，加强中央集权。在他的治理下，东汉的国力得到进一步的增强，后世就把汉章帝与他爹汉明帝执政的这段清明岁月合称为"明章之治"。然而可惜的是，汉章帝的寿命不长，公元88年的四月，汉章帝驾崩，年仅三十三岁。

汉章帝死后，他刚刚九岁的儿子刘肇（zhào）即皇帝位，就是汉和帝。由于年龄太小，汉和帝不能亲政，于是朝政就落在了养母窦太后的手里，以窦氏一族为首的外戚势力开始活跃在朝堂之上。公元89年，也就是汉和帝登基的第二年，窦太后的哥哥窦宪北征匈奴，在稽落山与北匈奴展开决战。此战汉军大胜，斩杀无数，还有大量的匈奴人前来归降。战后，窦宪与耿秉登上了燕然山（今蒙古国境内杭爱山），随军出征的史学家班固为此写了一篇《封燕然山铭》，还将之铭刻在燕然山的石壁之上，这就是"燕然勒功"的典故，也称为"燕然勒石"。由此，中国历代武将都把霍去病的"封狼居胥"和窦宪的"燕然勒石"作为毕生的最高理想。

然而窦宪自认为劳苦功高，于是骄横跋扈、恣意妄为，后来竟然动了要谋朝篡位的想法。在这种情况下，公元92年的六月，十四岁的汉和帝先发制人，联合宦官一举剪除了窦氏家族。

此后汉和帝开始亲政，别看他当时年纪不大，可治国理政的水平却相当高。与后世清朝的康熙皇帝相比，两人有很多相似的地方。他们都是年幼登基，都有着高超的执政能力，只是康熙帝活得长，而汉和帝寿命太短，在亲政十四年后就短命而亡，年仅二十八岁。然而就是这十三年的亲政时光，他将东汉帝国治理得井井有条、国泰民安、万邦协和，使东汉的国力达到了全盛。由于汉和帝在位期间主要使用的年号是"永元"，所以历史上就把这一段兴盛的时期称为"永元之隆"。

汉和帝死的时候，他的儿子刘隆才刚满百天。于是在公元106年，不满百日的刘隆就被母亲邓太后怀抱着登基称帝。当时邓太后以"女君"的名义代行皇权，而邓氏一族的外戚则把持朝堂，东汉又一次走入了外戚当权的时代。

小皇帝刘隆更加短命，仅仅一岁就夭折了。但是国不可一日无君啊，于是邓太后与他的哥哥邓骘（zhì）就迎立了以聪慧著称、清河孝王刘庆的儿子刘祜（hù）为帝，也就是汉安帝。汉安帝即位的时候只有十二岁，加之他是邓氏外戚拥立为帝的，所以自然也就要听命于邓氏一族。直到十五年后，邓太后去世，汉安帝才得以亲政，他一雪做傀儡时被任意摆布的怨愤，将邓氏外戚一网打尽。

到了公元125年，三十二岁的汉安帝也是年纪轻轻就去世了，死前一年，他已经把自己和宫女李氏所生的儿子太子刘保给废为济阴王，而他的皇后阎姬又没有生下孩子，所以在他死后，即位的并不是他的亲生儿子。当时他的皇后阎姬拥立了刚满十岁的北乡侯刘懿即位，此后阎姬又以太后的名义临朝称制，实际掌握朝廷的权力。

然而这刚刚被拥立为帝的刘懿更悲催，皇帝才干了二百零六天就死了，满打满算不到一年。趁着阎氏外戚立足朝堂未稳，当初被废为济阴王的汉安帝的亲生儿子刘保，在乳母宋娥发动的政变中被迎立为帝，就是汉顺帝。然而此时的东汉已经走入了乱局，朝堂之上喋血宫斗代代发生，国家已经不可避免地走向衰落的局面。

汉顺帝刘保在位十九年，他在位的时期虽也曾励精图治，谋求改革，但他对外戚放任纵容，这就导致以皇后梁妠（nàn）为首的梁氏外戚专权二十多年，梁妠的哥哥梁冀更是达到了外戚乱政登峰造极的程度。汉顺帝死后，汉冲帝刘炳、汉质帝刘缵（zuǎn）两代帝王都被梁冀牢牢控制。而汉质帝仅仅说了梁冀一句"此跋扈将军也"，就被梁冀给毒杀致死。由此可见，当时东汉的外戚之祸已经到了何等严重的程度。

公元146年，随着汉质帝刘缵被大将军梁冀毒死，随后刘姓宗室、蠡吾侯刘翼的儿子、十四岁的刘志又被梁氏外戚拥立为新的皇帝，这就是历史上著名的昏君代表——汉桓帝。汉桓帝这个皇帝开始做得很憋屈，外戚梁冀飞扬跋扈，根本不把他这个被拥立的皇帝放在眼里。汉桓帝只能隐忍不发，十三年后，即公元159年，被压制多年的汉桓帝终于联合宦官一举诛灭了梁冀及梁氏外戚。这以后，汉桓帝彻底放飞了自我，他将帮助他诛灭梁氏外戚的十三个宦官同时封侯，让宦官们掌握权力。从此开始，东汉又从外戚干政进入宦官乱权的漩涡。

让人想不到的是，这帮掌权的宦官比外戚更加可恶，他们祸乱朝纲、为非作歹，这就引起了当时很多士大夫的不满，这些士大夫与外戚联合，共同对付宦官。而宦官们当然不会坐以待毙，于是他们和士大夫们斗得是不亦乐乎，最终导致了东汉朝廷的两次"党锢之祸"。

> **党锢之祸**
>
> 东汉在汉桓帝、汉灵帝时期，士大夫和贵族、官僚对宦官干政的现象不满，与宦官发生党争。当时汉桓帝以"党人"罪名禁锢士人、罢黜终身，因此称为"党锢之祸"。

公元168年，三十六岁的汉桓帝驾崩，由于他没有儿子，于是皇后窦妙和她的父亲窦武就迎立了刘姓宗室、解渎亭侯刘宏为帝，就是汉灵帝。汉灵帝做皇帝的时候，国家已经到了危急存亡的时刻，一开始他还能诛灭为祸的宦官，并打击外戚势力。可到了后来，他为了享乐把国家大事都交给了宠信的宦官，这让东汉的朝局更加凶险。

公元184年，黄巾起义爆发。五年后，汉灵帝刘宏去世，汉少帝刘辩即位，此时外戚何进与宦官十常侍发生了激烈的斗争，而董卓则趁乱入京，控制了朝堂，他先是废了汉少帝刘辩，之后又立刘辩的弟弟刘协做了皇帝，就是东汉的最后一位皇帝——汉献帝。这个时候，天下大乱，军阀纷争，东汉已经名存实亡。

公元196年，曹操控制了汉献帝，挟天子以令诸侯。

公元220年，曹操的儿子曹丕逼迫汉献帝禅位，至此，东汉彻底灭亡。

三国：浪花淘尽英雄

东汉末年，朝廷党争不止，边疆战事不断，加上瘟疫肆虐，天灾连连，而朝廷的赋税不减，底层百姓苦不堪言，最终酿成了一场大乱——黄巾之乱。

黄巾之乱的特点是遍地开花，全国各地到处都有，大有剿不完的势头。此种情况下，到了公元188年，汉灵帝干脆把权力下放，他在各郡之上再设州牧一职，把军政大都授权给州牧，让各州牧就近征剿自己辖区的黄巾军。

这招儿果然有效，黄巾军被剿得是越来越少了，但各地州牧的"创业"热情却被点燃了。自打朝廷把权力下放给各地的州牧，这掌握了一方实权的州牧就尝到了权力的滋味，不光有权，还有钱，更可怕的是他们有了军队，有了属于自己的武装。于是各地的州牧就从朝廷任用的官员，摇身一变成了称霸一方的军阀。于是乎，黄巾之乱被剿灭了，而军阀割据、混战争雄的时代却开启了……

公元189年，汉灵帝驾崩，汉少帝即位。当时的大将军何进与宦官十常侍又闹得不可开交，于是何进在袁绍的建议下引外兵入京协助剿灭十常侍，这计划引入的外兵之中就有来自西凉的军阀董卓。然而还未等董卓进京，何进与宦官十常侍就斗得两败俱伤。于是董卓趁乱入京，霸占了朝堂，之后他废黜并杀害了汉少帝刘辩，另立刘辩的同父异母兄弟刘协为帝，就是东汉的最后一位皇帝——汉献帝。

这个时候各地的州牧或刺史已经演变为一方的军阀，他们根本不关心国家的利益，或是借口讨伐董卓来壮大自己的实力，或是封疆自保以求保全自己的地盘儿。大汉的兴衰与百姓的生死，他们哪里会放在心上。国家在分裂，战火在燃烧，生灵遭涂炭，百姓在煎熬。当时有位才女叫蔡文姬，她把悲惨的乱世之象写在了《悲愤诗》中：

  城郭为山林，庭宇生荆艾。
  白骨不知谁，纵横莫覆盖。
  出门无人声，豺狼号且吠。
  茕茕对孤景，怛（dá）咤（zhà）糜肝肺。

  蔡文姬之所以描写得这般生动，是因为她不仅是战乱的亲历者，也是战乱的受害者。因为战乱，她被匈奴掠到塞外，流浪在南匈奴长达整整十二年。

  当时中国的北方已经成了烽烟乱世，战乱不休，而地处长江中游的荆州却成为那个乱世里一块相对安宁的地方，大批的北方人迁徙到荆州或巴蜀之地以躲避战乱，其中就有一位被后世近乎神话的人物。公元195年左右，一位少年跟随叔叔从山东老家辗转来到荆州，他们在距荆州襄阳城西二十多里一个叫隆中的山村定居了下来。他，就是被后世誉为忠臣楷模、智慧化身的蜀汉丞相诸葛亮。但是那个时候，他还只是一个十几岁的翩翩少年。而他日后要追随的主公刘备，此时还正在创业的路上备受煎熬。

  刘备，字玄德，他是汉景帝儿子中山靖王刘胜的后代，属于汉室宗亲。公元161年，刘备出生在今天的河北涿州。公元184年的黄巾之乱中，刘备与关羽、张飞集结了一批人马，与黄巾军展开战斗，由此开启了他的创业历程。然而，刘备的创业之路异常艰辛，他屡败屡战，乃至岁月蹉跎。

  相比于备受挫折的刘备，一代枭雄曹操的创业之路相对顺遂。他首先发现了汉献帝的"剩余价值"，将穷途末路的汉献帝迎至许昌，开启了他"挟天子以令诸侯"的称雄之路。

  公元200年，曹操集团与袁绍集团在官渡展开了历史上著名的一场大战——官渡之战。战前，袁绍的实力远远大过曹操，袁绍手下兵多将广,号称十万之众。曹操兵将则不满两万,而且装备落后。看起来,曹操似乎败局已定。然而,历史就是这么诡异,看起来胜券在握、兵多将广的袁绍竟然在官渡之战中一败涂地,输给了兵微将寡的曹操。而曹操正是凭借这场以少胜多的辉煌战绩,一跃而成为北方之雄。此后,曹操继续征战北方,扫荡袁氏集团的残余势力。

公元204年,曹操攻占邺城,一年后又取得了冀州、青州。又三年后,曹操占领幽州、并州、还平定了三郡乌桓(辽西、辽东、右北平三郡)。在北征乌桓凯旋经过碣石山时,曹操写下了著名的《观沧海》:

东临碣石,以观沧海。
水何澹澹,山岛竦峙。
树木丛生,百草丰茂。
秋风萧瑟,洪波涌起。
日月之行,若出其中。
星汉灿烂,若出其里。
幸甚至哉,歌以咏志。

就在曹操统一北方、志得千里的时候,此时的刘备正寄身于荆州刘表的帐下。他眼见别人都在建功立业,而自己老之将至,却寸土没有,不觉慨然流涕,发出"髀肉复生"的感叹。

公元207年,刘备的事业发生了一个转折,他在荆州名士司马徽的引荐下,三顾茅庐终于见到了号称"卧龙"的诸葛亮。这一年诸葛亮刚满二十七岁,而刘备已经四十七岁了。当时,诸葛亮就在自己的草庐之中为心中迷茫的刘备分析了天下的形势,这就是历史上著名的"隆中对"。"隆中对"是极具价值的战略规划,诸葛亮未出草庐,已然三分天下。

听完诸葛亮对时局和形势的分析,刘备有一种醍醐灌顶的感觉,他茅塞顿开、豁然开朗。

不知道大家有没有创过业,创业最痛苦的不是工作的艰辛,最痛苦的是你根本不知道往哪儿走,方向在哪儿。刘备此前就很迷茫,他根本不知道接下来该咋办,会怎样。而诸葛亮通过"隆中对",清晰地为刘备指明了今后创业的方向。那就是先以荆州为根基,再取益州,与孙权、曹操形成鼎足之势,同时结好孙权,内修政理,继而等待时机,图取中原,兴复汉室。不得不说,诸葛亮真可谓千古奇才。

多说一句,所谓奇才,就是你还迷茫的时候,他已经清晰地看到了后面的每一步。

公元208年,也就是刘备与诸葛亮"隆中对"的第二年,五十四岁的曹操挥师南下,很快就占领了荆州。此时逃到夏口的刘备派诸葛亮出使江东,随后刘备集团与江东的孙权集团联手对抗曹操,并在赤壁打了一场历史上以少胜多的经典战役——赤壁之战。

赤壁之战的结果是曹操战败,此后曹操、孙权、刘备三方瓜分了荆州。至此,刘备才终于拥有了属于自己的一片土地,而诸葛亮在"隆中对"中为他谋划的三国鼎立的态势也初步形成。

赤壁之战后,刘备集团势如破竹,先是攻取四川,入主成都,刘备自任益州牧,之后又夺取了汉中盆地。

公元219年,刘备军队占领了西城、上庸、房陵三郡,接着又派驻扎在荆州的关羽率军北击襄阳,实现了对襄阳的包围。时值八月,大雨滂沱、山洪暴发,关羽借势水淹七军,大获全胜。然而螳螂捕蝉,黄雀在后。正当关羽在襄樊前线节节胜利之时,孙吴却趁他后方空虚偷袭了荆州,并夺取了关羽的大后方——江陵和公安两座城。于是关羽败走麦城,中了孙吴的埋伏,兵败被杀。

关羽被杀的同一年,即公元220年,一代枭雄曹操病逝,时年六十六岁。同年十月,他的儿子曹丕逼迫汉献帝禅位,东汉彻底终结,曹魏走上了历史的舞台。

第二年的四月,颠沛流离一生的刘备在成都称帝,国号仍为汉,史称蜀汉,又称季汉。至此,四十年前织席贩履的刘备,在历经不计其数的浴血奋战和难以数计的挫折失败后,终于开国称帝,成为蜀汉的开国之主。

又过了一年，孙权称吴王，此时他据有扬州、荆州、交州和广州，并以黄武为年号，实则也算有了帝王之实。至此，三国鼎立之势已然形成。

然而此时的天下并不太平，刚刚登上帝位三个月的刘备迫不及待地发动了讨伐孙吴的战争，彼时刘备已经六十二岁，他讨伐孙吴的战争名义上是为关羽报仇，实际上是要拿回被孙吴偷袭夺走的荆州，因为"隆中对"里"跨有荆益"是刘备将来北伐的一个重要基础。于是，一场决定三国走向的大战拉开了序幕，这就是夷陵之战。

然而，夷陵之战似乎从一开始就埋下了不祥的预兆，公元221年，刘备五月要出征孙吴，张飞六月就被杀害于军中。而且张飞死后刚一个月，刘备就一意孤行出征孙吴。当时，赵云提出劝谏，但刘备不听。面对蜀军的汹汹之势，孙吴的大都督陆逊一路后撤，一直后撤到夷道（今湖北省宜都市）、猇亭（今湖北省宜昌市北古老背街道）一线。就这样，吴军完全退出了三峡地区最艰险的地带，把兵力难以展开的数百里山地都留给了蜀军。随后刘备又犯了一个战术上的失误，他"舍船就步"，就是将水军主力转移上岸，想集中兵力在陆地上打开缺口。这成为夷陵之战的转折点，也是刘备战败的主要原因之一。因为刘备"舍船就步"，等于是把侧翼暴露给了陆逊。于是在之后的战斗中，陆逊派水军逆流而上，从蜀军的侧后方发动了突然袭击，再加上前方同时发动火攻，于是蜀军大败，数万人战死，刘备退至白帝城。

公元223年四月，身心疲惫的刘备在白帝城永安宫病逝，临死前他把儿子以及蜀汉政权的前途一并交给了他非常信任的诸葛亮。

三国乱世到了这个时候，曹操死了，刘备死了，三巨头里只剩下了孙权。为了孙吴和蜀汉的共同利益，孙权和诸葛亮抛弃前嫌、歃血为盟。而孙刘联盟的恢复，为蜀汉争取到了和平发展的外部环境，此后在诸葛亮的治理下，蜀汉政通人和、国势渐增，巴蜀大地呈现出一派欣欣向荣的气象。内部稳定之后，诸葛亮陆续开始了他的北伐征程……

然而"出师未捷身先死，长使英雄泪满襟"。公元234年，第五次北伐的诸葛亮累死在了五丈原的军营之中,终年五十四岁。三十年后,蜀汉灭亡。

蜀汉灭亡的两年之后,公元266年,司马懿的孙子司马炎逼迫曹操的孙子曹奂(huàn)禅位,由此司马氏建立的晋朝走上了历史的舞台。晋朝建立十五年后,司马炎挥师南下,又灭掉了孙吴政权。至此,精彩纷呈的三国时代结束,天下再次合而为一,同归晋朝,正所谓:

滚滚长江东逝水,浪花淘尽英雄。

是非成败转头空。

青山依旧在,几度夕阳红。

白发渔樵江渚上,惯看秋月春风。

一壶浊酒喜相逢。

古今多少事,都付笑谈中。

晋朝：士族的门阀政治

中国历史上有一个常常被人忽略的朝代，评书没人说，小说没人讲，史学家们更是刻意回避这个朝代。这个朝代，就是历史上非常短命的晋朝。短到什么程度呢？满打满算只有一百五十五年，就这，它还被分成了两截儿。前半截儿从公元266年开始，到公元317年结束，由于都城设在西边的洛阳，史称西晋；后半截儿是从公元317年到公元420年，由于都城设在东南的建康，就是今天的南京，所以称为东晋。

晋朝的短命，源自它内乱频发，又外乱不止。先是"八王之乱"，接着是"五胡乱华"，然后就是偏安东南，和北方游牧民族长期对峙。说起来，晋朝这段历史无非就是权力的争斗和外族的入侵，可以说是一段除了黑暗就是屈辱的历史。但就是这个混乱不堪的时代，却诞生了至今让人怀念不已的魏晋风流，还有许多荡气回肠的英雄故事。

而晋朝的历史还要从它开国的二十八年前开始说起。那时，还是三国时代……

公元239年的正月，洛阳宫嘉福殿内，魏明帝曹睿已经病入膏肓，他急令当时远在河内郡驻守的魏国太尉司马懿火速回京。待司马懿星夜兼程赶到曹睿榻前的时候，当初那个聪明睿智的君王即将走完他的一生。人之将死，其言也善。魏明帝曹睿见到风尘仆仆、匆匆而回的司马懿，他流着泪、拉着司马懿的手，嘱托他与大将军曹爽共同辅佐自己的养子、年仅八岁的太子曹芳。然而，他万万没有想到，从这一刻起，他的国家乃至他曹氏一族即将迎来万劫不复的境遇。而主导这一切的，正是他的托孤重臣——司马懿。

十年之后，还是正月，大地还未复苏。这一天小皇帝曹芳与大将军曹爽带着一众曹氏勋贵出京去祭拜魏明帝的陵寝——高平陵。祭陵仪式上，独独少了重臣司马懿，当时他称病未去，待在洛阳城中正在紧密谋划。就在城外的祭陵仪式达到高潮之时，司马懿与他豢养的三千死士突然发动政变，他们封锁洛阳城，随后又以郭太后的名义下诏，要求大将军曹爽交出权力，以列侯的身份退休回家，"高平陵之变"至此爆发。

高平陵之变可以说是司马懿的一场豪赌，因为这个时候，小皇帝曹芳在曹爽手里，而曹爽一家的姻亲、门生遍布全国乃至整个魏国军队。换作是别人，司马懿几乎没有胜算的可能。可他面对的是曹爽，一个德缺智短又贪生怕死的蠢货。当时曹爽束手就擒，随后曹爽三族以及他的亲信五千多人悉数被杀，血流漂杵。至此，魏国的大权尽归于司马懿父子之手。

高平陵之变的血腥引发了一个畸形的浪漫时代，在那个政权更迭频繁的时期，血腥和死亡常常不期而至，而名士们眼见道义不存、生死无常，于是只能寄情山水、饮酒清谈；或是纵酒狂歌，释放心中的悲伤。但高尚往往被黑暗吞噬，洁白总是容易被肮脏浸染。所以嵇康在刑场上弹奏了一曲《广陵散》，随后慷慨赴死；而阮籍则用酩酊大醉来躲避司马家的征辟。魏晋名士们用自己的方式宣泄心中的苦闷，也为后世留下了千古传颂的魏晋风流。

魏晋风流

魏晋风流，又称"魏晋风度"，指的是魏晋政权交替时期，社会环境极为凶险，名士们为逃避身体上和精神上的苦痛而选择的一种生活方式。他们饮酒、服药、清谈，乃至纵情山水，以一种看似放诞不羁、率直洒脱的方式向当时的掌权者隐晦地表明不合作的态度。其中尤以竹林七贤为最，他们是阮籍、嵇康、山涛、刘伶、阮咸、向秀、王戎。

高平陵之变的五年后，即公元254年的十月，曹魏的第三位皇帝曹芳被司马懿的长子司马师废为齐王，之后司马师立年仅十四岁的曹髦（máo）做了新皇帝。仅仅六年之后，司马懿的次子司马昭又指使手下人成济弑杀了曹髦，随后又立十四岁的曹奂做了傀儡皇帝。

到了公元266年，司马昭的儿子司马炎，也就是司马懿的亲孙子，干脆不装了，他逼迫曹奂禅位给他。自此，曹魏灭亡，司马炎称帝，国号为晋，而司马炎就是晋朝的第一位皇帝——晋武帝。又过了十五年，司马炎派军南下，一举灭了三国之一的东吴，加上刘备建立的蜀汉早在公元263年就已经灭亡，三国至此统归于晋。

一统天下之后，晋武帝司马炎开始纵情欢乐，他除了美女和美酒，似乎就没啥追求了。当时他的后宫人满为患，妃嫔宫女多达万人。这让他得了一种心理疾病，叫选择困难症。每天晚上该选择和哪个妃嫔共度良宵呢？这让他实在有些头疼。于是他想了个办法，就是坐着羊车，每天随意在后宫溜达，羊车走到哪个嫔妃的宫门口，这晚上就在谁那儿过夜。结果有个妃嫔知道羊喜欢盐水的味道，于是就把竹叶插在门前，门前再撒上盐水，如此一来，就把晋武帝的羊车引得停在她的宫门口，这就是"羊车望幸"的典故。

皇帝如此，士族官僚们更是追求享乐，纷纷攀比炫富。一时间，晋朝的奢靡之风争奇斗艳、百花齐放。比如当时的太傅何曾，每天的饭钱要花掉一万钱。骁骑将军王济喜欢吃用人乳做的"蒸肫"。而司马炎的舅舅王恺家里用糖水刷锅，这事儿被当时的另一个豪族石崇知道了，他很不忿，于是吩咐下人以后不许用木柴烧火，改用蜡烛。更奇葩的是，皇帝司马炎知道了，非但不责备，反而还助长这奢靡的攀比之风。

豪族们如此奢靡，当时的百姓生活又如何呢？由于财富都聚集在豪族权贵的家里，普通老百姓的日子可谓艰难之极，许多人食不果腹，以至于沦为奴隶。这种情况下，刚刚建立的西晋不可避免地走向了衰落的局面。

公元290年，享尽人间富贵的晋武帝司马炎去世，之后他的傻儿子司马衷继位，就是历史上那个"何不食肉糜"的晋惠帝。要说皇帝傻点不可怕，可怕的是他有个彪悍而且特能折腾的老婆，就是历史上又丑又坏的皇后贾南风。贾南风的一生可谓"不作不死"，她不仅一手酿成了使西晋亡国的八王之乱，也为自己的命运埋下了悲惨的伏笔。公元300年，贾南风被西晋宗室赵王司马伦废杀。

> ## 八王之乱
>
> 西晋晋惠帝时期，外戚杨骏掌权，皇后贾南风联合楚王司马玮发动政变诛杀杨骏，进而演变成一场争夺中央政权的内乱。这场内乱历时十六年，参与内乱的主要有八位王，因此史称"八王之乱"。八王之乱是中国历史上最为严重的皇族内乱之一，使社会经济遭到严重的破坏，导致了西晋亡国，并使之后的中国北方进入五胡十六国的混乱时期。

然而八王之乱还在继续，这场灾难前后长达十六年之久，死亡数十万人。公元311年，即永嘉五年，胡人刘渊之子刘聪攻破洛阳，展开疯狂抢掠，掳走晋怀帝司马炽，史称"永嘉之乱"。此后，中原大地流民众多、盗贼蜂起，原有的社会秩序正在解体。趁着中原王朝内乱，境外的游牧民族也来趁火打劫，渐渐就演变成史上一场最大的灾难，这就是"五胡乱华"。匈奴、鲜卑、羯族、氐族、羌族趁机入主中国的北方，他们先后在北方建立了大大小小十几个国家，俗称"五胡十六国"。

五胡乱华使得中原沦陷、百姓痛苦不堪，也让西晋的大一统仅仅只维持了短短的三十七年。而从八王之乱到五胡乱华，这一连串的动乱使得北方人口从两千万锐减到四百万，华夏民族已经到了危急存亡的时刻。

当时中国的北方已经沦为游牧民族肆意蹂躏的牧场，于是中原地区的人们纷纷扶老携幼，他们带着仅有的家当，捧着自己的祖宗牌位逃离了生养自己的故乡。这场改变中国历史的大迁徙持续了很多年。人们从今天的河南、山东等地出发，背井离乡前往当时还算太平的江南地区。而这场大迁徙，在历史上就被称为"衣冠南渡"。

当时迁徙到江南的北方人中有平头百姓，也有世家大族，甚至还有皇室宗亲。比如琅琊王司马睿以及北方世家大族的领袖人物——王导。那个时候，中国的北方已经乱成了一锅粥。公元313年，晋怀帝被十六国之一的汉赵之主刘聪毒杀，而逃至长安的司马邺在晋朝宗室的支持下继位，即晋愍帝，此时的西晋王朝还在苟延残喘。

公元316年，匈奴人刘曜攻克了长安，晋愍帝随之投降，一年后被杀，于是这晋朝的前半段，仅仅延续了五十一年的西晋，就此灭亡。

同年，已经在江南稳定经营的晋朝宗室司马睿在世家大族王导及其堂兄王敦，和一众大臣的劝进下，在建康称帝，就是晋元帝。由于这重新启动的晋朝将都城设于东南的建康（今江苏省南京市），所以这晋朝的下半段就被称为东晋。

东晋在中国的王朝史上是一个比较另类的存在，其他王朝都是皇帝一人乾纲独断，而东晋却是世家大族和皇权共治，史称"门阀政治"。这主要是因为东晋的皇权从一开始就是在世家大族，尤其是王导等人的支持下获得的。所以东晋建立后，晋元帝司马睿在军国大事上完全依靠王导、王敦兄弟，这就是东晋所谓"王与马共天下"的政治格局。

这是皇权与世家大族相互支撑、相互需要的一种模式，双方谁都不能太强势，有时候皇帝会向世家大族做出让步，有时候世家大族又会站出来支持皇帝。这是一种平衡的艺术，然而这种平衡极难把握，一旦失控，便又会引发一场腥风血雨。

然而，该来的还是来了。随着晋元帝司马睿坐稳了皇位，他开始谋求乾纲独断了，而这却是以王导为主的世家大族所不能容忍的。于是，就在司马睿准备重用自己的亲信，意图淡化王导家族的权力，并准备要削夺王敦的兵权时，公元322年，镇守镇江的王敦直接起兵，名义上是"清君侧",而实则是在向晋元帝司马睿示威。于是晋元帝不得不服软,并耐着性子接受王敦的训诫,这才平息了东晋初年的这场乱局。

然而东晋王朝的内部矛盾,总是一波未平一波又起。皇权和世家大族之间微妙的平衡,总是难以为继。随着一波波世家大族的此消彼长,他们问鼎皇权的野心也在萌芽滋长。到了晋穆帝永和年间,又一个以桓温为代表的世家大族崛起于东晋王朝。桓温数次北伐,他建立了赫赫的战功,而随着军功的累积,他篡位的野心也在一天天高涨。然而他年事已高,还没来得及篡位就先死了,这也算是老天救了东晋,暂时解除了被谋朝篡国的危机。

公元383年,北方的前秦君主苻坚亲自率领九十多万军队,号称"投鞭断流",气势汹汹杀向东晋,东晋王朝危在旦夕。这个时候,一个世家大族,以谢安、谢石、谢玄为代表的谢氏家族挺身而出。尤其是谢安,他面临危局,气定神闲,指挥若定。当时两军交战于淝水,谢石、谢玄手中只有八万兵力,这是难以胜算的兵力配比。但战役的结果却青史留名,那就是谢石、谢玄指挥的八万晋军以少胜多,打败了号称九十万之众的前秦军队,前秦军队一路溃逃,所过之处风声鹤唳。此战后,前秦一蹶不振,很快走向了灭亡。而这场挽救了东晋、打垮了前秦,以少胜多的经典战役,就是历史上著名的"淝水之战"。

淝水之战成为东晋门阀政治最后的挽歌,然而歌声再美,也挽救不了东晋的没落。公元396年,东晋孝武帝司马曜去世,长子司马德宗继位。六年之后,荆州都督桓玄攻入了都城建康,他逼迫晋安帝司马德宗退位,自己做了皇帝,国号"楚"。

仅仅两年之后,出身北方流民的建武将军刘裕,起兵反对桓玄,并重新迎回司马德宗复位。不过刘裕并不是发善心、表忠诚,此举仅仅是为他自己做皇帝走了一个漂亮的过场。不久后他就派人勒死了晋安帝司马德宗,之后又立司马德文为帝,就是东晋的最后一位皇帝——晋恭帝。

公元420年,刘裕撕下了伪善的面具,逼迫司马德文禅位给他,随后又杀死了司马德文。至此，偏安一隅的东晋也落下了帷幕，随之一起结束的还有东晋的门阀政治。此后的江南，再也看不到昔日世家大族的盛况。南京的乌衣巷里，也不见王家、谢家往日的风流，正所谓：

朱雀桥边野草花，乌衣巷口夕阳斜。

旧时王谢堂前燕，飞入寻常百姓家。

南北朝之南朝宋

中国历史上分裂时间最长的时期,就是"山河涂炭、人如草芥"的烽烟乱世——南北朝。

所谓南北朝,其实就是从公元420年开始。在中国的南方,自东晋灭亡之后依次出现了四个汉族王朝——宋、齐、梁、陈,我们将这四个依次出现的、位于中国南方的汉族王朝统称为"南朝"。几乎同一时期,在中国的北方则先后出现了五个鲜卑族政权,分别是北魏、西魏、东魏、北周和北齐,我们将这五个先后出现的、位于中国北方的鲜卑族政权统称为"北朝"。

在历史上,南朝与北朝长期对峙,直到公元589年,隋文帝杨坚统一了中国的南方和北方,才结束了这段长达一百六十九年南北大分裂的局面,而历史上就把这段南北大分裂的时期称之为"南北朝"。

这是中国历史上分裂时间最长的一段烽烟乱世,战火连连,谋朝篡位更是家常便饭。

南宋词人辛弃疾在《永遇乐·京口北固亭怀古》中写道:

斜阳草树,寻常巷陌,人道寄奴曾住。想当年,金戈铁马,气吞万里如虎。

这里的"寄奴"指的就是南北朝那个大分裂时期第一个出场的猛人,俗称"六位帝皇完"的南朝第一帝,南朝宋的开创者刘裕、刘寄奴。

刘裕是东晋人,公元363年出生于江苏镇江。论家世,他还是汉高祖刘邦之弟、楚元王刘交的二十二世孙。只可惜到他出生的时候,汉朝已经灭亡一百四十多年了，他们家早已沦落得家徒四壁。更可怜的是，刘裕刚一出生，母亲就患病而亡，他爹没钱请乳母，曾想把他扔掉，多亏亲戚收养，才让他活了下来。由于幼年被寄养在亲戚家，所以乳名"寄奴"。长大之后，他过得非常艰难，到了三十多岁的时候，走投无路的刘裕就投身了军伍。

从军后的刘裕很快混出了名堂，他本来就一无所有，所以上了战场无所顾忌，反正烂命一条，拼一个够本，拼俩还赚一个。靠着不怕死的精神，刘裕军功累累，很快就成了东晋的一名中级将领，而这累累的军功也慢慢滋长了他对权力的渴望。

那个时候已经是东晋的末期，门阀大族愈来愈强，东晋皇权岌岌可危。到了公元403年腊月，一个叫桓玄的门阀竟然直接篡位称帝，建立了桓楚政权。这让刘裕看到了"进步"的机会，他立刻以打猎为名，在京口（今江苏省镇江市）起兵讨伐桓玄。经过一番拼杀，刘裕居然以少胜多。此后桓玄兵败被杀，他也成为第一个被刘裕干掉的皇帝。这之后，凭借军功，刘裕在朝堂剪除异己，掌领朝政，一时间风头无两。

为了继续提升自己的威望和实力，此后刘裕不断兴师北伐。到了公元409年，他攻灭了割据在山东的鲜卑族政权——南燕，随后又处死了南燕皇帝慕容超。三年之后，他又剿灭了蜀地的叛乱，谯蜀政权的国王谯纵被迫自杀。又过了五年，刘裕兴师北上，一举打败了后秦，后秦皇帝姚泓投降，随后被刘裕处死。此时的刘裕已经五十五岁了，累累军功为他建立了极高的威望，也让他萌生了谋朝篡位的野心。

公元418年的年底，刘裕玩起了历代篡位者玩腻了的把戏，他先是逼迫东晋的晋安帝为他晋爵为宋公，并加九锡。第二年刚一开春，刘裕就指使手下人缢杀了晋安帝。杀了晋安帝之后，刘裕并没有急着篡位，因为当时有个谶语说"昌明之后尚有二帝"，"昌明"是晋安帝之前的孝武帝年号，这谶语的意思是说东晋在孝武帝之后按天意应该还有两位皇帝，所以刘裕得把这两个倒霉皇帝给凑齐。于是在杀了晋安帝之后，他又立了晋安帝的弟弟司马德文做了皇帝，但仅仅也就让司马德文干了一年。第二年，也就是公元420年，刘裕急不可耐地逼迫司马德文把皇位禅让给了他。至此，偏安东南一百零三年的东晋王朝就此终结。

刘裕篡夺了东晋的江山之后，他为自己的新王朝改国号为"宋"，这就是南北朝时期南朝的第一个汉族政权，史称"南朝宋"。

登基之后，刘裕斩草除根，将已经退位的晋恭帝司马德文也给杀了。由此，出身草根的刘裕先后灭掉了桓楚、南燕、谯蜀、后秦和东晋五个政权，干掉了桓玄、慕容超、谯纵、姚泓、司马德宗、司马德文六位皇帝，因此雅号"六位帝皇完"。

虽说刘裕心黑手狠，可治国理政还真有两把刷子，他吸取东晋皇权被门阀大族长期压制的教训，不断打击门阀大族的势力，并重用寒门子弟。同时，他降低赋税，鼓励生产，还严肃朝纲法纪，加强中央集权，削弱地方的势力。此外，他还把军权收归朝廷，以避免藩镇拥兵自重。这一系列的为政措施让南朝宋的国势迅速雄起。

到了公元422年，刘裕撒手西去，谥号宋武帝。刘裕死后，他的长子刘义符即位，就是南朝宋少帝。刘义符堪称虎父犬子。他登基的时候刚刚十七岁，啥也不懂，就知道玩，于是很快就让一帮大臣对他失望至极。公元424年，谢晦、徐羡之、傅亮三位顾命大臣联合南兖州刺史檀道济、江州刺史王弘一起发动政变，并以太后的名义将刘义符废为营阳王，不久又将年仅十九岁的刘义符杀害。同年，大臣们拥立刘裕刚满十七岁的三儿子刘义隆即皇帝位，这就是南朝宋的第三位皇帝——宋文帝。别看刘义隆年纪小，却颇有帝王心术。他刚一继位，就迅速掌控了禁军，仅仅过了两年，他就先后杀了权臣谢晦、徐羡之、傅亮，从此乾纲独断、稳控朝局。

刘义隆在位期间颇有作为，他奖励农耕、兴办教育，同时重用寒门子弟，又微妙地掌握士族与寒门之间的平衡。于是，南朝宋在刘义隆的手上一度兴盛。由于他在位的年号是元嘉，史称"元嘉之治"。

但刘义隆一直有个挥之不去的梦想，那就是封狼居胥，建立赫赫武功。然而理想很丰满，现实很骨感，他先后三次北伐均告失败。尤其是公元450年第二次北伐的惨败，给南朝宋带来了沉重的打击，也让他苦心经营的元嘉之治草草收场。这就是辛弃疾在词中所描述的"元嘉草草，封狼居胥，赢得仓皇北顾"。

说起来，刘义隆强在帝王心术，败在三次北伐，而死于教子无方。公元453年，刘义隆的长子刘劭（shào）与次子刘濬（jùn）对他施以巫蛊之术，被刘义隆发现后，刘劭竟然先下手为强，发动政变，杀死了自己的亲爹刘义隆。打这儿以后，南朝宋的皇族就像被诅咒了一样，骨肉相残的戏码轮番上演，刘氏宗族血腥不断。

就在刘劭通过弑父登上帝位的同一年，他同父异母的三弟刘骏起兵讨伐他。随后刘劭被诛杀，刘骏继位，就是南朝宋的第五位皇帝——宋孝武帝。宋孝武帝刘骏即位之初还能励精图治，他推行了一系列的改革，尤其是让寒门子弟迎来了上升的春天。那段时期，寒门子弟掌握实权，而世家大族往往只有虚衔。同时他还屡次击退了来自北方鲜卑族政权——北魏的进犯，这让南朝宋一度又有了中兴的气象。然而刚刚有所起色，宋孝武帝刘骏就开始恣意享乐，于是南朝宋又一次转向衰败的局面。

公元464年，三十五岁的宋孝武帝刘骏溘然病逝，他的儿子刘子业继位，就是南朝宋废帝。说起这个刘子业，那真是道德沦丧、毫无底线，他和自己的亲姑姑、亲姐姐都有私情，可谓是天字第一号以乱伦著称的皇帝。不光如此，他对母亲不孝，而且还嗜杀成性，妥妥的一个暴君。

即位的第二年，刘子业就杀了自己的叔祖江夏王刘义恭，据说杀刘义恭的时候，他还玩起了"解剖实验"。他先将刘义恭肢解，又开膛破肚，还把刘义恭的眼珠给挖出来用蜜浸泡。你很难想象，如此残忍的行为会出自一个十几岁的少年。

由于刘子业的几个叔叔都长得比较胖，这也不能怪他们，毕竟是皇族，平时吃得太好以致身材走形，顶多教育一顿就可以了。可刘子业较真儿了，这事儿他必须管。他把几个肥胖的叔叔用竹笼装起来，逐个称重量，还把最重的十一叔刘彧（yù）封为了"猪王"。而且每次到了饭点儿，刘子业都要把他十一叔刘彧的衣服剥光，让他像猪一样用嘴在木槽里拱着吃。当然，其他几个叔叔也跑不掉，分别被封为"杀王""贼王""驴王"，至此，这老刘家就有了一帮奇葩的王爷。然而那位最胖的、被封为"猪王"的十一叔刘彧比猪聪明，他曲意逢迎、隐忍讨好刘子业，最终趁刘子业放松防备的时候，串通刘子业的亲信将其杀掉。

刘子业被杀后，受尽折磨的刘彧被拥立为皇帝，是为南朝宋明帝。其实刘彧原本性情温和，很符合他那胖胖可爱的形象。只可惜被刘子业这一番折磨，他心中的愤怒无处释放，于是刚一即位，就把刘子业他爹、也就是他三哥刘骏的二十八个儿子，全部杀掉，一个不留。又过了几年，到了公元472年，胖子刘彧也死了，死的时候才三十四岁。之后他的儿子刘昱（yù）继位，就是南朝宋的历史上又一位残忍的帝王。

刘昱残暴的程度直追刘子业，青出于蓝的是，他动手能力还特别强，为了让祸害人的业务更熟练，他事必躬亲，干啥坏事儿都要亲自动手。而且见血就兴奋，甚至一天不见血，他就不开心。

有一天禁军总管萧道成正在家中睡午觉，由于天气炎热就打着赤膊。此时刘昱不请自来，一眼就相中了萧道成那胖胖的肚皮。于是他弯弓便射，正中萧道成的肚脐。幸亏当时他用的是骨箭，否则萧道成非死即伤，而刘昱则在一旁乐得哈哈大笑。

这件事儿让萧道成深为恐惧，为了保命，他开始收买刘昱的亲信卫士杨玉夫等人，要伺机除掉刘昱。公元477年七月七日，这天正好是乞巧节，是牛郎织女一年一度相会的日子。这天刘昱在外面胡闹了一天，直到夜里才回到宫中休息。临睡前，刘昱对卫士杨玉夫等人说："尔等在庭院里等着织女渡河，看见了立刻报告我，看不见就将你们都杀了。"

这个任务很艰巨，但只要脑子正常，就知道无法完成。于是杨玉夫也不等着织女渡河了，他趁刘昱熟睡，一刀砍下了他的脑袋，随后就送给了萧道成。而萧道成随后提着刘昱的人头召集百官，百官们听说皇帝被杀了，竟然没一个伤心的，都兴奋地山呼万岁。

接着，萧道成带领百官拥立十一岁的刘准为帝，就是南朝宋的最后一位皇帝——宋顺帝。刘准即位的两年之后，即公元479年，萧道成逼迫刘准禅位给自己，至此，南北朝时期，中国南方的第一个汉族王朝——南朝宋灭亡了，国祚六十年。随之，萧道成创建的南朝齐走上了历史的舞台。

据说小皇帝刘准禅位的时候，手脚颤抖，涕泪涟涟。他哭着说：愿生生世世，再不生帝王家。这一幕，像极了六十年前刘裕逼迫东晋皇帝司马德文禅位的一幕。

这真是：世道好轮回，苍天饶过谁。

南北朝之南朝齐、梁、陈

公元479年,南朝宋的权臣萧道成,照着六十年前刘裕篡夺东晋王朝的那套流程依葫芦画瓢走了一遍,之后逼迫刘裕的曾孙刘准把皇位禅让给了自己。于是,南朝宋灭亡,而南北朝时期位于中国南方的第二个汉族政权——南朝齐就此建立,简称"南齐"。

话说但凡是开国君主,都知道这江山来之不易,所以基本都还能兢兢业业。萧道成也一样,他建立南齐后,励精图治,任贤用能,还关心百姓。可惜的是,萧道成做了皇帝没几年就死了。

萧道成死后,他的儿子萧赜(zé)即位,就是南朝齐武帝。萧赜即位后,他改年号为永明,就是永远光明之意,他希望自己治理下的国家前景光明、长治久安。为此,齐武帝萧赜对国政非常关心,大施仁政,并且法治严明。在他当政的十多年间,国家没有发生大的战争,老百姓也算生活安宁,由此后世就将他治理的时期赞誉为"永明之治"。

此外,齐武帝萧赜和他的长子萧长懋(mào)可谓是历史上父慈子孝的典型代表。萧长懋性格宽厚,处事圆润,很受当时人们的拥戴,齐武帝对自己这个儿子也是非常的满意。可惜这世上没有完美的事儿,公元493年年初,太子萧长懋突然病重,不久病逝,年仅三十五岁。太子的死给齐武帝的打击很大,没多久,伤心过度的他也跟着自己的儿子驾鹤西去。因为太过心疼自己的儿子,他死之前没有把皇位传给富有政治经验的次子萧子良,却立了长子萧长懋的儿子、也就是皇长孙萧昭业为帝,而这份爱子之情却为南齐宗室埋下了骨肉相残的祸根。也正是从这一刻起,南朝齐也走入了当年南朝宋手足相杀、宗室流血的乱局。

公元493年，随着老爸萧长懋和爷爷萧赜先后去世，时年二十一岁的皇长孙萧昭业继承了帝位。萧昭业要是放在今天，绝对是可以演青春偶像剧的男一号，因为他长相俊美，还极会演戏。他老爸萧长懋死的时候，灵堂之内他哭得几乎要死了一样，可转身回到内廷，就歌舞伎乐，欢乐不止。萧长懋活着的时候对他管教极严，起居用度都严格限制，这让萧昭业感到非常憋屈。所以等他做了皇帝，就肆意挥霍、随意赏赐。结果即位还不到一年，他爷爷萧赜好不容易积攒的那点家底儿就被他挥霍一空。当时的辅政大臣、也是他的叔祖萧鸾见他如此挥霍，就上疏劝谏。结果萧昭业不但不听，还与人密谋想杀掉萧鸾。而得知消息的萧鸾干脆先下手为强，他发动政变，杀死了萧昭业。

随后，萧鸾立年仅十五岁的萧昭文做了皇帝。仅仅三个月后，他又废杀了萧昭文，干脆自己走上前台，自立为帝，这就是南齐的第五位皇帝——齐明帝。做了皇帝后，他是夜不能寐，为啥呢？因为虽说他也是南齐的皇室宗亲，但终归不是正统的皇位继承人，而且他的儿子们都还小，万一将来有个闪失，这好不容易到手的皇位就又飞了。于是他干脆一不做二不休，把他叔叔萧道成一脉的所有儿孙全数杀死、一个不留。这真应了那句老话：无情最是帝王家。

公元498年，萧鸾去世，之后他的宝贝儿子萧宝卷继位。这个萧宝卷，人如其名，十足的现世活宝，说话还打卷儿，俗称"磕巴"。他说句话极为不易，于是他干脆不说了，凡事拿刀比画。他最喜欢带着一群身体有残疾的太监们出宫压马路，但凡路上有敢看他的，他就拿刀去砍。以至于后来老百姓远远地听说萧宝卷要来了，就像遇到瘟神一样，四散奔逃。但这就不好玩了，老百姓不按常理出牌啊！萧宝卷不乐意了，于是他决定"微服私访"。但他这个"微服私访"不但不帮着老百姓解决问题，还制造问题。但凡他到了哪儿，哪儿就能死上一片。

但就是这么一个残暴的帝王，居然还是个十足的痴情男子。他原本荒淫无度，直到遇见了出身市井的美人潘玉儿。这潘玉儿长得美艳动人、妖冶风流，有着婴儿般的皮肤和一双柔弱无骨的玉足。可以说自打萧宝卷遇到了潘玉儿,就像是遇到了克星一样,他对潘玉儿是死心塌地。出外游玩,他让潘玉儿坐软轿,自己像个随从一样跟在身后。甚至还把黄金刻成莲花铺在地上让潘玉儿在上面走过,就为看她"步步生莲花"。可以说萧宝卷对潘玉儿,那是爱得一塌糊涂。

就这样,任性胡闹的萧宝卷终于惹得是天怒人怨,各地纷纷起兵造反。他的一个远房亲戚叫萧衍,是雍州刺史,他带兵攻入了建康,直接杀了萧宝卷,而后又立萧宝卷的弟弟萧宝融为帝。但这也就是过渡一下,到了公元502年,萧衍又废杀了萧宝融。至此,南朝齐仅仅存在了二十四年就匆匆灭亡。

南朝齐灭亡的同一年,萧衍称帝,他建立了南朝史上的第三个汉族王朝,国号为"梁",史称"南朝梁"或"南梁"。萧衍就是南梁的开国之主——梁武帝。

然而梁武帝萧衍的皇位还没坐稳,几场叛乱就不期而至。一时之间刚刚建立的南梁四处狼烟,战乱又起。虽然这些叛乱很快被梁武帝扑灭,但国内反叛的思想没有根除,这叛乱的死灰不定什么时候又会复燃。这让梁武帝很头疼,因为从东汉末年开始,谋朝篡位的戏码就不断上演,刀光剑影中,君臣无忠,父子不爱,兄弟失悌,儒家的忠孝观念、伦理纲常被撕得支离破碎,该怎么办呢?他认为必须重塑人心,他要通过佛教和儒学来规范人的思想和行为。

为此,梁武帝修建了很多寺庙,其中非常出名的有两座,这就是以他父母的名义修建的大爱敬寺和大智度寺。寺庙建成后,梁武帝为父母举办了盛大的法会,每月初一、十五,他还要亲自到庙里去祭拜。于是,皇帝的孝行感动了许多人,从布衣乃至公卿。与此同时,梁武帝还在各州郡兴办学校,重振儒学,对入学的寒门子弟一律免费,假如学成后考试通过,还能入仕做官。他不仅在民间提倡儒学,还设立国子学,要求皇太子、宗亲勋贵都要学习儒家经典。

为了进一步规范人的思想和行为,梁武帝专门下诏建立了一个强大的制礼班子,他要重新确立"礼"的权威。在梁武帝看来,儒家礼仪规范的是人的社会行为,而佛教礼仪规范的却是人的内心。在整个制礼的过程中,梁武帝不仅亲自参与编撰礼仪规范,还身体力行。比如他参与编撰《在家受菩萨戒》,自己就身体力行,实实在在按照戒律行事和生活。他不再吃肉,只吃素食,而且过午不食。从五十岁开始,身为皇帝的梁武帝又开始戒色,并且亲受菩萨戒,法名"冠达"。所以,梁武帝又被称作皇帝菩萨。

在为政举措上,梁武帝也可圈可点,他是南朝少有的以勤政著称的皇帝。在他统治的前期,朝廷的权威进一步增强,宗室之间的关系得以调和,门阀大族与寒门素族之间得以平衡。

由此,经过梁武帝几十年的苦心经营,南梁社会稳定,经济繁荣。

但梁武帝到了晚年开始怠于政事,而且大兴佛教,以至于"南朝四百八十寺,多少楼台烟雨中"。他甚至四次"遁入空门",而朝廷用来赎他的花费,就多达四万亿钱。不仅如此,梁武帝晚年对皇室宗亲、世家大族以及公卿大臣愈加宽容,甚至是放纵。即使他们犯了罪,最多就是一顿训诫,往往不予治罪。于是在梁武帝执政的后期,朝堂贪腐,世风日坏,而他对这种乱象却根本不予制止。

公元547年,梁武帝接受北朝羯(jié)族将领侯景的投靠,没想到后来竟然演变为历史上著名的一场叛乱,史称"侯景之乱"。公元549年,梁武帝萧衍被侯景囚禁,后来被饿死于建康的台城,享年八十六岁。

侯景之乱对于南朝而言是一场空前的浩劫,这场叛乱之后,原本号称"如金瓯,无一伤缺"的南梁四分五裂、名存实亡。富庶的三吴之地更是"千里绝烟,人迹罕见,白骨成聚如丘陇焉",江南百姓如堕人间地狱,昔日的繁华荡然无存。

公元552年,侯景之乱终被平定,在平叛功臣王僧辩、陈霸先及各路将士的拥立下,梁武帝萧衍的第七个儿子萧绎(yì)在江陵称帝,就是梁元帝。然而两年之后,西魏大军攻陷了江陵城,梁元帝萧绎为西魏所杀。这之后,陈霸先扶立萧绎的儿子萧方智在建康称帝,但此时的国政实际由陈霸先掌领，萧方智不过是一个傀儡皇帝。仅仅过了三年，即公元557年，谋朝篡位的戏码再次上演，陈霸先直接废了萧方智，他自立为帝，并以自己的姓氏为国号，这就是南朝历史上的最后一个汉族政权——南陈。

至此，享国五十五年的南梁就此灭亡，南陈粉墨登场。

实际上南北朝发展到了这个时期，"南弱北强"的局势已经非常明显，南陈可以说是南朝四个政权里国力最弱、疆域最小的一个，以至于我们常常忽视它的存在。然而，南陈虽说很弱小，但它恰恰是南朝四个政权中唯一没有出现暴君的王朝。

南陈建立之后，开国之主陈霸先知道自己家底子薄，北方还有两个虎视眈眈的邻居——北齐和北周，关键这两个邻居还都比他强，这让陈霸先寝食难安、夙夜忧愁。而且，当时的南陈并没完全统一南方。于是这皇位刚坐了两年，陈霸先就在一片内忧外患之中匆匆离世。

陈霸先病重时，因他的儿子陈昌还被扣在北周做人质，于是经过商议，就召他生前非常器重的侄子陈蒨入宫即位，就是陈文帝。而陈文帝也不负众望，他在位六年，励精图治，对内平定各种反叛势力，基本上完成了长江以南的统一。可以说陈文帝是南北朝时期那些"精神病"皇帝中少有的清醒者之一，只可惜活得不长。

陈文帝死后，他的儿子陈伯宗继位。但不到两年，皇位就被陈文帝的弟弟陈顼（xū）篡夺了。其实在陈文帝临终的时候，他觉得儿子陈伯宗性格懦弱，不堪大用，本来就有意让弟弟陈顼继位，结果陈顼伏地大哭，坚决推辞。陈文帝当时被弟弟陈顼超凡入圣的演技感动了，于是就让陈顼做了辅政大臣。而陈顼果然"不辱使命"，仅仅两年之后，他就把大侄子陈伯宗给废为了临海王。之后陈顼坐上龙椅，就是陈宣帝。可惜，陈宣帝在位十三年，苟安江南，没有什么大作为，也很少被后世提起。倒是他的儿子要比他有名得多，就是历史上非常著名的末代君主——陈后主陈叔宝。

陈后主是个妥妥的"妇女之友"，每天就会和美女谈情说爱，其他啥也不会。于是在公元589年，隋朝大军很快攻破了建康，陈后主被俘后投降。

随着南朝陈后主的投降，中国南北大分裂的局面终于画上了句号。

南北朝之北魏

东汉时期，在中国北方大兴安岭的高山密林之间生活着以狩猎为生的鲜卑人。后来，他们经历了数次迁徙，先是到了内蒙古的呼伦湖一带，接着又南下到匈奴的故地。到了三国时代，他们又迁徙到今天内蒙古的和林格尔。公元266年，西晋王朝建立，中原暂时安定了几年，但不久又爆发了中国历史上最为严重的皇族内乱——八王之乱，这场内乱让锦绣的中原大地烽烟再起、生灵涂炭。趁着混乱，周边的游牧民族纷纷入侵中原，于是在中国的北方陆续出现了十多个大大小小的政权，史称"五胡十六国"。

当时鲜卑人早已迁徙到靠近中原的北方一带，并形成了众多的部落，如慕容部、宇文部、段部、拓跋部、秃发部、乞伏部等等。其中一些部落在五胡十六国时期趁乱就建立了自己的政权，比如慕容部建立的前燕、后燕、西燕、南燕、北燕，乞伏部建立的西秦，等等。尤其是鲜卑拓跋部，他们更是建立了当时中国北方一个非常强悍的王朝。

公元386年的二月下旬，鲜卑拓跋部的族人在牛川（今内蒙古自治区西拉木伦河）推举拓跋珪成为他们的首领，称"代王"，定都盛乐（今内蒙古自治区和林格尔县）。同年四月，拓跋珪又改称魏王。三年之后，二十八岁的拓跋珪在平城（今山西省大同市）称帝，定国号为"魏"，史称"北魏"。这就是北魏王朝的由来，而拓跋珪就是北魏的开国皇帝——北魏道武帝。

转眼到了公元420年，此时偏安东南的东晋王朝被权臣刘裕篡夺，建立了南朝宋。南朝宋建立三年后，中国北方的北魏迎来了它的第三位皇帝，当时年仅十六岁的拓跋焘，就是北魏太武帝。

拓跋焘刚刚继位的时候，它的北面是柔然，西面是北凉和胡夏，东面是契丹和北燕，而南面则是刚刚建国，实力强大的南朝宋。可以说这位少年天子当时所要应对的局面相当复杂，但他雄心万丈，在即位的第二年就亲征柔然，并打得柔然不敢再轻易南下。公元430年，拓跋焘又几乎灭了西面的胡夏，此后他伐柔然、征北燕、灭仇池、亡北凉。到了公元439年，年仅三十二岁的拓跋焘荡平诸胡，终于结束了中国北方五胡十六国的混乱局面。

此时，刚刚统一中国北方的拓跋焘并没有志得意满，他清醒地意识到北魏还面临许多棘手的问题，除了北面实力不容小觑的柔然经常伺机南下，南面更有以中华正统自居的南朝宋虎视眈眈，同时北魏国内的各种矛盾也异常尖锐。当时中国的北方胡汉杂居，各民族之间的矛盾异常尖锐，农民起义不断爆发。拓跋焘心里非常明白，鲜卑人本就不属于中原这片土地，也不了解该如何管理以农耕文明著称的中原地区，这让他忧心忡忡、寝食难安。

在这种情况下，拓跋焘开启了北魏的汉化之路，当时他在平城修建了孔庙，并建立了太学，他要求汉族和鲜卑贵族的子弟必须到太学来学习儒家经典，同时还征召大批熟悉中原文化的汉族士人到朝廷任职。与此同时，他还鼓励屯田垦荒，使北魏王朝从鲜卑人的草原文明转向汉族的农耕文明，北魏国力有了迅猛的增长。

就在拓跋焘的汉化之路取得一定成效的同时，鲜卑贵族的不安也在日益增强，尤其是朝堂之上汉族大臣的权力扩张引起了他们的恐慌，而此后发生的一件大事更是激化了汉族士人和鲜卑贵族之间的矛盾。就在太武帝拓跋焘荡平北方的同一年，他决定效仿中原王朝编修国史，希望通过国史的方式让千秋万代记住北魏创业的辉煌，这个重任当时就落在了汉族大臣、三朝元老崔浩的身上。

崔浩，出身北方高门清河崔氏，他很有智谋，时常自比张良。崔浩辅佐过北魏道武帝、明元帝，此时又深受太武帝拓跋焘的信任。所以当拓跋焘准备编修北魏国史时，他立刻就想到了崔浩。而崔浩也不辱使命，历经十年之久考证博引，详细而无所隐晦地记录了鲜卑发展的全貌。其中不仅包括鲜卑拓跋的辉煌历程，也记录了鲜卑早期许多不光彩的历史，比如鲜卑拓跋的老祖宗——拓跋什翼犍娶了自己漂亮的儿媳妇，以及太武帝拓跋焘在攻伐南朝宋时曾经疯狂屠城的劣迹，等等。

国史修成后，崔浩为了彰显自己秉笔直书的功绩，竟将国史刻在石碑上，还立于平城郊外的交通要道，想借此使他编撰的北魏国史万代传扬。然而，当往来的鲜卑人看到后，他们议论纷纷，认为崔浩是故意揭露鲜卑拓跋的丑事，他们觉得这是汉族士人对北魏政权的公然挑衅和极大侮辱。再加上崔浩曾经仗着拓跋焘的宠信有一些恃宠而骄的行为，于是早就对他不满的鲜卑贵族纷纷到拓跋焘那儿告状，这让拓跋焘怒不可遏。

公元450年七月的一天，拓跋焘下令将崔浩及其姻亲全数满门抄斩，这就是北魏历史上著名的"国史之狱"。这场刑狱事件，彻底激化了汉族和鲜卑族之间的矛盾，也使北魏王朝失去了中原世家大族对它的衷心支持。

几乎在北魏国史之狱爆发的同时，南朝宋文帝刘义隆开启了他对北魏的第二次征伐。与第一次北伐的结果相同，刘义隆梦想封狼居胥，换来的却是仓皇北顾，而拓跋焘则借此实现了饮马长江的夙愿。

次年正月，北魏太武帝拓跋焘在长江北岸举行盛大的庆功会，在这场庆功会上，一个名叫宗爱的宦官被他封为了秦郡公，然而他做梦也想不到，一年之后，自己将为这个宦官所杀。

宦官宗爱在历史上留下的信息不多，籍贯、出身等都没有记录，只知道他早年因为犯罪而被罚做了阉人。但他很得拓跋焘的宠爱，以至于恃宠而骄，行为多有不法。当时，太子拓跋晃有两个亲信与宗爱的关系很差，结果被宗爱诬陷而丢了性命，还连累太子宫里的一些官员纷纷被杀。这件事让太子拓跋晃又气又怕，不久后竟然一病不起、郁郁而终。

儿子拓跋晃的死让拓跋焘似乎有所醒悟，他意识到自己可能被宗爱欺骗了。但还没等他处罚宗爱，宗爱反而先下手为强，他发动宫廷政变，在一天深夜就杀了熟睡中的太武帝拓跋焘。这一天是公元452年二月甲寅日，拓跋焘被杀的时候四十五岁。

拓跋焘死后，宗爱拥立平时跟自己还算融洽的吴王拓跋余做了皇帝，但仅仅半年之后，两人就出现了矛盾，于是宗爱又杀了拓跋余。混乱之中，群臣拥立拓跋焘的嫡长孙，也就是太子拓跋晃的儿子拓跋濬（jùn）即皇帝位，就是北魏文成帝。拓跋濬即位的时候只有十三岁，但他很有胆略，刚一即位，他就诛杀了乱臣宗爱及其一众亲信。至此，北魏的朝局终又回归正常的秩序。

之后拓跋濬推行了一系列休养生息的举措，同时在都城以西钟灵毓秀的武州山开凿了著名的云冈石窟，使之成为中国石窟艺术宝库中的瑰宝。今天我们去游览云冈石窟，你会看到当时世界上各种文化元素在云冈交融并汇，那里有罗马的廊柱，古希腊的高鼻深目，以及波斯文化、巴比伦文化等等，当时世界上各种文明都汇聚在那里，展现了北魏开放包容的恢宏气度。

与此同时，少年天子拓跋濬还收获了美好的爱情。就在他即位的两年后，有一天他在宫内见到一位美貌的少女，那少女刚刚十四岁，当时还只是一个卑微的宫女，但拓跋濬对她一见钟情，随后就封她做了贵人，一年之后，即公元456年的正月，他又直接册封她做了母仪天下的皇后。而这位幸运的小宫女就是后来为中华文明作出了巨大贡献的北魏冯太后，又称北魏文明太后。

冯太后，出身汉族，祖籍长乐信都（今河北省衡水市冀州区），她的祖父冯弘是五胡十六国时期北燕的皇帝。公元436年，北魏灭了北燕，她的父亲冯朗投降了北魏，后来冯朗因为牵涉一桩大案被杀，受父亲的牵连，她小小年纪也被罚没入宫，成了北魏皇宫里一名卑微的小宫女，直到她遇见了自己的真命天子——拓跋濬，才一步登天，成了北魏的皇后。

历史上，冯氏与拓跋濬的感情很好，只可惜她没有生下一儿半女，而这也让她因祸得福，因为当时的北魏为了防止外戚专权，制定了立子杀母的制度。公元456年，拓跋濬的长子，两岁的拓跋弘被立为太子。按照惯例，太子拓跋弘的生母李夫人被赐死，而冯氏则以皇后之尊，受命抚养幼小的皇太子拓跋弘。然而，公元465年的六月，年仅二十六岁的北魏文成帝拓跋濬因病早逝，让正值青春年华的皇后冯氏年仅二十四岁就成了寡妇。

文成帝拓跋濬去世后，太子拓跋弘即位，就是北魏献文帝，而冯氏则被尊为皇太后，就是历史上著名的北魏冯太后。由于拓跋弘年幼即位，朝政当时都被丞相乙浑把持，乙浑飞扬跋扈、排斥异己，因此皇权受到严重的威胁。对此危局，冯太后果断出手，诛杀了乙浑的三族。此后，冯太后临朝称制，她亲自辅佐小皇帝拓跋弘掌控偌大的北魏帝国。

公元467年八月，拓跋弘的儿子拓跋宏出生。冯太后喜出望外，她决定不再临朝听政，放手让已经十四岁的献文帝拓跋弘亲政，而自己则专意培养皇孙拓跋宏。然而，献文帝拓跋弘亲政之后与冯太后渐生嫌隙，后来竟至水火不容。到了公元471年的八月，在冯太后施以的巨大压力下，献文帝拓跋弘将皇位禅让给不满五岁的儿子拓跋宏，六年后驾崩于平城永安殿。

拓跋宏，就是历史上非常有名的北魏孝文帝，他即位的时候还不满五岁。当时北魏王朝的胡汉矛盾已经异常激烈，胡汉之间的冲突也是愈演愈烈，北魏王朝已经到了危险的边缘。在这种情况下，到了公元485年，已经十九岁的孝文帝拓跋宏在他的祖母冯太后的鼎力支持下，拉开了一场轰轰烈烈的汉化改革的大幕。由于这场改革发生在北魏太和年间，因此又被称为"太和改制"。

太和改制的内容包括多个方面。首先是孝文帝在祖母冯太后的支持下颁布了农耕文明的法律——均田令。同时颁布了新的赋税制度，就是农民种地越多赋税越低，这就大大提高了农民的积极性。除此之外，孝文帝还修建了类似汉族帝王宣明教化的明堂，而他也经常在明堂会见群臣、祭祀祖先。经过太和改制，北魏实现汉化，国力大增。

公元490年，为中华文明做出巨大贡献的冯太后去世，享年四十九岁。在为祖母冯太后守孝期满后，孝文帝独自启程，准备创造属于自己的辉煌。

公元494年，北魏孝文帝以南征为名，宣布迁都洛阳。迁都洛阳后，他让鲜卑贵族与汉族通婚，自己还带头与汉族高门通婚，形成血缘相通。其次，废除鲜卑语，所有的官员都学汉语。再次，不准穿鲜卑服装，必须穿汉服。而且，将一百多个鲜卑姓氏统统改为汉姓，就连拓跋皇族也改姓为元，孝文帝拓跋宏成为元宏。

由此，鲜卑拓跋部彻底融入了中华文明，实现了中国历史上又一次的民族大融合。而正是因为鲜卑文化的融入，中华文明又一次走向了雄气勃勃的强大。所以，我们应该记住孝文帝元宏这位年轻的优秀帝王，还有他的祖母冯太后。

公元499年四月，孝文帝元宏去世，年仅三十三岁。之后他的儿子元恪（kè）即位，就是北魏宣武帝。宣武帝元恪之后，就是北魏孝明帝。到了公元523年，北魏历史上的一场大乱——六镇起义爆发了。

六镇起义

公元523年，北魏位于北方的六个军镇（沃野镇、怀朔镇、武川镇、抚冥镇、柔玄镇、怀荒镇）戍卒和各族人民发动的一场大规模起义，史称"六镇起义"。这场起义导致北魏皇权濒临崩溃，而地方军镇、豪强势力趁机崛起。

这场大乱让北魏各地陷入混乱，军阀混战的局面在中国的北方再次上演。之后军阀尔朱荣和高欢轮番登场，他们擅自废立皇帝，并轮番掌控朝局。公元532年，高欢拥立北魏宗室元修做了皇帝，就是北魏孝武帝。但仅仅两年之后，孝武帝元修无法容忍高欢专权，于是起兵反抗，结果被高欢大军逼得跑到了长安。然而，令元修没想到的是，他刚刚逃出高欢的狼窝，又跳入了关中军阀宇文泰的虎穴。而高欢见皇帝元修跑了，他干脆另立一个北魏宗室元善见为帝，并迁都邺城（今河北省临漳县）。

就这样，高欢在邺城、宇文泰在长安各自拥立了一个皇帝，并且都宣称自己才是北魏正统。于是在公元534年，北魏实际上就分裂成了两个"魏"，历史上就将它们称为"东魏"和"西魏"。

至此，北魏正式灭亡，而东魏和西魏的故事，即将开场。

南北朝之东魏、西魏

南北朝是中国历史上的大分裂时期。这个时代并不是简单的南北分裂，当时的南朝、北朝自身也在不断裂变。比如南朝是宋、齐、梁、陈四个汉族王朝轮流坐庄，而北朝就像我们陕西老汉吃馒头，开始拿一整个大馒头，就好比北朝的第一个鲜卑族王朝北魏，结果这样吃感觉不过瘾，干脆从中间掰开，一分为二，就把北魏这个大馒头分成了两半儿。这馒头虽说分成了两半儿，可味儿还是原来那个味儿，所以这分裂而来的两个政权，国号都叫"魏"。但由于它们以黄河为界、一东一西，所以又叫它们东魏和西魏。后来发现干吃馒头不过瘾，于是一半馒头蘸辣子吃，一半馒头夹腩子吃，这就变了味儿了，而这变了味儿的两半馒头就是由东魏和西魏分别演变而来的北齐和北周。这是一个混乱分裂的时代，北朝的分裂和演变，还要从北魏末年的一场大乱——六镇起义说起。

话说早年为了抵御北方游牧民族柔然的侵扰，北魏在北边的边境线上设立了许多军镇。其中有六个军镇最为重要，这就是著名的北方六镇，分别是沃野、怀朔、武川、抚冥、柔玄、怀荒。北方六镇的军将都由鲜卑贵族担任，他们拥有着很高的社会地位。但到了北魏末年，由于朝政昏暗，加之边将贪腐，又天灾不断，于是底层戍卒和边民忍无可忍，就爆发了一场动摇北魏国本的边镇大起义，史称"六镇起义"。

当时中国的北方再一次烽烟四起，在这场硝烟之中，各路枭雄纷纷登场，比如尔朱荣、高欢和宇文泰。尤其是高欢和宇文泰，这哥俩"相爱相杀"了一辈子，最终将北魏撕裂为后来的两个北方政权，就是东魏和西魏。

　　高欢是汉族人，但完全鲜卑化了；宇文泰是鲜卑人，后来完全汉化。总之这哥俩就是反着来，拧巴了一辈子。高欢出生于北方六镇之一的怀朔镇，他们家是普通的军户出身，虽说是汉族人，但打小儿这身边转悠的都是鲜卑军人，所以他早就鲜卑化了。由于他爹游手好闲，母亲又早早不在人世，因此高欢从小跟着姐姐一家生活，尝尽了人世的艰辛。

　　都说人生如戏，成年之后的高欢有一天竟然抱得美人归，而且还是个"白富美"。当时鲜卑贵族、真定侯娄提有个孙女叫娄昭君，她聪明伶俐又容颜美丽，每天上门说亲的都是一些豪门大族，但娄昭君一个也看不上。有一天，娄昭君偶然看到正在城墙上做苦力的高欢，她一见之下，竟然芳心暗许。于是对婢女说："此人一定是我未来的丈夫。"随后娄昭君让婢女向穷小子高欢表达了自己的爱意，还送给高欢许多财物，铁了心就是要嫁给高欢，连她的父母也劝阻不了。就这样，"白富美"娄昭君嫁给了一无所有的破落户高欢，而正是从此开始，高欢的命运才开始出现了转机。

　　到了北魏末年，随着六镇起义的爆发，高欢的人生像是开了挂。他先是参加了起义军，后来又归降了朝廷，随后他屡立战功，再加上精明狡猾，还有一个贤内助娄昭君襄助在侧，没几年他竟然从底层直接爬上了丞相的高位，成了当时北魏的权臣。随后他拥立北魏宗室元修为帝，就是北魏末帝孝武帝。结果两年之后，不堪被摆布的孝武帝元修跟高欢翻脸了，元修逃离了洛阳，跑到了西面另一个军阀控制的地盘儿——长安。而那个军阀，就是后来和高欢斗了一辈子的鲜卑人——宇文泰。

　　宇文泰，字黑獭，出身于六镇之一的武川镇。人如其字，史载他"黑气如盖，下覆其身……面色紫光，人望而敬畏之"。六镇起义爆发的时候，宇文泰先是参加了起义军，后来又归降朝廷，被收编于大军头尔朱荣的部将贺拔岳的帐下。但随着尔朱荣、贺拔岳相继被杀，宇文泰终于媳妇熬成婆，他控制关陇地区，成了当时在北魏仅次于丞相高欢的实力派军阀。

公元534年七月，北魏孝武帝元修跑到了宇文泰控制的长安。一开始，宇文泰相当高兴，因为皇帝在他手里，他就可以"挟天子以令诸侯"了。没承想，孝武帝元修性格刚烈不屈，他不想受任何人的控制，无论是高欢，还是宇文泰。因此仅仅半年之后，孝武帝元修就被宇文泰杀害。而与此同时，高欢已经在邺城另立了一个北魏宗室元善见做了皇帝。于是宇文泰有样学样，他干脆在长安也立了一个北魏宗室元宝炬来做傀儡皇帝，并且定都长安。

到了这个时候，统一北方将近百年的北魏王朝分裂成了东西两半儿，虽然这两边的皇帝都姓元，但实际上都是傀儡。东边被权臣高欢控制，西边被关陇军阀宇文泰控制，这哥俩各自挟持一个皇帝，他们隔着黄河，一东一西，相互对峙，而且都宣称自己才是正牌魏朝，于是在历史上，就把东边高欢控制的这一半儿魏朝称作"东魏"，都于邺城。而把西边宇文泰控制的这一半儿称作"西魏"，都于长安。

西魏刚开始的时候，实力远远不如高欢控制的东魏。西魏的地盘儿小、人口少、军队少，而东魏则地广国富，人口、军队都远远超过西魏。更要命的是，东魏的高欢仗着自己实力强大，他连年讨伐西魏，这让宇文泰寝食难安。比如公元543年，宇文泰与高欢战于邙山，结果宇文泰的西魏军队损失大半、惨败而还。这次惨败让宇文泰开始反思，该如何打造一支富有战斗力的军队呢？于是他开启了军事改革，当时他大量吸收汉族兵源，又采取鲜卑八部的形式，以他为首，设立了八柱国十二大将军。

宇文泰主导的这一系列军事改革强化了中央集权，进而也提升了西魏军队的战斗力。同时，八柱国十二大将军又通过互相通婚来壮大家族的实力，就渐渐形成了一个以血缘和宗族为纽带的联合体，这便是后来赫赫有名的关陇集团。其实不仅是军事改革，宇文泰在政治、经济、思想、文化各个方面都做出一系列的改革措施，而这一系列的改革就让西魏的国力迅速崛起。

八柱国十二大将军

八柱国十二大将军是西魏的重要军事和政治制度，由宇文泰创立。八柱国分别是宇文泰、元欣、李虎、李弼、赵贵、于谨、独孤信和侯莫陈崇。其中，宇文泰总领百官，都督中外诸军事，是军队的最高统帅，为柱国之首；元欣因为是西魏宗室，柱国大将军仅为虚名。两人皆不领兵。其余六柱国各辖两个大将军，共十二大将军。每个大将军下有两个开府，共二十四开府。每个开府下有两个仪同，共四十八仪同。每个仪同领兵约千人，每个开府领兵两千，以此类推，六柱国合计有兵四万八千人左右。

公元546年9月，东魏的高欢再次发动了针对西魏的战争。而此时，西魏经过一系列的政治军事改革已然今非昔比。高欢陈兵十余万围攻西魏的军事重镇玉壁（今山西省稷山县西南），而玉壁守将是西魏历史上著名的防守专家韦孝宽，当时他的守军仅有区区七千多人，实力对比可谓悬殊。然而韦孝宽不愧为一代名将，面对汹汹而来的东魏大军，他毫无畏惧，率领守军顽强抵抗。双方斗智斗勇五十多天，高欢始终没能拿下玉壁城，而手下的将士已经死伤七万多人。随后高欢的军中又暴发了瘟疫，连高欢也染了病，无奈之下，他只能撤军回朝，而这场让东魏损失巨大的战役就是历史上著名的玉壁之战。玉壁之战成为西魏、东魏战略格局的分水岭，此战后，胜利的天平开始向西魏倾斜。

东魏大军回师的路上，病重的高欢为了安定人心，带病在野外宴饮出征的将士。酒宴之上，他令手下大将斛（hú）律金唱起了悠扬苍凉的《敕勒歌》，自己也亲自和唱：

敕勒川，阴山下。

天似穹庐，笼盖四野。

天苍苍，野茫茫，风吹草低见牛羊。

唱罢，高欢泪流满面……两个月后，北方的草原还一片枯黄，随着天际一只雄鹰的远去，高欢病逝于晋阳，享年五十二岁。高欢死后，他的长子高澄秘不发丧，因为当务之急是要接管父亲留下来的军队和朝中的权力。果然没几天，高欢的老部下、羯族将领侯景就造了反。当时侯景已经猜到了高欢已死，高欢在的时候，他还有所忌惮，此时高欢不在了，侯景根本就不服刚满二十七岁的毛头小伙子高澄，于是他果断起兵造反。而高澄也料到侯景可能会反，他马上派慕容绍宗出击侯景，并把侯景打得大败。失败的侯景无奈之下只能去投靠西魏的宇文泰，而宇文泰趁火打劫，竟要解除侯景的兵权。侯景当然不想坐以待毙，于是他又投奔了南朝的梁武帝萧衍。

叛将侯景败逃后，高澄已然稳稳接住了父亲高欢留下的军队和权力，这个时候他才着手为父亲高欢发丧。后来高欢被虚葬于邺城西北的义平陵，而真身灵柩则安葬于响堂山大佛洞的上方，一个神秘的地方。此后不久，高澄再次将目光瞄准了叛逃到南梁的侯景，他略施反间计，就使侯景在南梁发动了历史上有名的"侯景之乱"。而眼见南梁陷入动乱，高澄趁机吞并了南梁两淮流域的大片土地。与此同时，西魏的宇文泰也没闲着，他趁火打劫，夺走了南梁的四川、湖北等地。

经过侯景之乱，南梁国力大衰，东魏得了不少好处。而西魏获利最丰，宇文泰趁机扩充了地盘儿，由此土地、人口、兵员大大增加，一跃而成为南北朝中最具实力的政权。

就在西魏宇文泰实力大增的同时，东魏的高澄正忙着谋朝篡位。公元549年，就在高澄准备篡夺东魏皇权之时，却突然被自己的厨子、来自南梁的俘虏兰京刺杀身亡。高澄死后，他的弟弟、当时年仅二十四岁的高洋迅速出手，他冷静而沉着地控制住混乱的局面，并很快接手了哥哥高澄的权力。当时东魏的傀儡皇帝——魏孝静帝元善见无奈之下，只好封高洋为丞相，并尊为齐王。仅仅一年之后，高洋逼迫傀儡皇帝元善见禅位给自己，并改国号为"齐"，史称"北齐"。至此，东魏灭亡。

就在高洋建立北齐的第二年，西魏的傀儡皇帝元宝炬病逝，他的儿子元钦继位。元钦继位后，立宇文泰的长女为皇后，就是宇文皇后。当时西魏的大权尽归宇文泰，元氏皇权已然名存实亡，不少元氏宗亲都为此愤愤不平。公元554年的正月，元钦密谋要夺回属于自己的权力，准备诛杀宇文泰，不想事情败露，随后宇文泰将元钦废黜，不久后将他杀害。值得一提的是，宇文泰的长女宇文皇后与元钦十分恩爱，他们俩是中国历史上有明确记载的第一对一夫一妻的帝后。面对丈夫被自己的亲生父亲杀害，宇文皇后选择了忠于爱情、忠于自己的丈夫，她最终也死于父亲宇文泰的屠刀之下。

元钦死后，宇文泰又立了元宝炬的四儿子元廓为帝。公元556年，一代枭雄宇文泰病逝，时年五十岁。宇文泰死前念念不忘的是自己拼却一生挣下的这份家业，当时他托孤于自己的侄子宇文护，请求宇文护照顾自己年幼的儿子宇文觉，并继续完成自己未竟的志向。于是在宇文泰死后不到两个月，他的侄子宇文护就逼迫西魏的傀儡皇帝元廓让位，将宇文泰的儿子宇文觉扶上了帝位，并改国号为"周"，史称"北周"。就此，西魏也灭亡了。

就在北周取代西魏的同一年，南方的南朝也正是梁、陈更替之际。这一年南北朝风云变幻、政权激荡，乱世的接力棒还在继续……

南北朝之北齐、北周

在南北朝的晚期，中国历史上出现了一个奇葩的王朝，它的历任皇帝一个赛一个的荒淫残暴，以至于被称作"禽兽王朝"，它就是篡夺了东魏而建立的北齐王朝。公元550年，一代枭雄高欢的次子高洋继承了父兄的霸业，他废掉东魏的傀儡皇帝元善见，登基称帝，建立了北齐，高洋就是北齐的开国皇帝——文宣帝。

说起来，北齐开国皇帝的位子本来轮不到高洋，这皇位应该是他哥哥，也就是高欢的嫡长子高澄的。史书中说高澄"神情俊爽，年长英秀。美姿容，善言笑，谈谑之际，从容弘雅"。可以说高澄帅得是一塌糊涂，不光帅，他还继承了父亲高欢的精明狡猾，所以高澄打小儿就被当作老高家的继承人来培养。反观高洋，虽说他和高澄都是高欢的正妻娄昭君所生，但咋看咋像是捡来的傻小子，史载高洋"皮肤黑色，鳞身重踝（huái），大颊兑下"。就是说他不光黑不溜秋，还长着一张大驴脸，一身牛皮癣，脚踝骨还是畸形，所以高洋打小儿就不太受人待见，这让他养成了沉默寡言、善于隐忍的性格。

与高洋的隐忍不同，身为嫡长子，长得帅又颇具政治天赋的高澄行事太过骄狂。高欢还活着的时候，高澄就和父亲高欢的宠妾私通。高欢死后，他迅速接手了父亲高欢留下的军队和权力，并着手积极谋划篡夺东魏的皇权。高澄对东魏孝静帝元善见极为不恭，曾让手下拳殴孝静帝，可见他有多么狂妄。不仅如此，高澄还狂妄到疏于防备，最终导致他还没来得及篡位，就在公元549年八月的一天，被自己的厨奴刺杀身亡，年仅二十九岁。

高澄之死让当时的东魏孝静帝元善见看到了夺回权力的希望，然而这个希望很快就破灭了。因为谁也没有想到，高澄那个长得丑又沉默寡言的弟弟高洋此时竟然判若两人。由于高澄被刺事发突然，当时东魏的朝野一片混乱。然而就在混乱之际，二十四岁的高洋临危不乱、镇定从容，他一方面亲自指挥卫队，抓捕刺客余党；另一方面亲自处理政务，无论事情大小，他都处理得井井有条，于是高澄被刺之后的混乱局势很快就得到控制。同时，高洋在此期间也将父兄留下的权力牢牢抓在了手里，于是东魏孝静帝元善见无奈之下只好封他为丞相、齐王。到了公元550年的五月，高洋谋朝篡位，逼迫孝静帝元善见禅位给自己，至此东魏灭亡，高氏的北齐建立。

当时高洋给自己起的年号叫天保，就是想让老天保佑他的北齐万年长久。有人就说这"天保"两字拆开来就是"一大人只十"，谁承想一语成谶，后来高洋果真也就做了十年的君王。

话说高洋篡夺东魏、建立北齐的消息传到了西魏，跟高欢斗了一辈子的西魏权臣宇文泰就想去试试这位大侄子的能耐，于是他亲率西魏大军直扑建州（今山西省绛县东南）。谁承想高洋毫无畏惧，他索性集结军队搞了一场声势浩大的军事演习，只见漫山遍野、刀枪林立、战鼓喧天，宇文泰见此情景，不由感叹道："高欢并没有死啊。"说罢，班师回朝，此后再也不敢轻易向东与北齐征战。

而高洋也很明智，他知道自己此时还奈何不了宇文泰，于是把目光就转向了其他方向。从公元552年起，高洋亲自率军南征北战、所向披靡，他北击库莫奚、东北逐契丹、西北破柔然、西平山胡、南取淮南，使北齐的疆域一直延伸到了长江沿岸，甚至强悍一时的突厥可汗也钦佩地称他为"英雄天子"。在一系列军事胜利的同时，高洋在治国上也很有作为，他任贤用能，打击贪腐，还制定了著名的《北齐律》，这使得开国不久的北齐政治清明、国力富强。

就在北齐蒸蒸日上的同时，到了公元556年的十月初四，西魏权臣宇文泰病逝于云阳（今陕西省泾阳县）。宇文泰去世两个月后，他的侄子宇文护逼迫西魏末帝元廓让位,将宇文泰的儿子宇文觉推上了皇位,同时改国号为"周",于是西魏灭亡,北周建立。至此,南北朝晚期,中国的北方就进入了北齐与北周并存对峙的局面。

与北齐刚刚建国就蒸蒸日上有所不同的是,北周初创面临的却是一系列的宫廷政变。由于宇文泰的儿子宇文觉是被堂兄宇文护推上皇位的,当时北周的大权都掌握在宇文护的手里,这让宇文觉颇为不甘,于是两个人很快就产生了矛盾。而宇文护做得也很绝,他见堂弟宇文觉不听话,索性一不做二不休,仅仅让宇文觉做了一个月的皇帝就直接将其废掉,随后又将他毒杀。之后宇文护另立宇文泰的庶长子、看起来温文尔雅的宇文毓为帝,就是周明帝。但宇文护没想到,宇文毓并不像他想的那般文弱无能,而是很有才智,他也是一个不堪被人摆布的主儿。于是仅仅三年之后,也就是公元560年,宇文护又将周明帝宇文毓毒杀身亡。干掉两个皇帝后,宇文护再立宇文泰的四儿子宇文邕为帝,这就是后来统一中原的北周武帝。可以说北周的初创就是连续的宫廷喋血,政权动荡。

然而,就在北周建国的同时,从北齐的天保六年(555)开始,北齐开国皇帝文宣帝高洋开始放飞自我,他从前期的励精图治到渐渐懈怠,并沉迷酒色,性格也变得极为暴虐疯狂,可以说与他前期英雄天子的形象简直判若两人。直到今天,很多人对高洋前后的巨大变化都感到颇为不解,有学者甚至认为高洋可能患有精神分裂症,所以导致他前后的行为才如此的截然不同。比如在天保七年(556)的冬天,高洋穿着女装,涂脂抹粉,忸怩作态地走在闹市,兴致来了,他竟然脱光衣服并爬上房顶展示他丑男的风采。不光胡闹,高洋还非常血腥残暴,他在大殿之上放了好多杀人的工具,什么刀、锉、大锅、锯子之类的恐怖玩意儿,只要他一喝醉,必定要亲手杀人取乐。他干过最恐怖的一件疯事儿,就是将自己的一名姬妾杀死,然后揣着尸体去找人喝酒,酒酣耳热之际,高洋竟当着众人肢解了尸体,还用腿骨做成了一个琵琶,并且自弹自唱道:"佳人难再得。"此情此景,用恐怖都难以形容。而更不可理喻的是，在这位姬妾下葬之时，高洋竟还光着脚、蓬头垢面地跟在送葬的队伍里大声哭丧。

高洋干的荒唐事数不胜数，但让人难以理解的是，即便如此疯癫，但只要一遇到正事儿，他立马就保持清醒。比如他听说境内有遇到灾害的地方，会及时下令赈济灾民，免除赋税。而且甭管喝得多醉，他对朝中大事的判断都极为准确，这让官员们无不小心翼翼，不敢胡作非为。同时他很会用人，比如他对名臣杨愔（yīn）非常器重，将国家事务都交给杨愔打理，这让北齐政权还能有序地运行。以至于卢思道在《北齐兴亡论》中评价当时的情况是"主昏于上，国治于下"。公元559年十月，长期酗酒的高洋暴毙身亡，年仅三十四岁。出殡的那天，群臣干哭，声挺大，但没一个掉眼泪的。

据说高洋临死前，他对位高权重的六弟高演说："必要时皇位可以相让，只求别杀我儿子高殷。"说实话，高洋看人还真准，因为仅仅不到一年，也就是公元560年，高演就废掉了高殷，自己登基做了皇帝，就是北齐的第三位皇帝——孝昭帝。

高演继位后，他任贤选能，政治清明，一改高洋后期北齐的黑暗统治。据说在篡位时，高演曾向母亲娄昭君保证，自己绝不会伤害高殷的性命。然而为了确保政权稳定，高演最终还是派人杀害了年仅十七岁的废皇帝高殷。

作为老高家少有的正常人，高演在杀掉侄子后，极度内疚，并因此患上了重病。而后又因为一次意外，他从马上摔落，从此病入膏肓。公元561年，高演病危，他担心自己的儿子高百年会被兄弟篡位杀害，于是干脆把皇位传给了九弟高湛。他在遗书中哀求九弟高湛，千万不要学自己杀侄子，希望高湛放过高百年。然而高演终究没有打动兄弟，用王阳明的话说，高演的九弟高湛就是个良知泯灭的家伙。高湛登基后没几年，就把侄子高百年给活活打死，从此北齐在凶残的高湛手中，彻底滑向了深渊。

然而，高湛和他的哥哥们一样，军事才能相当突出，比如他曾挫败了进犯北齐的北周和突厥联军，挽救了国家危亡。但同时，高湛也继承了老高家的精神病基因，十分荒淫残暴。他曾逼奸高洋的原配皇后，也就是二嫂李祖娥，还逼李祖娥给他生下了一个女儿，李祖娥觉得非常羞愧，就把这孩子给溺死了，这让高湛勃然大怒，他狠狠打了李祖娥一顿，还活活打死了李祖娥与高洋的儿子高绍德。同时，高湛宠信奸佞，沉迷酒色，渐渐不理朝政。到了公元565年三月，天上有彗星出现，太史官奏报此星象显示要有新皇帝出现，于是迷信的高湛为了顺应天象，干脆把皇位传给了九岁的儿子高纬，自己跑去做了太上皇。四年之后，高湛病死，十三岁的高纬正式临朝，就是北齐的第五位皇帝——史称"北齐后主"。

由于高纬继承皇位时年纪太小，他非常依赖自己的奶妈陆令萱，这使得陆令萱后来甚至成了能够干预北齐朝政的无冕太后。再加上高纬的左右奸佞环绕，他自然而然就成了一位只知享乐的昏君，由此北齐的国力是一路下滑。

与此同时，北周的宇文家族已经渐渐从宫廷喋血的泥淖中走出，快要迎来它的曙光。公元572年，隐忍了十三年的北周武帝宇文邕终于积攒了足够的力量，他决定要扳倒自己的堂哥、擅自废杀两位皇帝的权臣宇文护。一天，宇文护进宫，宇文邕就说："太后年岁高了，但还是喜欢喝酒，堂哥你帮我劝劝呗。"说着宇文邕就拿出《酒诰》，让宇文护给太后朗读。宇文护觉得这事儿倍儿有面子：你看你个当儿子的都劝不动太后，还是要我来。于是他对着太后抑扬顿挫就读起了《酒诰》。正读得带劲的时候，宇文邕在身后抄起玉笏板朝着宇文护的后脑勺就猛劲儿一砸。"哐当"一声，宇文护应声倒地，随后宇文邕的弟弟提着刀从内室跑出来，"咔嚓"一刀，权臣宇文护命丧黄泉。

杀了宇文护这个心腹大患，北周终于结束了长达十五年的宫廷内乱。此后宇文邕亲掌朝堂，他加强皇权，改革吏治，还鼓励农桑、兴修水利，从此北周的经济迅速恢复，社会也渐渐安定了下来，国力渐渐增强。

与之相反的是，北周的老对头北齐却是每况愈下。北齐后主高纬当政期间，奸佞小人聚集在他的奶妈陆令萱和陆令萱的儿子穆提婆门下，把北齐祸祸得是乌烟瘴气、朝纲紊乱。加上高纬还特别残暴，这一点真是继承了老高家的传统，那就是精神都不太正常。由于他担心自己的叔伯兄弟惦记皇位，索性把那些位高权重的叔伯兄弟都给杀了，其中就包括老高家为数不多的栋梁之臣——兰陵王高长恭。杀自家人还不算，高纬连几朝元老斛律金的儿子斛律光也给杀了，还将斛律金的家族满门诛杀。由此，北齐是一天不如一天，离灭亡没多远了。

兰 陵 王

兰陵王，名高肃，又名孝瓘，字长恭，渤海郡蓨县（今河北省景县）人。南北朝时期北齐神武帝高欢之孙，文襄帝高澄之子。他容貌俊雅，骁勇善战。公元564年，北周率兵包围洛阳，高长恭与斛律光于邙山率领五百骑兵，成功解围金墉城，威名大振，受到士兵讴歌赞颂，留下《兰陵王入阵曲》。可惜由于兰陵王功高震主，君臣之间相忌，武平四年（573），兰陵王高长恭被北齐后主高纬鸩杀而亡。

公元575年，北周武帝宇文邕亲自率军讨伐北齐，两年之后，北齐灭亡。由此，北周统一了中国的北方。之后，一统北方的宇文邕没有懈怠，不久后他又亲征突厥。然而天不假年，公元578年，宇文邕在亲征突厥的途中病倒，回到长安后去世，年仅三十六岁。宇文邕死后，他的儿子宇文赟（yūn）继位。宇文赟是标准的老子英雄儿混蛋，他一登基就沉湎酒色、大兴土木、滥施刑罚，而且还给自己一口气立了五位皇后。但人狂自有天收，宇文赟刚刚即位一年，就把自己的身体给掏空了。不得已，酒色过度、身患重病的宇文赟把皇位传给了七岁的儿子宇文阐。一年之后，宇文赟病逝，年仅二十二岁。又过了一年，也就是公元581年,北周辅政大臣、大丞相、隋国公杨坚废杀宇文阐,建立隋朝。

至此,中国的北方再次统一,隋朝即将终结自魏晋南北朝以来长达三百多年的大分裂,一个伟大的时代即将到来了。

正午的文明
隋唐与五代十国

隋朝：华夏一统与夭殇

公元541年六月十三日的深夜，南北朝时期西魏的冯翊（今陕西省大荔县）般若寺中，随着一声响亮的啼哭，一个健壮的男婴诞生了。他，就是后来创建了自秦汉以来又一个大一统王朝的隋朝开国皇帝——隋文帝杨坚。

杨坚的祖先是弘农杨氏，五世祖杨元寿在北魏初年迁居到六镇之一的武川镇，杨坚的父亲杨忠就出生在武川。后来，杨忠跟随一代枭雄宇文泰起义关西，立下了赫赫战功，到儿子杨坚出生的时候，杨忠已经成了西魏的高级将领。

据说杨坚刚一生下，他的额头有五道隆起的肉痕，看起来非常诡异，这怪异的样貌吓坏了母亲吕苦桃，于是他刚一出生就被交给一个叫智仙的尼姑带到庙中抚养。一直到十四岁，杨坚才离开智仙，回到了家中。

回家后，他一边学习儒家经典，一边学习弓马骑射，后来又早早跟随父亲杨忠开始南征北战。一代枭雄宇文泰曾这样评价杨坚："此儿风骨，不似代间人。"就是说杨坚的气质风骨，与当时的北镇军人大有不同。怎么个不同法呢？

一来杨坚的性格气质异于常人，由于他打小儿跟着尼姑智仙在枯寂的庙中长大，这养成了他深沉的性格，他不太爱说话。

二来他长得有点奇怪，有多奇怪呢？《资治通鉴》上有一段非常有趣的记载，说公元583年的十一月，南朝陈后主派使者出使隋朝，当时陈后主交代使者："我听说隋文帝状貌异人，你见了务必画下他的样貌，带回来给我看。"结果使者回来把隋文帝的画像交给陈后主，吓得陈后主大叫道："我不想看到这个人。"随后立刻让人把隋文帝的画像给扔了。

那么究竟因为啥让陈后主这么害怕看到杨坚呢？这个问题在《隋书》中有记载，杨坚"为人龙颔，额上有五柱入顶，目光外射，有文在手曰王，长上短下"。简单说就是杨坚额头上有五道肉柱直插头顶，下巴还长，眼睛还凶，而且上身长、下身短。就这么个长相，放到现代恐怕连媳妇都找不到，晚上走个夜路都没人敢来劫道。可那是古代，长成这样被认为是"其贵无比"，尤其杨坚额头上那五根天线一般的肉柱，相术管那叫"龙颜"。而杨坚的额头，我们北方话说是大脑门子，那在相术上叫"龙犀"，简直是贵不可言啊。

十七岁的时候，杨坚凭着这幅"贵不可言"的奇怪样貌，居然被鲜卑望族、西魏八柱国之一的独孤信给相中了，独孤信把他的七女儿、十四岁的独孤伽罗嫁给了杨坚。当然，独孤信看中的可不仅是杨坚的样貌，应该还看中了杨家在西魏的发展潜力。严格来说，这是一桩政治婚姻。

杨坚与独孤伽罗结婚后，小两口非常恩爱。后来独孤家族败落，独孤伽罗的父亲独孤信被杀，那段时间是两人最艰难的时刻。在黑暗的岁月里，杨坚与独孤伽罗相互扶持，感情愈加深厚。

后来，杨坚的父亲杨忠凭借战功位居西魏十二大将军之列，封隋国公，又官拜大司空，而杨家也成为历史上著名的关陇集团的核心成员。杨忠死后，杨坚承袭了父亲的爵位——隋国公，他的女儿杨丽华还嫁给了北周武帝宇文邕的太子宇文赟。后来宇文赟即位，杨坚一跃而成为北周的国丈。

公元580年，北周宣帝宇文赟病逝，年仅二十二岁。当时北周的汉族官僚刘昉、郑译等人矫诏，以汉族出身、宣帝宇文赟正妻天元大皇后杨丽华的父亲杨坚辅政。次年二月，杨坚废掉了北周最后一个鲜卑皇帝宇文阐，并自立为帝。由于他在北周为隋国公，因此定国号为"隋"，同时改元开皇,由此他也成为隋朝的开国皇帝,就是隋文帝。

此后,隋文帝杨坚先向北出击,打败了突厥,随后又剑指南陈,安抚岭南。到了公元590年,隋朝终于统一了华夏,结束了中国自西晋末年以来近三百年的南北大分裂局面。这是数代旷世枭雄的梦想,无论是前秦的苻坚、北魏的孝文帝,还是宇文泰、高欢,他们都为这个梦想付出了毕生的心血,这也是饱经风霜的中华民族的夙愿。

而此后,中华文明新机重启、扩大恢张,一个伟大的时代即将到来。

隋朝建立后,隋文帝杨坚开启了一系列的改革措施,比如他废除了北周的六官制度,恢复并完善了魏晋官制——三省六部制。同时,他简化了地方官制,规定吏部在选用地方官时全部用外地人,州、县佐官三年一换,不得重复任用,而且地方官员全部由朝廷任命派出,从此地方官再无坐大为乱的可能。

在选拔人才方面,隋文帝杨坚在开皇三年(583)废除了魏晋以来的九品中正制,先采用举荐,到隋炀帝时期开始采用由朝廷直接考选人才的科举制,而科举制在后世延续了一千多年,成为历代王朝公开、透明的选才之路。

在民生方面,隋文帝多次减轻赋税,鼓励农耕,稳定经济,从开皇九年(589)到杨坚晚年的仁寿四年(604),短短十五年间,隋朝的人口增加了近二百万户,这无疑是个惊人的成就。

与隋文帝杨坚雄阔壮丽的帝王霸业相伴的,还有他与独孤伽罗的爱情生活。每次杨坚上朝时,独孤伽罗总是与他同辇而行,直到阁门才停下。退朝时,两人又同辇而回,共享岁月烟火。他们同居同起,形影不离,几十年就好似小夫妻一般恩爱,这在其他的帝王家里实在难以看见。

然而,再伟大的帝王,到了晚年难免犯糊涂。年纪渐老的杨坚滥杀大臣,并且严刑苛法。而且,老皇帝杨坚也遇到了许多帝王都遇到过的难题,那就是诸子夺嫡。杨坚和独孤皇后一共生养了五子五女,老大杨勇在杨坚登基称帝的第三天，就被册封为太子。杨勇性情宽厚，率性任情，而且长相英俊，起初很受杨坚和独孤皇后的喜爱。但杨勇生活奢侈，又不善伪装，很快就被杨坚夫妇厌弃。

而杨坚的次子杨广和太子杨勇完全不一样，他从小就很会察言观色，特别会讨好母亲独孤伽罗。加上他在扬州镇守长达十年，其间江南社会稳定，经济文化日渐繁荣，杨广的声望与日俱增，还得到了朝中重臣杨素的支持。此后他开始积极谋划夺取太子之位，在一番处心积虑的运作之下，加上母亲独孤皇后的支持，终于在公元600年十一月的一天，太子杨勇被废，杨广成为新的太子。

隋文帝仁寿二年（602），独孤皇后病逝于长安城永安宫，享年五十九岁。爱妻的离去，让杨坚痛苦不堪，两年之后，杨坚也病逝了，死前他要求和爱妻独孤伽罗合葬一处，就是位于今天陕西省咸阳市杨凌区五泉镇王上村东北的泰陵，实现"生同衾、死同穴"的誓言。

隋文帝死后，太子杨广顺理成章即皇帝位，就是隋炀帝。为了巩固皇位，杨广刚一登基就杀了自己的大哥——废太子杨勇。随后，他又平定了五弟杨谅的反叛，加上他的三弟杨俊死得早，四弟杨秀也早被废为了庶人，至此，杨广的皇位稳如磐石，他开始谋划属于自己的一番天地。《隋书·炀帝纪》中说他处处以秦皇汉武作为自己的榜样，从他为自己起的年号叫"大业"来看，可知隋炀帝有一番经天纬地的雄心壮志，他想让世人记住他是和秦皇汉武一般伟大的帝王。然而与他的一厢情愿不同的是，我们今天提起隋炀帝，必然会联想到一个词：暴虐，好像隋炀帝是和商纣王一般的暴君。甚至后来祖君彦在《为李密檄洛州文》中列举了隋炀帝的十大罪状，文中还意犹未尽地说"罄南山之竹，书罪未穷；决东海之波，流恶难尽"。那么隋炀帝杨广到底做了什么，才招致如此的骂名呢？

从大业元年（605）开始，隋炀帝开始营建东京，据说每月要征用徭役二百万人，仅仅十个月后，巍峨的京城就在洛阳拔地而起。其次是说杨广开挖大运河劳民伤财，从开皇四年（584）到大业六年（610），隋炀帝陆续开凿总长达到四五千里的运河水系，如此浩大的工程，短短六年时间全部完工，其耗费的人力物力难以想象，压在百姓身上的徭役堪比山重。

然而隋炀帝开凿的大运河却让中国两个最重要的经济区域——长江流域和黄河流域联系起来，为后来南方的发展奠定了坚实的基础。其次，大运河的开凿将中国南北紧密连接，有利于朝廷对南方的管理和控制，后来唐代的繁荣有赖于继承和完善了隋朝开凿的运河体系。

事实上，引发隋朝末年动乱的导火线就是隋炀帝三征高句丽，但为啥非要打高句丽？因为当时高句丽已经染指辽东，那个地儿本来就是咱的，为了国家统一，必须拿回来。所以不光是隋炀帝打高句丽，隋文帝乃至后来的唐高宗，都要打。但问题就是隋炀帝三征高句丽耗尽了隋朝的国力，也逼得天下纷纷造反。

然而这还不是最关键的，最关键的是，此时隋炀帝依靠的关陇集团已经对他失去了信心。因为自打隋炀帝登基以来，他通过科举选拔寒门，又重用江南士人跻身朝堂，这让关陇武将集团日趋被边缘化，他们早就对隋炀帝怨声载道了。

于是伴随着农民起义，到了公元617年，唐国公李渊、武威富豪李轨、江南通守王世充等手握重权的大臣不约而同纷纷起兵，反叛隋朝。此时的隋炀帝正带着萧皇后避居江南，他也感到隋朝气数将尽，于是经常照着镜子感慨道：这么好的一颗头颅，将来会是谁来砍下呢？

隋大业十四年（618）三月十四日，叛将宇文化及率领部下杀进了隋炀帝的寝宫，最终杨广客死江都（今江苏省扬州市）。

今天论起隋炀帝杨广所做的那些事儿，其实很多对后来都有极大的帮助，比如唐代的繁荣有赖于继承和完善了隋朝开凿的运河体系，也承袭了隋朝的物质和制度成果。但是隋炀帝太急了，他想做的事儿太多了，营建东京、开凿大运河、三征高句丽、四处巡游，诸如此类。这些耗费巨大的事情往往又要在极短的时间内完成，由此可知当时老百姓的负担之重。

可以说隋炀帝不是单纯的"暴政",应该是"急政",他太急了,他想做的事儿已经超出了当时国家所能承担的极限,由此隋朝终于在隋炀帝大业十四年(618)走到了终点。

此后,一个伟大的时代——唐朝即将登上历史的舞台。

大唐之开基伟业

公元616年,即隋大业十二年七月,隋炀帝第三次南巡江都,此时的天下已然大乱,群雄蜂起。次年七月,隋炀帝的姨表兄弟——唐国公李渊打着"志在尊隋"的旗号,也在晋阳(今山西省太原市)起兵。

随后不到半年,李渊就杀入了长安,当时他遥尊远在江都的隋炀帝为太上皇,同时拥立隋炀帝之孙、代王杨侑(yòu)为帝,是为隋恭帝。而隋恭帝则任命李渊为大丞相,进封唐王。四个月后(618年三月),隋炀帝被乱军杀害于江都。当年五月十四日,李渊逼迫隋恭帝退位,六天后他便在长安太极殿即皇帝位。至此,隋朝灭亡,唐朝建立,李渊就是大唐的开国皇帝——唐高祖。

唐朝刚刚建立的时候,天下并不太平。隋朝末年的起义队伍经过数年争斗、分并离合,此时大致有三支比较强大的力量,一是翟让、李密领导的山东豪杰——瓦岗军,二是以窦建德为首的河北义军,三就是杜伏威、辅公祏的江淮义军。此外还有关陇一带的割据势力,比如割据陇右的薛举、薛仁杲父子,割据凉州的李轨,以及称雄并州(今山西省太原市西南)的刘武周、宋金刚等。李渊要建立的是一个统一的强大帝国,为此他必须削平群雄,还天下朗朗太平。

从武德元年(618)开始,唐军先是平定了西北,接着又收河北、定江南。在这场戡平乱世的过程中,李渊的次子——秦王李世民以卓越的军事才能立下了显赫的功劳。如今残存的唐"昭陵六骏"石刻(四块现存于西安碑林博物馆,另外两块现存于美国宾夕法尼亚大学博物馆)就是李世民赫赫战功的真实表现。拳毛䯄、什伐赤、白蹄乌、特勒骠、青骓、飒露紫，这些曾经跟随李世民冲锋陷阵，在枪林箭雨中纵横驰突的骏马良骥，每一匹都述说着李世民一段辉煌的战功。

经过七年的艰苦奋战，到了武德七年（624），除割据朔方、依附突厥的梁国以外，唐朝基本完成了国家的重新统一。

隋末割据势力——梁国

梁国是隋末唐初朔方割据势力梁师都创立的地方性政权，延续仅十二年。梁师都是夏州朔方郡（今陕西省靖边县）人。原为隋朝朔方豪族，隋末担任鹰扬郎将。公元617年，梁师都起兵杀郡丞，占据夏州，称大丞相。后联兵突厥，打败隋将张世隆，占据甘肃、陕北等地，僭称帝位，国号"梁"，建元永隆。后来，梁师都依附突厥，被封为大度毗伽可汗、解事天子。贞观初年，唐太宗劝梁师都归顺但其不从。公元628年，唐朝派驸马都尉柴绍领军征梁，梁师都被从弟弑杀，梁国灭亡。

李世民立下了如此赫赫战功，以至于我们今天说起大唐的建立，总会把功劳都记在他一个人的身上，好像唐高祖李渊就是个庸碌之辈。按照《唐书》和《资治通鉴》的说法，似乎李世民才是创立大唐的核心领袖，李渊不过是被迫勉强参加了这一过程而已。事实真的如此吗？恐怕未必。从《大唐创业起居注》所记述的史料来看，唐高祖李渊并非无能庸碌之辈，他极富政治经验，而且久经战场、老谋深算。客观来说，李渊在创建大唐的道路上，起到了举足轻重的领导作用。而李世民为了淡化父亲李渊和兄弟们的功绩，他很可能篡改了整个唐朝初年的史料。比如现存文献史料中有关玄武门之变的记载就疑点重重。

《资治通鉴》等史料中记载的玄武门之变基本情况如下：武德九年（626）六月初三，李世民密奏父皇李渊，告发大哥李建成、弟弟李元吉与李渊的妃嫔张婕妤、尹德妃淫乱后宫，同时还说李建成和李元吉要杀死自己。这让李渊惊讶不已，就对李世民说："明当鞫（jū）问，汝宜早参。"结果到了第二天早上，秦王李世民率领长孙无忌、尉迟敬德、房玄龄、杜如晦等人入朝，并在玄武门附近射杀了大哥李建成、弟弟李元吉，这就是玄武门之变。事变发生的时候，李渊正在宫内的湖上划船，而李世民的手下尉迟恭则身披铠甲，手握长矛来见李渊。当李渊听说李世民杀了长子李建成和四子李元吉，萧瑀和陈叔达［萧瑀是梁明帝萧岿（kuī）第七子，隋炀帝萧皇后同母弟；陈叔达是陈后主的弟弟，两人当时都是李世民的心腹］又劝他立李世民为太子的时候，李渊竟然说："善！此吾之夙心也。"意思就是说："好，这正是我的心愿啊。"

关于这段史料记载，宋代大儒朱熹就提出了相关疑点：既然说李世民告发大哥李建成、弟弟李元吉淫乱后宫，而且还要杀了李世民。当时李渊也表明第二天会亲自审问，结果第二天早上事变发生的时候，李渊在哪儿呢？他跑到湖上划船去了。朱熹说出了这样的观点："太宗（李世民）绝不曾奏。既奏了，高祖见三儿要相杀，如何尚去泛舟！"

由此可见，唐朝初年的史料很可能被李世民刻意修改了。这一点，后世的史学家，如司马光、范祖禹等人未能勘破，倒是老夫子朱熹隐约看得分明。

有意思的是，玄武门之变中，李世民得到了一个后来为贞观之治做出巨大贡献的人才，这个人就是魏徵。魏徵原本是太子李建成的人，李世民很欣赏魏徵，就让房玄龄去劝他归附自己。几次三番，李世民虚心求教、厚加礼遇，这番诚意最终打动了魏徵，从此也开启了中国历史上明君贤臣的一段佳话。那么李世民为什么一定要收拢魏徵为己所用呢？难道真的仅仅因为魏徵敢于直谏吗？

实际上，玄武门之变后，李世民面临一个问题，那就是如何收拢人心。他杀兄弑弟，纵使坐上太子之位，如果人心不归附于他，他的位子坐得也不安稳。尤其是太子李建成手下的那帮旧臣，你总不能都杀干净吧？因此如何对待建成旧臣就成了玄武门之变后李世民的当务之急。

而魏徵作为建成旧臣、也是山东豪杰集团的代表人物，自然就成了李世民急于争取的对象。李世民对魏徵的虚心求教、厚加礼遇，正是在向建成旧臣以及天下人昭显自己的宽容大度，同时又可以拉拢这些人为己所用。

玄武门之变的两个月后，即武德九年八月初九，唐高祖李渊退位，李世民即皇帝位，是为唐太宗，同时他尊李渊为太上皇。然而仅仅十天之后，突厥颉利可汗、突利可汗趁李世民刚刚继位，政权未稳，突然发兵入侵泾州，没多久突厥大军又兵临渭水。当时长安城兵力空虚，大唐岌岌可危。危急关头，唐太宗李世民设置疑兵，摆出了决死一战的架势。当然，唐太宗深知突厥人唯利是图，于是他在示以威势的同时，又给予突厥人大量的金帛。到了八月三十日，唐太宗仅带六人六骑来到渭水便桥，与颉利可汗杀白马盟誓，突厥人这才退兵而去，史称"渭水之盟"。

渭水之盟是典型的城下之盟，对于唐太宗而言，这是难忍的耻辱。就在突厥兵退走一个月后，唐太宗李世民颁布了整顿北部边防的《备北寇诏》，随后他又颁布了《阅武诏》。为了训练一支能征善战的精锐部队，唐太宗甚至允许将士们在显德殿内操练。他磨刀霍霍，誓要一雪城下之盟的耻辱。

三年之后，即贞观四年（630）正月，唐太宗李世民决定讨伐突厥，当时已经六十岁的老将军李靖与前锋将军苏定方仅仅率领三千骑兵，顶风冒雪，踏上了北击突厥的征程。时值严冬，突厥人根本没有防备，以至于唐军一路所向披靡，杀得突厥人四散奔逃。不到一年的时间，唐军就彻底剿灭东突厥，还生擒了颉利可汗。这一战使大唐北部再无边患，国土直扩千里，远达贝加尔湖的北面。五年后，老将军李靖再度出征，仅仅两个月又剿灭了为祸西北的吐谷浑。

就在大唐武功隆盛的同时，唐太宗李世民在名臣魏徵等人的辅佐下，开启了一个被后世誉为超越尧舜的治世，史称"贞观之治"。这一时期，唐太宗虚心纳谏，同时他唯才是举，不问出身，甚至不问恩怨。

比如魏徵、王珪都曾是太子李建成的旧臣，尉迟恭、秦琼都曾在敌人的手下为将，而唐太宗不计前嫌，一律予以重用。这还不算，唐太宗为广征贤才，还扩大了科举考试的科目、范围和人数，这一举措使得大唐贞观年间人才济济、文武兼备，盛世的气象日渐彰显。由此，大唐贞观年间朝野清平，经济恢复，文化开始繁荣，国力日益强盛。

　　唐太宗还深知民心向背对于治国的重要性，贞观六年（632），唐太宗与群臣朝议，他说："天子者，有道则人推而为主，无道则人弃而不用，诚可畏也。"魏徵接着补充说："臣又闻古语云：'君，舟也；人，水也。水能载舟，亦能覆舟。'陛下以为可畏，诚如圣旨。"正是这样的民本思想让唐太宗和他的文臣武将开启了一个传颂千古的贞观之治，也奠定了唐王朝将近三百年的伟大基业。

　　自此，大唐的盛世即将开启……

大唐之盛世辉煌

贞观十年（636）六月己卯，出身鲜卑望族的千古贤后——大唐文德皇后长孙氏病逝于长安。她从十三岁嫁给李世民，之后两人相互扶持，共同走过了二十三年。在李世民登基的第十年，长孙皇后目睹夫君开创的贞观盛世，她放心离世，含笑九泉。

长孙皇后的去世令唐太宗悲痛万分，此后余生他从未忘记爱妻，甚至对长孙皇后所生的三个儿子，有着超乎寻常的慈爱。他们的嫡长子李承乾年仅八岁就被立为了太子，但李承乾自幼跛足，尤其在长孙皇后去世后，他的足疾愈发严重，甚至行走不便。相比太子李承乾，他们的嫡次子魏王李泰聪明有心机，而且身体强健，很受唐太宗的宠爱。而李泰仗着父皇的宠爱就渐渐生出了谋嫡之心，他积极运作以求取代大哥李承乾的太子之位，这让李承乾非常恐惧。情急之下，李承乾作出了一个错误的决定，他打算起兵逼宫，结果被人告发。按理说皇子谋反，论罪当诛，但唐太宗念及爱妻长孙皇后，只是将李承乾废为庶人，流放乾州。

李承乾被废了，接下来该立谁做太子呢？

唐太宗深知嫡次子魏王李泰与李承乾争位已久，假如传位给他，恐怕老大李承乾和嫡三子李治的性命都难以保全。为了让他与长孙皇后所生的这三个儿子都能活下来，他果断地立了自己并不十分看好的嫡三子，也就是晋王李治做了太子。在唐太宗看来，李治打小儿仁弱，如果他即位，那么两位哥哥的性命就无忧了。就这样，在贞观十七年（643），李治意外地坐上了太子之位。

六年之后，唐太宗患病，他来到终南山翠微宫养病，太子李治也常常去看望父亲，结果在父皇的病榻之前他遇见了自己的一生所爱，当时朝夕服侍唐太宗的一位丽人，唤作武媚娘。

武媚娘并非名门望族出身，她的父亲武士彟（yuē）本来只是山西的一个木材商人，赚了很多钱。隋朝末年，武士彟散尽家财支持李渊起兵，后来以"元从功臣"的身份做了唐朝的工部尚书、荆州都督，封应国公。说起来，武士彟也算是高官了，但在当时那些名门望族的眼里，武士彟就是个政治暴发户。后来，武士彟去世，次女入宫做了唐太宗的五品才人，赐号"武媚"，就是武媚娘。贞观二十三年（649），唐太宗患病，武媚娘服侍在侧，而太子李治经常来探望父亲，一来二去，两人就暗结了情缘。

同年五月己巳日，千古一帝唐太宗驾崩于终南山上的翠微宫含风殿，享年五十二岁。之后太子李治即皇帝位，就是唐高宗。而唐太宗去世后，他那些没有生养子女的妃嫔都被送到感业寺出家为尼，其中就有二十六岁的武媚娘。青灯古佛之下，武媚娘给刚刚继位的李治写了一首爱意绵绵的情诗，诗云：

看朱成碧思纷纷，憔悴支离为忆君。

不信比来长下泪，开箱验取石榴裙。

一千多年后，当人们打开陕西法门寺的地宫时，那件代表着武媚娘与唐高宗李治的爱情信物——石榴裙，就供奉在此。而石榴裙的主人——武媚娘，更是在后来的岁月里谱写了极不平凡的一生。

永徽元年（650）五月的一天，唐高宗李治带着出身太原王氏的王皇后一同到感业寺进香，他又见到了昔日的情人武媚娘。当时王皇后正与萧淑妃争宠，她急需一个帮手，于是主动请高宗李治将武媚娘纳入宫中，她想让武媚娘和自己联手来对付萧淑妃。谁承想，这个愚蠢之举竟然引狼入室。

五年之后，即永徽六年（655）十月十九日，唐高宗不顾长孙无忌、褚遂良等的反对，废掉了王皇后，改立武媚娘为皇后，这就是唐朝历史上著名的"废王立武"事件。

表面来看,"废王立武"是两个女人的宫廷斗争,实际上并非这么简单。唐高宗李治看似仁弱,实则很有主见。他早就对以长孙无忌、褚遂良为首的关陇集团不满,于是借助"废王立武"来打击支持王皇后的关陇集团而凸显皇权。此后,褚遂良被流放,长孙无忌被逼自杀,自西魏以来关陇集团左右皇权的现象不再出现。

显庆五年(660)十月,唐高宗李治突然中风,此后经常头晕目眩,视力也受到了影响。不得已,他开始让武后协助处理朝堂之事,而武后处理事务精明果决,史载"后性明敏,涉猎文史,处事皆称旨"。

到了上元元年(674),高宗号天皇,武后号天后,天下人谓之曰"二圣"。不过跟电视剧里武后大权独揽的情况有所不同,当时的武后并未完全掌握朝政大权,在重大事务的决策上,唐高宗李治仍然掌握着绝对的权力。

唐高宗与武后执政的期间,大唐国力日益强盛。军事上输赢参半,在东北方向,前期灭亡了百济和高句丽,但后期又兵败于新罗,丢失了朝鲜半岛。在西北方向,一方面名将苏定方平定了西突厥,另一方面受吐蕃的侵扰,又多次战败。但这一时期,大唐内部相对稳定,经济持续增长,文化也渐显繁荣之象。

弘道元年(683)腊月,唐高宗病故,遗诏"皇太子柩前即位,军国大事有不决者,取天后处分"。此后,他与武后所生的次子李显继位,是为唐中宗。然而李显继位后,他的皇后韦氏想把自己的父亲韦玄贞提拔到侍中的高位,当时的宰相裴炎表示不同意,这让中宗李显大为恼火,他怒道:"朕即使把天下都给韦玄贞,又有何不可?还在乎一个侍中吗?"这话被武后知道了,她一怒之下将中宗李显废为庐陵王,并迁居房州(今湖北省房县)。同时她改立三子李旦为帝,就是唐睿宗。不过也就是在这一时期,武后正式临朝称制,把一切军政大权都牢牢抓在了手里。

此后,她任用周兴、来俊臣等一帮酷吏,对敢于反对她的朝臣和李唐宗室进行残酷的打压。到了公元690年九月初九，武后接受唐睿宗李旦及群臣之请，改唐为周，登基称帝。由于后来李显复位后为她上的尊号是"则天大圣皇帝"，因此后人都叫她"武则天"，而武则天也成为中国历史上唯一的正统女皇帝。

有意思的是，武则天称帝的那一年，已经六十七岁了。六十七岁在今天已是退休的年纪，而武则天统理天下的岁月才刚刚开始。称帝后，武则天迁都洛阳。她在位期间，广招人才，比如狄仁杰，以及后期为开元盛世做出巨大贡献的姚崇、宋璟，为平定安史之乱立下中兴再造之功的郭子仪等人，都出自武则天的时代。

彼时的大唐，国力强盛、经济繁荣。今天我们到唐高宗与武则天的合葬陵寝——乾陵，那陵山之前矗立的六十一蕃臣像真实地再现了当时万国来朝的盛世气象。王维曾写诗赞颂："九天阊阖开宫殿，万国衣冠拜冕旒。"

武则天称帝的十五年后，即公元705年，玄武门之变再次上演。不过这一次是发生在洛阳紫微宫的北宫门（亦称玄武门），由于当时的年号是神龙，因此又称为"神龙政变"。当时宰相张柬之等人联合禁军发动政变，杀死了武则天的两个男宠——张易之、张昌宗，又逼迫武则天将皇位还给了儿子唐中宗李显。次年，无比落寞的武则天在东都洛阳的上阳宫中病逝，享年八十二岁。

武则天死后，她遗命葬于乾陵，与早已去世的唐高宗李治合葬，并在陵前立了一块重达近百吨的无字碑，正所谓"千秋功过、任人评说"。

然而武则天的去世并没能换来大唐的稳定，唐中宗李显复位后，他每每想及妻子韦氏和女儿安乐公主陪伴他流放的那段艰难岁月，就觉得十分亏欠。于是他纵容韦氏和安乐公主肆意妄为、祸乱朝堂。以至于后来野心膨胀的韦皇后和女儿安乐公主竟然想学武则天，为了权力，韦皇后竟然毒死了自己的丈夫——唐中宗李显。

但韦皇后哪里有武则天的智慧和才能！就在唐中宗李显被韦氏毒

杀的同年六月，唐睿宗李旦的三子李隆基联合姑姑太平公主发动了"唐隆政变"，政变中，韦皇后和安乐公主被杀。随后李隆基拥立自己的父亲——唐睿宗李旦复位，而李隆基则被立为皇太子。两年后，早已厌倦了宫廷喋血的唐睿宗传位给自己的儿子李隆基，就是唐玄宗。由此，一个伟大而浪漫的帝王走上了历史舞台的中央。然而，乱象还没结束。

开元元年（713）七月，李隆基的姑姑太平公主意图发动叛乱，李隆基果断平叛，并将太平公主赐死家中。至此，二十八岁的唐玄宗李隆基终于坐稳了朝堂。

此后唐玄宗重用姚崇、宋璟、张说、张九龄等人，经过二十多年的励精图治，大唐进入了鼎盛的"开元盛世"。这一时期，无论是政治、经济、军事，还是文化、艺术、宗教等各个方面，都达到了一个巅峰。从开元至天宝年间，大唐的疆域远达万里，经济文化空前繁荣。当时的都城长安是世界上最大的城市，仅仅在长安城中就住有一百万人。当时的长安也是世界的文化中心，城里有七十多个国家的外交使团，三万多名外国留学生，甚至世界各国的宗教在长安都设有道场。那是一个开放包容的时代，也是中国历史上一个浪漫的华章。

天宝元年（742），四十二岁的李白来到了长安，每到午后，他就会去长安西市的胡姬酒肆中，欣赏西域美女的胡旋舞，品尝西域的美酒，所谓：

　　五陵年少金市东，银鞍白马度春风。

　　落花踏尽游何处，笑入胡姬酒肆中。

这一时期也是大唐历史上最富裕的时代，杜甫曾在他的诗中说：

　　忆昔开元全盛日，小邑犹藏万家室。

　　稻米流脂粟米白，公私仓廪俱丰实。

然而随着盛世的开启，唐玄宗开始飘飘然了。他失去了前期励精图治的精神，渐渐沉溺于享乐奢靡。开元二十五年（737），他听说儿子寿王李瑁的妃子杨玉环容貌超群，于是将杨玉环召进宫中独宠。到了天宝初年，他将杨玉环升为贵妃，就是我们常说的杨贵妃。

伴随着杨贵妃三千宠爱在一身，杨氏一族也跟着飞黄腾达，她的哥哥杨国忠从一个市井赌徒到后来身兼十五职，权倾内外。在杨国忠的专权下，大唐的运转开始混乱，各种问题层出不穷。而当时年迈的唐玄宗却依然沉浸在杨贵妃的温柔乡里不能自拔，他毫无作为不说，反而还好大喜功地对外发动了一系列的战事，比如与吐蕃和南诏国之间的战争。如此，边境不宁而朝政昏暗，盛世的帷幕就要落下，漫天的繁华即将吹散。

正所谓盛极必衰，大唐的噩梦，就要来了……

大唐命运的转折

大唐经过一百多年的发展,到玄宗时代,已经达到鼎盛。然而随着玄宗日渐老迈,他渐渐失去了励精图治的精神,再也不复往日圣明天子的气象。

开元二十二年(734),"口蜜腹剑"的李林甫被唐玄宗任命为宰相。李林甫很会揣摩唐玄宗的心意,最重要的,他嫉妒心强,和谁都搞不好关系。但越是这样,玄宗皇帝就越喜欢他,因为这不就是孤臣吗?和谁都不好,只忠诚于皇帝一个人,这就是唐玄宗想要的人啊。于是在玄宗皇帝的信任下,李林甫独揽朝政十八年之久,他排斥异己,阳奉阴违,使大唐的朝局日趋恶化。

与不断恶化的朝局相比,唐朝军政制度上的变化则更为凶险。到了唐玄宗晚年的时候,唐朝的府兵制已经无法适应庞大帝国的实际情况。这种情况下,唐朝开始施行募兵制,就是当兵职业化了,招募来的士兵只负责打仗,国家发工资、发装备、给粮饷。但唐玄宗很快就发现,募兵制发展到后期也不灵了。为啥呢?因为当时的赋税制度还是租庸调制,简单来说就是以实物为主的税收制度。然而当时的大唐幅员辽阔,全国一共十个大战区,而且战区远离中央。该怎样把这些实物税收分配到各个战区呢?显然当时的后勤运输能力无法做到。

无奈之下,唐玄宗做出了决定,他赋予各战区节度使更大的权力,让节度使拥有其管辖区的民政权、财政权以及军事任免权,简单来说就是让他们就地征税,自给自足,自己管好自己辖区内的一摊子事儿。这是个无奈的举措,却不经意间把节度使变成了割据一方、拥有实权的藩镇军阀。

不仅如此,唐朝初年内重外轻的军事格局,此时也变成了内轻外重。从景云元年(710)至开元二十一年(733),全国十个边镇节度使拥兵近五十万,而当时全国的总兵力不过五十七万。可以说此时的唐朝,绝大部分兵力都分布在边疆各大战区,中央几乎无兵可用。这还不算,更可怕的是,自从李林甫官拜宰相,因他自己文化水平低,所以也绝不让有才学的汉族将领"出将入相"。因此当时很多战区的节度使都是由胡人来担任,这就为后来的安史之乱埋下了祸根。

李林甫虽说奸猾,终归还有些能力。他活着的时候,各大军区的胡人节度使对他都比较忌惮。比如那个后来给大唐带来致命一击的胖子安禄山,李林甫就像能读懂安禄山的心思一样,安禄山的小心机在他面前根本没法施展。李林甫每次找他谈话,安禄山都会紧张得汗流浃背。但是天宝十一载(752),李林甫病死了。三天之后,杨贵妃的哥哥杨国忠被任命为宰相。这个杨国忠不但坏,还是个大草包。听闻杨国忠拜相,安禄山再无忌惮。

史载安禄山超级胖,据说体重达三百三十斤,肚子都快掉到膝盖下面了,以至于走路的时候,两只手要提着肚子。但你别看他胖,智商情商绝对在线。他是粟特人,从小游走各方,会六种语言,还特别能说。简单来说,安禄山是个心机颇深,但外表憨厚可爱又聪明伶俐的胖子。靠着投机钻营,安禄山的仕途一帆风顺,直做到平卢、范阳、河东三镇节度使,手中掌握的兵力也一度达到了大唐总兵力的三分之一。即便如此,他还特别低调,他知道唐玄宗宠爱杨贵妃,竟然恬不知耻地认比自己小十六岁的杨贵妃做干妈。

虽说安禄山走路要提着肚子,但他跳起舞来,就像一个飞旋的"肉陀螺",别说,还挺好看。有一次他为唐玄宗跳起胡旋舞,把玄宗皇帝笑得眼泪都流出来了。他指着安禄山的大肚子问:"你这肚子里,究竟装了些什么?怎么这么大?"

安禄山回答得很巧妙,他说:"皇帝陛下,我这肚子里装的,都是对您无尽的忠诚和拥戴啊。"

如此可爱的胖子,让唐玄宗非常宠信,他哪里知道安禄山的大肚子里除了一堆的肥油,还有满满的心机和坏水。实际上,安禄山是粟特人,他的母语是东伊朗语,信奉波斯拜火教。"禄山"一名,是伊朗语"roshān"一词的音译,其意为光、明亮、光辉的。他用这样的名字宣示自己是拜火教"光明之神"的化身,再加上他特别善于装神弄鬼,就通过宗教将手下紧密团结在了自己的周围。所以安禄山的部下都对他十分忠诚,这也是后来安史之乱难以平定的原因之一。

其实安禄山原本想等到唐玄宗老死之后再造反,结果大草包杨国忠看到唐玄宗宠信安禄山,感受到了巨大的威胁,于是他开始搜集安禄山要谋反的证据,并不断向唐玄宗告发安禄山。最终,杨国忠的步步紧逼终于迫使安禄山提前举起了反旗。

天宝十四载(755)十一月初九,安禄山和史思明在范阳起兵造反,随后挥师南下。据说安禄山造反的消息传到长安,满朝文武无不惊慌失措。唯有杨国忠开心得不得了,因为他之前说安禄山要造反的事儿终于实锤了。

安禄山起兵不久,河北全境就被叛军占领。随后安禄山又攻陷了东都洛阳,并于公元756年的正月初一在洛阳自称大燕皇帝。然而,当时的局面已经开始对他有所不利,因为就在他称帝之前,颜真卿(时任平原太守)和他的堂兄颜杲卿(时任常山太守),分别杀掉了安禄山派来的守将,并举兵声讨安史叛军。在颜真卿和颜杲卿的声讨之下,当时河北有十七郡群起响应,这极大地牵制了安史叛军的军事行动。

与此同时,朔方节度使郭子仪、河东节度使李光弼又大破史思明,斩杀四万叛军,一时间唐军的士气大振。当时郭子仪和李光弼已经切断了驻军洛阳的安禄山与他的老巢范阳之间的联系,安史叛军出现人心惶惶之态。这个时候,唐玄宗只要让人坚守潼关,用不了多久,安史叛军自己就支撑不下去了。

然而,玄宗皇帝已经等不及了,安禄山的反叛刺伤了他敏感脆弱的神经，他先是阵前斩杀了退守潼关的高仙芝和封常清，接着又在大草包杨国忠的煽动下，连发十二道金牌催促哥舒翰出潼关与安禄山决战。史载哥舒翰"不得已，抚膺恸哭"。然而哭归哭，皇帝的诏命要执行，否则高仙芝和封常清就是前车之鉴。于是哥舒翰出关，最终陷入叛军埋伏，二十万唐军几乎全军覆没，连哥舒翰本人也被俘获。随后安禄山的叛军攻破潼关，汹汹然直奔长安而来。

至德元年（756）六月十三日凌晨，在一片混乱之中，唐玄宗带着杨贵妃、杨国忠、部分皇子皇孙及一众文武匆忙逃离长安，向着四川进发。第二天行进到马嵬驿时，将士们发动兵变，杀死了杨国忠和他的姐妹们。随后，兵变的将士又逼迫唐玄宗赐死了杨贵妃。就这样，风华绝代的美人香消玉殒。白居易在《长恨歌》中这样描写：

花钿委地无人收，翠翘金雀玉搔头。

君王掩面救不得，回看血泪相和流。

马嵬驿兵变后，唐玄宗等人继续往四川行进，而太子李亨则向北去了朔方。当年八月，太子李亨在灵武即皇帝位，就是唐肃宗。同时他遥尊远在成都的玄宗为太上皇，唐玄宗的时代落幕了。此后，唐肃宗李亨在郭子仪、李光弼、仆固怀恩等中兴名将的扶持下，开启了平定安史之乱的艰难征程。

至德二年（757）正月，安禄山为他的儿子安庆绪所杀，之后安庆绪继任安史叛军的大燕皇帝。这种情况下，唐肃宗决定发兵收复长安。当时他任命自己的儿子——广平王李俶担任天下兵马元帅，郭子仪担任副元帅，同时紧急征调安西、北庭、河西、陇右、朔方的全部兵力，再加上向回纥（hé）、南蛮、大食、于阗等少数民族借兵的四万人马，联军共计十五万，于当年九月浩浩荡荡开赴向叛军盘踞的长安城。之后，在长安城终南山以北、神禾原以西的香积寺，爆发了中国历史上最惨烈、最血腥的一场大战——香积寺之战。

这场大战的敌我双方都拼尽了全力，短短四个时辰，双方共计阵亡十三万人，伤者更是不计其数。那一天，香积寺这座千年古刹血光冲天、哀号不断，成了人间地狱。此战的结果是唐军惨胜，第二天，唐军进入长安城，长安得以收复，随后唐军又收复了洛阳。

到了当年腊月，河东、河西、河南的失地大部分都已收复，老将军郭子仪因功加封司徒、代国公。此后郭子仪屡立战功，有如神助。乾元元年（758）九月，郭子仪、李光弼率九位节度使围攻邺郡。然而就在唐军胜利在望之际，观军容宣慰使——宦官鱼朝恩因妒忌郭子仪的功劳，在唐肃宗那儿进谗言，导致郭子仪被召还京师，兵权尽被剥夺。郭子仪被剥夺兵权后，围攻邺郡的唐军九位节度使由于不相统属，很快兵溃如山，不得已只能退军。此后，安史叛军发生内乱，史思明杀了安庆绪，自称大燕皇帝。当年秋天，史思明的叛军再度攻陷了洛阳。

到了上元二年（761）二月，唐将李光弼（契丹族）、仆固怀恩（铁勒族）率军反攻洛阳，结果兵败邙山。在这危急时刻，唐肃宗想起了被剥夺兵权、赋闲在家的郭子仪，于是老将军郭子仪六十六岁再度出山，他戎马倥偬、屡立战功，为平定安史之乱立下了不世之勋。

宝应二年（763）的正月，随着叛军首领史朝义被杀，叛将田承嗣、李怀仙的归降，安史之乱终于被平定。这场大乱前后历经七年零两个月，战火之下，中国的北方生灵涂炭，大唐的辉煌再也不见了。尽管如此，平叛的胜利仍给了人们久违的希望，杜甫在得知平叛后，兴奋之余写下一首诗：

剑外忽传收蓟北，初闻涕泪满衣裳。

却看妻子愁何在，漫卷诗书喜欲狂。

白日放歌须纵酒，青春作伴好还乡。

即从巴峡穿巫峡，便下襄阳向洛阳。

安史之乱虽然被平定了，但这场战乱造成的后果却极为深远。首先是人口锐减，安史之乱的前一年，全国户口还有近九百万户，到了唐肃宗乾元三年（760），那个时候安史之乱还没有结束，人口就已经降低到了一百九十三万户。当时中国的北方满目疮痍，大量人口迁移到江淮，甚至岭南。今天很多南方客家人的祖先就是在安史之乱时期迁居过去的,客家话就最接近中国古代中原地区的汉语发音。

  要命的是,伴随着安史之乱的结束,中原大地藩镇林立,唐廷的权威不复当年。这场大乱还使唐朝的国势急转直下,河西、陇右的大片土地都被吐蕃夺占。

  山河破碎,繁华已远,大唐又该走向何方?

晚唐之末世悲歌

宝应元年（762）四月甲寅日，唐玄宗李隆基驾崩，终年七十八岁。十四天后，他的儿子——唐肃宗李亨也病逝于长安城大明宫的长生殿。随后，唐肃宗的长子李豫即皇帝位，是为唐代宗。次年正月，为祸七年零两个月的安史之乱终于被唐军平定。然而经此一乱，大唐疆土丧失，人口锐减，境内藩镇林立，经济濒临崩溃，再也不复昔日的荣光了。

为了解决财政困难，安史之乱后，唐廷先后任用了三个计臣，即第五琦、刘晏、杨炎。所谓计臣，就是掌管国家财赋的大臣。从肃宗时代起，第五琦为了增加财政收入，开始施行食盐专卖，增加了中央的收入。第五琦之后，另一位计臣刘晏对财政又进行了一系列的改革，使唐朝的财政体系进一步规范。大历十四年（779）五月，唐代宗李豫病逝，之后他的长子李适（kuò）继位，就是唐德宗。当年八月，唐德宗拜杨炎为相，而杨炎不负德宗所望，他将税赋制度由名存实亡的"租庸调制"改为"两税制"，此举进一步增加了中央财政的收入。

与财政问题同样重要的，是安史之乱后出现的藩镇局面。想当初，唐代宗李豫为了尽快结束战乱，不得已采用妥协的办法，即只要你投降，朝廷就不再追剿，还允许你继续管理原来的辖区。由此，安史降将田承嗣任魏博节度使，李怀仙任卢龙节度使，李宝臣为成德节度使，而这三个割据河北的军事重镇就是唐朝历史上著名的"河朔三镇"。

其实除了河朔三镇，到安史之乱结束时，大唐已经建立了三十四个地方藩镇，后来又陆陆续续达到了四五十个。这些藩镇大体上分为四种，一是不听命于朝廷的，主要以河朔三镇为代表。他们割据一方、嚣张跋扈，而且还互为姻亲，互相表里，抱团儿对抗中央，所以河朔三镇基本不给中央贡献赋税，辖区内的官员也是自行任免，甚至连节度使的职务也是自行传给其子侄或者部将，而朝廷往往也只能默认既成的事实。

当然，除了不听话的河朔三镇，还有相对忠诚于唐廷的其他三种藩镇，比如"东南藩镇"为朝廷贡献赋税；"中原藩镇"虽然有时候也不太听话，但总体上还算听命于中央；"边疆藩镇"则为大唐捍卫疆土。尤其是一些"边疆藩镇"对大唐无比忠诚，比如在安史之乱后，吐蕃趁乱占据了河西走廊，这使得远在万里之外的安西四镇成了大唐的一块飞地。当时的安西大都护是汾阳王郭子仪的侄子——武威郡王郭昕，他率领孤军镇守安西数十年，从满头青丝到苍苍白发，这些老兵们从来没有忘记大唐。当时吐蕃连年进攻安西四镇，而远在长安的唐廷已经无力救援，但郭昕将军和他的白发老兵们孤军死守安西，没有一个退缩，他们始终将大唐的军旗牢牢竖立在安西的城头之上。直到公元808年的冬夜，吐蕃对安西四镇再一次发动了猛烈的进攻。那一夜漫天大雪，随着一个个唐军将士陨落城头，雪地上浸染出绚烂的殷红。至此，镇守安西已经五十多年的大唐将士们，无一投降，全部殉国，有诗云：

满城尽白发，死不丢陌刀。

独抗五十载，怎敢忘大唐？

正是因为当时世人心中的正统还是大唐王朝，它还拥有一大批忠诚的文臣武将和善于理财的计臣，这才使唐王朝在安史之乱后还能延续一百多年的时光。然而无论怎样，大唐昔日的辉煌再也不见了，藩镇割据成为笼罩在唐朝皇帝心头的阴霾。该怎么办呢？

建中二年（781）正月初九，河朔三镇之一的成德节度使李宝臣死了，他儿子李维岳自请袭任成德节度使之位。搁以前安史之乱刚刚平定的时候，朝廷穷，实力弱，只能默认这些藩镇的无理要求。但随着第五琦、刘晏、杨炎等三位计臣开源节流，唐廷的财政渐渐丰实，底气也慢慢足了。加上当时的皇帝，唐德宗李适早就不满藩镇割据的局面，于是他断然拒绝了李维岳袭任成德节度使的请求。而李维岳也不是吃素的，他悍然起兵，并联合魏博节度使田悦、淄青节度使李正己，以及山南东道节度使梁崇义，准备用武力对抗中央。唐德宗震怒之下，诏命淮西节度使李希烈前往平叛，结果李希烈在平定山南东道后，他居然也加入了反唐的阵营，与卢龙、成德、淄青、魏博四镇联合反唐。

情势危急之下，唐德宗急调泾原驻军平叛，却不料激起了更大的一场灾祸。建中四年（783）十月初二，泾原军五千人马冒雨来到长安城下，兵士们向朝廷索求赏赐，没有得到满足，结果愤而哗变，这就是历史上著名的"泾原兵变"。当时兵变的军士杀入长安，慌乱之下唐德宗急调禁军火速前来皇城支援，然而他苦等几个时辰，竟然没有一个禁军前来，当时身边不离不弃的居然只有一百多名侍从的宦官。这让唐德宗对满朝文武失望至极，大唐生死存亡之刻，竟然是残躯的家奴救了自己。自此之后，唐德宗对大臣渐生猜疑，也为后期的宦官掌权埋下了伏笔。

说起来，唐德宗李适这个皇帝当得实在憋屈，他满心复兴大唐，却被现实撞得头破血流。当时北方四镇称王，淮西节度使李希烈称楚帝，加上长安城发生的泾原兵变，一时之间，大唐的藩镇之祸达到了顶点，那是唐德宗最为艰难的岁月。一千多年后出土的"何家村遗宝"，侧面展现了当年藩镇为祸、唐德宗仓皇逃离长安时的慌乱情势。

何家村遗宝

1970年10月5日，在陕西省西安市南郊的何家村基建工地上工人无意间打开了一座尘封千年的唐代金银器窖藏。在这座窖藏里共出土文物1000余件，其中金器总重量二百九十八两，银器总重量三千九百多两，还有玛瑙、琉璃、水晶、玉石等多种罕见器皿，被称为"何家村遗宝"，今藏于陕西历史博物馆。"何家村遗宝"正是当年唐德宗逃出长安时于慌乱之中掩埋的宝物。

然而，唐德宗李适还有他的帝王志气，面对气焰嚣张的叛军，他没有像他的曾祖父唐玄宗一样避难蜀中，而是去了离长安城不远的奉天（今陕西省乾县）。他决心要坚守在这里，守住他作为大唐天子最后的尊严。也正是因为李适的这个决定，此后的大唐才不至于像安史之乱那样糜烂到不可收拾。

兴元元年（784）七月，唐军再次收复了长安，唐德宗又回到了宫廷。两年之后，即贞元二年（786），随着叛军李希烈被部下毒杀，为祸作乱的藩镇内部开始分裂。此时唐德宗与作乱的藩镇达成妥协，各藩镇取消称王，而朝廷则允许藩镇世袭。至此，河朔三镇的实力大为削弱，但他们仍旧内部独立，而且父死子继，只是在表面上尊奉唐朝。对此状况，唐德宗也无可奈何，只能默许。

晚年的唐德宗常常郁郁寡欢，有一次，他将六七岁的皇长孙李纯抱在膝上，问："你是谁家的孩子，怎么在我的怀里呢？"小李纯睁着大眼睛回答："我是第三天子呀。"听了这个回答，唐德宗露出了久违的笑容。是啊，第三天子，我李家的孩子。那个复兴大唐的理想，我没法实现，那就交给儿子。儿子没法实现，那就交给孙子。这理想必定代代相传，正如人们对盛唐的记忆，延续了千年。

贞元二十一年（805）正月二十三日，唐德宗李适病逝于长安会宁殿，享年六十四岁。之后太子李诵继位，就是唐顺宗，然而此时的唐顺宗因为中风已经病入膏肓。即便如此，他重用王叔文、王伾、刘禹锡、柳宗元等人，强撑病体开始推行一场振兴大唐的改革。这场改革的主旨是加强中央集权，削弱藩镇割据，抑制宦官专权，史称"永贞革新"。然而改革触动了日益强大的宦官集团，几个月后，阉宦们逼迫唐顺宗退位，将皇位传给了他的儿子李纯，就是唐宪宗。同时，主导永贞革新的王伾、王叔文先后被贬，韩泰、陈谏、柳宗元、刘禹锡、韩晔（yè）、凌准、程异和韦执谊八人也被逐出京城，到边远的州县充任司马，史称"二王八司马"事件。至此，这场仅仅持续一百多天的永贞革新以失败告终。次年，被迫退位的唐顺宗李诵病逝，终年四十六岁。

永贞革新失败后,伟大的诗人、文学家柳宗元先被贬为邵州刺史,随后又被贬为永州司马。政治的失意、前路的迷茫,让谪居永州的柳宗元倍感孤独。一个大雪纷飞的冬日,望着枯寂的江面,他写下了中国文学史上最孤独的一首诗——《江雪》:

千山鸟飞绝,万径人踪灭。

孤舟蓑笠翁,独钓寒江雪。

直到今天,当我们吟诵柳宗元这首孤独浸骨的《江雪》,仿佛看到一个尘世喧嚣之外的智者,他寒江孤影,任凭"人间繁华多笑语,惟我空余两鬓风"。

就在柳宗元被贬的同时,长安城里刚刚即位的唐宪宗李纯锐意图治,他决心制裁那些骄横跋扈、不听调遣的军阀藩镇。从元和元年(806)到元和七年(812),唐廷先后平定了剑南西川刘辟和浙西镇海节度使李锜(qí)的叛乱。随后又恩威并施,使河朔三镇中最为骄悍的魏博节度使田弘正归命朝廷,由此河北的局势有了明显的好转。

到了元和十年(815),宰相裴度起用名将李晟(shèng)的儿子李愬(sù),"李愬雪夜下蔡州",活捉了淮西节度使吴元济,平定了长期与朝廷对抗的淮西藩镇。这场胜利对当时的许多藩镇震慑极大,于是他们纷纷归命大唐,其中承德节度使王承宗还主动向朝廷献上了德、棣二州。到了元和十四年(819),随着淄青藩镇被唐军平定,安史之乱后藩镇割据的局面终于改变,全国暂时得到了统一。这场在唐宪宗元和年间取得的一系列削藩成果,重振了中央的权威,被称为"元和中兴"。

然而好景不长,由于唐宪宗是被宦官拥立的,所以他并不抑制宦官,阉宦之乱愈演愈烈。到了元和十五年(820),宦官陈弘志等人竟然谋杀了大唐的中兴之主——唐宪宗李纯。唐宪宗死后,太子李恒即位,就是唐穆宗。随后刚刚即位的唐穆宗下令"削兵",就是规定以后各藩镇都要逐年裁撤部分比例的兵士。此举引发了各藩镇不满,随后河朔再度叛乱,而唐廷无力征剿,遂使刚刚归附的河朔三镇又一次脱离了朝廷的控制，藩镇割据的局面再次出现。

如果说藩镇割据是朝廷的外部大患，那么宦官专权和朋党之争就是唐朝内部的热疖痈毒。自唐肃宗亲近宦官李辅国开始，到唐德宗把神策军交给宦官统领，至唐代宗、唐宪宗时期，宦官开始参与机要，担任左、右枢密使的高位，这些阉宦的权力愈来愈大，甚至废立皇帝、任免宰相、处理军机。到唐朝的后期，宦官专权对朝廷的腐蚀已经到了非常严重的地步。实际上，宦官内部也有不同的派系，这些派系与外朝士大夫的朋党之争纠缠在一起，加速了唐王朝的衰败。比如从唐宪宗开始，朝廷又出现了影响朝政四十多年的"牛李党争"，以至于后来唐宪宗的孙子唐文宗叹道："去河北贼（藩镇）非难，去此朋党实难。"表面上看，朋党之争是因为政治主张不同所导致的。实际上，观点斗争是假的，路线斗争也是假的，只有权力斗争才是真的！

到了这个时候，唐朝在藩镇割据、宦官专权、朋党之争的轮番折腾下，已经奄奄一息了。虽然后来号称"小太宗"的唐宣宗李忱即位后，给唐王朝带来了一段回光返照式的安定时光，但唐朝已经病入膏肓、积重难返。而宣宗之后的几任皇帝再无建树，唐帝国官僚腐败，老百姓苦不堪言。当时的翰林学士刘允章做《直谏书》冒死上奏皇帝，其中说："天下百姓，哀号于道路，逃窜于山泽；夫妻不相活，父子不相救。百姓有冤，诉于州县，州县不理；诉于宰相，宰相不理；诉于陛下，陛下不理。"如此情况下，走投无路的老百姓也就只有揭竿而起了。于是，起义和动乱相继而至。

大中十三年（859）腊月，浙江裘甫起义。

咸通九年（868）七月，驻守岭南桂州（今广西壮族自治区桂林市）的戍卒在庞勋的率领下发起兵乱。

到了唐僖宗乾符元年（874），贩卖私盐的王仙芝又在濮州（今山东鄄城北）聚众起义。次年，曹州冤句（今山东省曹州北）的私盐贩子黄巢聚众响应王仙芝，他们"横行山东，民之困于重敛者争归之，数月之间，众至数万"。乾符五年（878），王仙芝战死，随后黄巢自号"冲天大将军",成为起义军的新首领。两年之后,即广明元年(880)腊月,黄巢攻陷了长安城,唐僖宗逃往四川。随后,黄巢在长安建立大齐政权,改元金统。然而仅仅四年之后,黄巢就被赶出了长安城。逃亡的路上,他在泰山东南狼虎谷为自己的外甥林言所杀。黄巢曾写有一首霸气的诗:

飒飒西风满院栽,蕊寒香冷蝶难来。

他年我若为青帝,报与桃花一处开。

霸气的黄巢死了,但大唐的天下却愈加混乱,各地藩镇攻伐不断,而宦官和外朝士大夫则各自结交藩镇,借助外力打击彼此。至此,唐王朝已经在灭亡的道路上一路狂奔了。到了唐昭宗末年,昔日黄巢的手下大将朱温(归降唐朝),此时已成为天下最强的藩镇。

唐昭宗天复三年(903),朱温引兵入长安,将朝中宦官杀得精光。第二年,他挟持唐昭宗和文武百官迁往洛阳。当年八月,朱温将唐昭宗杀害,随后立其子李柷(chù)为帝,就是唐哀帝。一年之后,宰相裴枢等大臣三十多人又被朱温尽杀于白马驿,并投尸黄河,史称"白马之祸"。

唐哀帝天祐四年(907)三月,朱温逼迫唐哀帝禅位给自己。至此,盛极一时,延续了二百八十九年的大唐王朝就此灭亡。每忆唐朝的盛极而衰,总会想起杜甫《垂老别》中的长叹:

忆昔少壮日,迟回竟长叹。

万国尽征戍,烽火被冈峦。

积尸草木腥,流血川原丹。

何乡为乐土,安敢尚盘桓。

弃绝蓬室居,塌然摧肺肝。

五代十国之梁、唐

提及历史朝代的变化，我们常说唐、宋、元、明、清，好像唐朝之后就是宋朝了，其实并不是这么回事儿。因为在唐宋之间还夹杂着一段长达半个多世纪的混乱时代，就是黑暗的吃人时代——五代十国。

所谓"吃人时代"，这并不是个比喻，而是真的吃人。当时很多军阀行军打仗的时候都不带干粮，走到哪儿吃到哪儿，甚至把当地的老百姓杀了充当军粮。《资治通鉴》记载，五代十国时期竟然还出现了专门杀人做饭的炊事班。更可悲的是，当时人肉的价格还没有米贵。

不光吃人，五代十国的奇葩事特别多。比如当时割据两广和海南一带的南汉政权，规定做官必先自宫，而且南汉的统治者还发明了很多残酷的刑罚，例如残忍至极的"九蒸九晒"大刑。

五代十国这段历史有一个显著的特征，那就是"乱"。乱到什么程度呢？乱到许多历史专业的学生都搞不明白它们之间的传承关系。不说十国，光五代的五十四年里，就换了十四个皇帝，而这十四个皇帝里死于非命的就有八个。

这段历史充满了混乱、杀戮，以及人性的扭曲和道德的沦丧，这个时期除了极个别君主稍微清醒外，绝大多数都昏暴至极，甚至后世的史家都不愿提及这段黑暗的时期，所以想要弄明白这段历史实在有些颇费周章。

实际上，五代十国的那些个政权，就是唐朝中后期以来藩镇割据的延续。五代不过就是五个自诩正统的中原王朝，其势力范围大体没有越过黄河流域。而十国则是五代周围的一些独立王国，或者说是地方军阀。简单来说，就是唐朝灭亡后，军阀藩镇先后在中原地区建立了后梁、后唐、后晋、后汉、后周五个朝代，史称"五代"。五代前前后后总计是五十四年，并不长。而伴随这五个中原王朝相继生灭的大概又有十来个地方军阀建立的小国，就称为"十国"。

> **"五代十国"顺口溜**
>
> 梁唐晋汉周，前边都带后。（五代）
>
> 前后蜀，南北汉，南唐南平曾为伴。吴越吴闽楚十国，割据混战中原乱。（十国）

唐哀帝天祐四年（907）三月，当时天下最大的军阀朱温逼迫唐哀帝禅位给他，至此，唐朝灭亡，朱温自立为帝。朱温篡唐后，他定国号为"梁"，史称"后梁"，朱温就是五代中第一个朝代——后梁的开国皇帝。建国后，朱温定都开封，后来又迁都到洛阳。

虽说后梁建立了，但当时的中国山头林立，军阀割据的现象非常严重。朱温建立的后梁能够直接管辖的也就是今天的河南、山东两省，以及陕西、湖北、河北、宁夏、山西、江苏、安徽等省的部分地区。像四川的王建，淮南的杨行密，山西北部的李克用，陇西的李茂贞以及幽州的刘仁恭都不承认朱温建立的后梁。还有一部分军阀选择向朱温称臣，但实际上还是保持独立，朱温也管不了他们。

在众多的军阀中，朱温当时最想除掉的就是盘踞在山西北部的李克用。说起李克用，你别看他姓李，其实他不是汉族，他是沙陀族，本姓朱邪（yé）。早年他的父亲朱邪赤心因为军功被唐朝赐以国姓，因此他们一家子才"光荣"地加入了李姓皇族。李克用打小儿就很骁勇，人送外号"李鸦儿"。他少年时随父出征，因为作战勇敢，军中又称其为"飞虎子"。后来这哥们打仗瞎了一只眼，因此人们又叫他"独眼龙"。对这些"朴实无华"又没啥文采的外号，李克用都不太喜欢。出身粗鄙的他一直以李唐宗室自居，最喜欢别人叫他的名字——李克用，所以他对李唐皇室还算忠诚。

但后梁的开国皇帝朱温最讨厌的就是他，想当年镇压黄巢起义的时候，朱温、李克用这哥俩还一起扛过枪。当年黄巢的势力很大，打得朱温招架不住了，就向当时的河东节度使李克用求救，于是李克用发兵救援朱温，并与朱温一起大败黄巢的军队。结果在庆功宴上，李克用酒醉后对朱温出言不逊，惹怒了朱温。于是就在当天晚上，朱温派人火攻李克用的驻地，幸亏当夜突降大雨，李克用才逃过一劫。从此后，这哥俩就结下了梁子。所以到了公元907年，朱温篡唐称帝，李克用根本就不承认朱温建立的后梁。

朱温篡唐的一年之后，李克用去世，他的儿子李存勖（xù）继承了河东节度使之位，袭封晋王。死之前，李克用给儿子留下了三支箭，说道："第一支箭，你要拿下幽州，不攻下幽州，黄河以南就拿不下来；第二支箭，你要打败契丹；这第三支箭，你要消灭篡唐的朱温。你能完成我这三个心愿，我死而无憾了。"李存勖将父亲交给的三支箭供奉在祖庙，发誓一定要完成父亲的心愿。

其实早在李克用去世之前，幽州军阀刘仁恭（卢龙节度使）、刘守光父子就先闹起了内讧。早些年刘守光和他爹刘仁恭的爱妾罗氏通奸，还与他爹断绝了父子关系。公元907年，刘守光囚禁了他爹刘仁恭，并自称卢龙节度使，随后又杀了他哥刘守文。公元911年的八月，狂妄自大的刘守光竟然不顾众将的反对，登基称帝，建立了大燕政权，史称"桀燕"。

就在刘守光称帝的同一年，晋王李存勖从祖庙里取出他爹李克用留给他的第一支箭，他准备对幽州军阀刘守光动手了。仅仅几个月后，李存勖的部将周德威就夺取了涿州，随后又兵围幽州。慌乱之间，刘守光忙向后梁皇帝朱温求救。朱温并不喜欢刘守光，但他深知幽州一旦落入李存勖之手，后果非常严重，于是朱温亲率大军救援刘守光，结果却被李存勖的军队打得大败。羞愤之下，朱温仓皇撤军。他本就患病在身，一路颠簸回到洛阳的时候，病情愈加沉重了。此时，自觉命不久矣的朱温开始考虑身后之事，当时他的几个儿子都不成器，只有养子朱友文还成点气候，因此朱温决定传位给养子朱友文，谁承想这个决定却要了他的老命。

说起来，五代十国那个乱世，道德沦丧、节义不存。比如说朱温建立后梁，他的臣下河南尹张全义为了向他献媚，甚至把妻女送给朱温。而朱温也好这口，不光是臣下的女眷，他连自己的儿媳妇都不放过。他称帝之后，要求自己的儿媳妇轮流给自己侍寝，结果他想传位给养子朱友文的消息就被当时在身边侍寝的儿媳妇，也就是次子朱友珪的老婆听到了，于是这消息很快就传到了朱友珪的耳朵里。

朱友珪一听就炸了，他一不做二不休，直接带兵杀入宫中。公元912年六月初二，后梁的开国皇帝朱温命丧于亲生儿子的手中。朱友珪杀了自己的老爹朱温后，伪造遗诏，登基做了后梁的第二位皇帝。但仅仅不到半年，朱友珪又被自己的弟弟朱友贞杀了。这一连串的弑父杀兄、宫廷喋血，把建国没几年的后梁就搅成了一锅粥。

就在后梁乱成一锅粥的时候，公元913年，朱温的死对头——李克用的儿子李存勖灭了刘守光创立的大燕，完成了父亲李克用临死前交代他的第一件事。四年之后，他又在幽州城大败契丹军，完成了父亲交代他的第二件事。随后他厉兵秣马，趁着后梁老朱家闹内讧，准备完成父亲交给他的第三件事，那就是灭了朱温建立的后梁。

从公元917年腊月开始，他调兵南下征伐后梁，双方互有胜负。到了公元923年四月，李存勖在魏州（今河北省大名县）称帝，他沿用"唐"为国号，史称"后唐"。而李存勖就是后唐的开国皇帝——后唐庄宗。

当年十月初九，李存勖的后唐军队进抵后梁的都城开封，后梁末帝朱友贞随后自杀，仅存十七年的后梁随之灭亡。至此，李存勖完成了父亲李克用交代的三件大事。同年腊月，李存勖迁都洛阳。两年之后，他又攻灭了割据四川的前蜀政权。

当时李存勖所建立的后唐称雄中国的北方，就连契丹都"不能深入为寇"，一度将势力还扩展到了长江上游。然而这时李存勖却渐渐懈怠，他觉得中原已定，父亲交代的三件事也完成了，于是开始沉迷于业余爱好——戏曲。当时他建造了大戏楼，作为超级票友，他给自己起了个艺名叫"李天下"，而且时不时还要登台唱上一出，过把明星的瘾。唱得高兴了，他对戏子们什么条件都答应，还任命了不少戏子做刺史等高级官吏。甚至戏子们可以随意出入宫禁，受到的恩宠超过了许多立有功勋的文臣武将。不仅如此，李存勖还派戏子和宦官们强抢民女入宫，甚至连魏州将士们的妻女千余人也都被抢入宫中，一时间，天下怨声载道。

李存勖胡闹也就罢了，他还有个视财如命的皇后刘玉娘，这位皇后娘娘最大的爱好就是数钱。当时刘皇后把国家收入的半数都拿来供自己挥霍，而前线的将士们却常常连军饷都发不出来。就这么个折腾法，后唐建立没几年就爆发了多起兵变。

公元926年二月，魏博戍卒哗变，哗变的士兵推裨将赵在礼为首领，攻入了魏州城。与此同时，邢州、沧州也相继发生兵变，一时间河北大乱。面临兵变，李存勖急命手下大将，也是他爹李克用的养子李嗣源前往平叛。结果在魏州城下，李嗣源的亲兵也哗变了，他们挟持李嗣源进入魏州城，并与城内的叛军合为一股。李嗣源本无反意，但迫于形势，又无以自明，不得已只能做了叛军的首领。随后他率军南下，占据了开封。

李存勖得知李嗣源也反了，勃然大怒，决定亲征李嗣源。结果当年四月，戏子出身的马直指挥使郭从谦突然发动叛乱，率叛军攻入洛阳宫的兴教门，杀死了后唐庄宗李存勖，史称"兴教门兵变"。李存勖死后，李嗣源在将士们的拥立下继位，是为后唐明宗。

后唐明宗李嗣源算得上五代时期难得的开明君主，他即位后改革弊政、与民休息，老百姓可算是过了几年的安生日子。但他的儿子们却没一个省心的，就在他晚年患病时，他的次子李从荣率兵攻打皇宫，妄图篡位，结果事败被杀，而李嗣源因为被逼宫受到惊吓，不久后也撒手归天。之后他的长子李从厚即位，但不到半年，李嗣源的养子李从珂又发动叛乱，他攻下洛阳后称帝，就是后唐末帝。

李从珂称帝后，他与姐夫石敬瑭（时任河东节度使）产生了尖锐的矛盾。公元936年，石敬瑭干脆反了，他向契丹称子，并以割让幽云十六州为条件，联合契丹进逼后唐的都城洛阳。当年十一月二十六日，李从珂见大势已去，带上传国玉玺和太后、皇后以及太子等人登上玄武楼自焚而死。至此，五代的第二个王朝，传国仅十四年的后唐也灭亡了。

伴随着后唐的灭亡，传承了一千一百多年的传国玉玺彻底消失于世间。然而，皇帝的信物——玉玺虽然没了，争夺皇位的野心却愈演愈烈，乱世还在继续……

五代十国之晋、汉、周

公元936年，后唐河东节度使石敬瑭联合契丹人攻灭了后唐，建立了"晋"，这就是五代中的第三个中原王朝，史称"后晋"。后晋建立后，石敬瑭将他爹追封为孝元皇帝，但他爹的名字很搞笑，叫臬（niè）捩（liè）鸡。实际上，石敬瑭是沙陀族，他爹的本名就叫臬捩鸡，汉名叫石绍雍。所以今天很多人因为石敬瑭割让幽云十六州给契丹，都骂他汉奸，其实他算不上汉奸，顶多是个胡奸。

历史上对于石敬瑭的描述，让人觉得他很窝囊。实际上，他早年也是一员骁将，后唐明宗李嗣源就对他非常倚重，还把女儿嫁给了他，所以石敬瑭对后唐也非常忠诚。但随着岳父李嗣源去世，后唐末帝李从珂继位，石敬瑭的好日子就到头了。小舅子李从珂猜忌他，还派军队讨伐他。无奈之下，石敬瑭联合契丹人反叛后唐。为了得到契丹的支持，他向契丹称臣，还割让幽云十六州给契丹，而且承诺每年再给契丹许多的财物。这还不算，石敬瑭还称呼比他小十岁的契丹皇帝耶律德光为父皇帝，自己甘当儿皇帝。最终在契丹的帮助下，石敬瑭灭了后唐，建立了后晋，但他认贼作父的行为却被后世骂了一千多年。

不光后世的人骂他，当时朝中的大臣们都戳他的脊梁骨，说他没骨气，但他却给大臣们算了一笔账，说每年送给契丹的财物，不过区区几个县的赋税，有时还可以受灾为名，并不缴纳全额。但一旦和契丹开战，必定使中原再度生灵涂炭，那时候财产损失会更大。而且中原地区几十年来战火不断，国家早已衰败不堪。所以他认为当时最重要的是与民休息，劝导农耕，同时养精蓄锐，训练士卒，等中原足够强大了再去收复幽云十六州。

但无论石敬瑭怎么解释，他对契丹的恭顺，让朝野内外对他是骂声一片，再加上契丹人动不动就给他施压，结果建立后晋没多久，到了公元942年，石敬瑭就在一片内忧外患中抑郁而亡。石敬瑭死后，他的养子、太子石重贵"自立为帝"，就是后晋的第二位皇帝。

为什么说石重贵是"自立为帝"呢？因为他爹石敬瑭向契丹称臣，既然是臣，理论上你石重贵继位是需要契丹来册封的。但石重贵不愿受契丹的鸟气，他自立为帝，并且向契丹表示，只称孙子不称臣。说起来好笑，称孙子不是更屈辱吗？别说，石重贵自有他的小算盘。因为"称孙子"只是两国皇帝间的私事，后晋和契丹还是平等的国与国之间的关系；但"称臣"就不一样了，那后晋就比契丹矮一级了。为此，石重贵即位后给契丹太宗耶律德光写了封信，自称孙子，但并未上表称臣。耶律德光看了石重贵的信后，果然大怒，就派使者去责问石重贵。而石重贵在朝中主战派景延广的撺掇下，对契丹的使者说："先皇帝北朝所立，今天子中国自册，可以为孙，而不可为臣。且晋有横磨大剑十万口，翁要战，则来。"就是说从今以后中原的天子只当孙子，不称臣，我们晋朝有十万只磨得锋利的长剑，爷爷你要打仗，尽管放马过来。

这话听着是不是很有骨气？但问题是，主战派景延广既无勇也无谋，只会"打嘴炮"。而且他还惹是生非，不断挑衅契丹，终于惹得契丹屡次大军南下，攻伐后晋。公元947年，契丹最终攻陷了后晋的都城开封，于是国祚仅仅十一年的后晋就此灭亡。石重贵则被契丹人掳去北方，客死异乡。

再来说契丹太宗耶律德光。攻灭后晋后，耶律德光来到气候温润、繁花似锦的开封城，心想自己原来那地儿真不是人待的地方。于是耶律德光不想回北方了，他想留在开封，在中原建国。但契丹人在中原大肆劫掠，不久后就引起了中原民众的强烈反抗。仅仅三个月后，压制不住局面的耶律德光匆匆撤军北归。回军的路上，耶律德光染了重病，走到河北栾城的杀胡林时，他口吐鲜血、暴病而亡。当时正值盛夏，为了让他的尸体在回去的路上不腐烂，他的厨子将他腌成了"腊肉"。由此，耶律德光成了中国古代唯一被做成"腊肉"的帝王。

就在契丹人北归后，太原留守刘知远趁机占领了洛阳、开封，随后又收复了河南、河北。他死皮赖脸宣称自己是大汉朝老刘家的后人，随后建立了五代中的第四代政权——后汉。其实刘知远和大汉朝老刘家八竿子都打不着，因为他本就是个胡人、沙陀族。但刘知远有个好媳妇，当初他三十八岁的时候，还是个穷苦的大头兵。有一天他外出遇到了十八岁的李三娘，刘知远见李三娘貌美如花，就想娶李三娘，但李三娘她爹嫌刘知远穷，不同意。

咋办呢？抓耳挠腮的刘知远竟然夜闯李家，把李三娘抢到自家就成了亲。但有意思的是，这强扭的瓜还挺甜，李三娘后来和刘知远的感情非常好，她全力辅佐丈夫刘知远建功立业，刘知远也在李三娘的襄助下步步高升。直到公元947年，刘知远建立后汉，李三娘也成了后汉的皇后娘娘。

但刘知远建国后没几天就开始腐化堕落，他手下的臣僚也有样学样，横征暴敛。当时的后汉从上到下都在拼命搞钱，甚至于老百姓上个厕所、出去讨个饭都要缴税。非但如此，后汉的官僚还随意杀人，根本没有法度，当时老百姓的日子可谓异常艰难。建立后汉仅仅一年之后，刘知远病逝，他与皇后李三娘所生的次子刘承祐即位，李三娘则成为后汉的太后。

刘承祐即位后，不听母后李三娘的劝导，肆意滥杀大臣。先是枢密使杨邠和都指挥使史弘肇被杀，随后他又准备杀害天雄军节度使郭威。说起这个郭威，他和刘知远一样出身卑微，还都娶了一个好媳妇。话说早在后唐时期，明宗李嗣源将后宫中很多女子遣散，其中有一位河北邢台的女子，名叫柴守玉。当柴守玉被遣散回家走到黄河岸边时，恰巧与听闻消息来迎接她的父母相遇。当时正值风雨天气，不便赶路，于是一家人就找了家客栈暂时住了下来。

有一天，当时还只是军中小头目的郭威闲来无事在街上闲逛，柴守玉恰巧在客栈的楼上。她无意间看到街上那个高大魁梧、穿着破烂的穷军汉，竟是怦然心动，情不自禁地向店家打探郭威的情况。随后柴守玉又命人将郭威请上楼，一番交谈下来对郭威更加倾心，竟然主动提出要嫁给郭威。穷军汉郭威做梦都想不到会有美娇娘要主动嫁给自己，于是他欣然应允。然而，当柴守玉的父母得知自己的宝贝女儿要嫁给郭威这个没存款、没房子、没前途，还一身臭毛病的穷军汉时，他们是百般阻挠。奈何柴守玉态度坚决，就是认定了郭威。柴家二老看柴守玉主意已定，无奈之下也只能同意。

就这样，柴守玉将自己的遣散费一半交给父母，一半拿来当嫁妆与郭威在客栈就成了亲。婚后，柴守玉对郭威非常体贴，还花钱请人教郭威读书习字，小两口那日子过得倒也甜美。后来，柴家败落，柴守玉的侄子柴荣来投奔她，正好柴守玉一直也没有孩子，她很喜欢这个侄子，就把柴荣收为养子，而郭威对柴荣也视若己出。但红颜薄命，结婚没几年，柴守玉就去世了。虽说郭威后来又娶了妻子，但他始终没有忘记爱妻柴守玉，对养子柴荣也一直非常爱护。

伴随郭威的军功日渐显赫，他的职位也越来越高。到后汉建国、刘知远称帝的时候，郭威已经成了后汉的开国功臣。后来刘知远去世，刘承祐即位，郭威又官拜枢密使，并且掌管全国的兵权。但随着郭威的权力越来越大，后汉的新主子刘承祐感觉自己受到了威胁，他非常忌惮掌握兵权的郭威。

于是不久后，刘承祐与亲信李业密谋，要诛杀郭威。太后李三娘知道后，她劝说刘承祐不要杀郭威，奈何刘承祐不听，终于逼得郭威起兵造反。郭威起兵后，刘承祐听信李业的话，把郭威留在京城的家人都给杀了，其中还包括郭威尚在襁褓中的幼子。听闻全家被杀，郭威悲痛万分，他一路攻入了汴梁城，诛杀了刘承祐。但郭威一向敬重太后李三娘，他报仇之后，请太后李三娘出来临朝称制，并准备立湘阴公刘赟为帝，而他自己又率军回到了驻地。

但偏偏这个时候，契丹来犯，于是郭威领军出征。在出征的路上，途经澶（chán）州（今河南省濮阳市）时，郭威被将士们黄袍加身，拥立为帝。此后郭威拨转马头，很快就率军回到了汴梁。太后李三娘见事已至此，她只能迁居太平宫，而郭威仍尊她为母后，尊号昭圣皇太后。

公元951年，郭威在开封称帝，定国号为"周"，就是五代中的最后一代——后周。做了皇帝的郭威念念不忘贫贱时候的爱妻柴守玉，他追封柴守玉为圣穆皇后，此后终其一生再也没有立过皇后。由于郭威自幼父母双亡，属于典型的苦孩子出身，所以即使当了皇帝，他依旧非常节俭，衣食住行都很朴素，也不让各地官府给他进贡什么奇珍异宝。不仅如此，郭威从军数十年，他眼见中原大地武人专权，神州上下战火弥漫，黎民百姓苦不堪言。于是他重用有才德的文臣，想借此来改变几十年来武人专政的局面。渐渐地，在郭威的治理下，唐末以来混乱不堪的北方社会开始走向安定，政治、经济逐渐趋于好转。然而可惜的是，登基三年后，郭威就病逝了。由于他全家都被后汉的刘承祐给杀光了，所以临死前，郭威将皇位传给了柴守玉的侄子，也是他的养子柴荣，就是后周世宗。

然而就在柴荣登基的当月，十国中唯一的北方割据政权——北汉趁后周国丧之际，竟然联合辽国一起引兵来犯。柴荣闻讯后，毫无畏惧，率军亲征来犯之敌。经过英勇战斗，柴荣大败北汉，他还乘胜追击，一路追到了北汉的家门口——太原城下。此战中，一批作战有功的将士得到封赏，其中有李重进、张永德、赵匡胤等将领。当年十月，柴荣命赵匡胤广募天下壮士充实禁军，他要把禁军训练成一支能征善战的军事力量。

公元955年闰九月，后周攻下了后蜀。随后，秦、成、阶三州相继归附。到了当年十一月，后周又攻克凤州，至此，四州之地尽被收复。这以后，柴荣又亲自率军三征南唐，北伐幽燕，华夏在他的手里即将再次统一。然而，就在他雄心勃勃要统一天下的时候，公元959年的五月，柴荣突患重病，不得已返回开封。次月，一代英主后周世宗柴荣病逝，年仅三十九岁。

柴荣死后，他七岁的儿子柴宗训继位，由符太后垂帘听政。公元960年正月元旦，北周的皇宫张灯结彩、雅乐飘飘，群臣正在为小皇帝柴宗训举行朝贺。突然有使来报，说辽国和北汉联合来犯。于是辅政大臣宰相范质敕令赵匡胤带领禁军北上，以抵抗来犯之敌。结果到了正月初三的夜晚，改朝换代的老戏码再次上演。当出征的禁军走到陈桥驿后，发生了陈桥兵变，禁军将士们为赵匡胤黄袍加身，并拥戴赵匡胤为帝。随后赵匡胤率军杀回开封，在大殿之上即皇帝位，并改国号为"宋"。由此，五代的最后一个王朝后周灭亡，宋朝建立。

　　赵匡胤建立宋朝后，他将柴宗训废为郑王，并赐予"丹书铁券"。

丹书铁券

"丹书铁券"是指古代帝王颁授给功臣、重臣的一种特权凭证，又称"丹书铁契"，也就是民间所说的"免死牌"或"免死金牌"。颁授"丹书铁券"的制度始于汉高祖刘邦。宋代时，宋太祖赵匡胤"黄袍加身"，从后周柴家手中谋得皇位，为了安抚民心，下旨厚待柴氏子孙，赐柴氏"丹书铁券"，规定即使柴氏后人犯罪也不得加刑。明朝时期，也有"丹书铁券"的制度。

　　至此，五代的历史讲完了，那么伴随五代相继生灭的十国呢？接下来咱们继续讲……

五代十国之前蜀、后蜀

噫吁嚱,危乎高哉!
蜀道之难,难于上青天!
蚕丛及鱼凫,开国何茫然!
尔来四万八千岁,不与秦塞通人烟。
西当太白有鸟道,可以横绝峨眉巅。

——李白《蜀道难》(节选)

自古以来,广袤的中原大地上群雄逐鹿、战火不断。而蜀地因为高山环绕,加之蜀道艰难,意外而成为华夏大地上的一片桃花源。但自从安史之乱唐玄宗避难蜀中,蜀地也失去了往日的宁静。

到了唐朝末年,私盐贩子黄巢攻陷了长安城,唐僖宗学他的先祖唐玄宗,带着大批的宗室、贵族也逃往了四川。中和三年(883),黄巢被唐军击败,退出长安城。当年六月,禁军将领前往蜀地去迎接唐僖宗回銮长安。在这批人中,有个出身私盐贩子,人送外号"贼王八"的禁军将领,名叫王建。当时王建等人率领禁军一路卫护着唐僖宗,两年之后终于回到了长安城。因为护驾有功,唐僖宗命王建等人统领神策军,并宿卫宫中。然而不久之后,烽烟再起,唐僖宗再次逃出长安。在逃亡的路上,途经山中一条被烧的栈道时,王建不顾生死,拉着唐僖宗的马从烟火中突围而出。到了夜晚,王建让唐僖宗枕着他的大腿入睡,而他则一夜未眠守护着皇帝。这让唐僖宗大为感动,于是任命王建遥领壁州(今四川省通江县)刺史,不久后又安排王建去了利州(今四川省广元市)担任刺史。

王建到了四川后，招兵买马，积蓄力量。从光启三年（887）开始，他先是率军驱逐了阆州刺史杨茂实，自任阆州防御使，随后又夺取了汉州（今四川省广汉市）、德阳等地。

文德元年（888）三月初六，唐僖宗暴病而亡，随后他的弟弟李晔即皇帝位，就是唐昭宗。昭宗即位后，为了笼络王建，任命王建为永平军节度使，下辖邛州（今四川省邛崃市）、蜀州（今四川省崇州市）、黎州（今四川省汉源县北）、雅州（今四川省雅安市）等地。但此时的王建早就把胃口吃大了，他东征西讨，不断吞并周边的地盘儿，最终于天复三年（903），占据了整个四川，还包括陕西、甘肃、贵州、湖北的部分地区。随着王建的势力越来越大，唐昭宗拿他没办法了，只能做个顺水人情，将他封为蜀王。

唐天复四年（904）八月，朱温弑杀了唐昭宗，改立李柷为帝，就是唐哀帝。三年之后，朱温篡唐称帝，建立了五代十国中五代的第一代——后梁。朱温篡唐称帝的消息传到蜀地，王建表现得非常气愤，他拒不承认后梁的正统性。不过王建的愤怒，并不是因为他对李唐的满腔忠义，而是出于对朱温的羡慕嫉妒恨。他心想：你个贼将（朱温从前是黄巢的手下，后来归降唐朝）都称帝了，难道我就不能吗？于是他安排手下开始了一系列装神弄鬼的表演，先是有人在青城山见到了巨人，随后有人在万岁山又看到了凤凰，不久后嘉陵江里还出现了黄龙，反正巴蜀之地是频频出现各种祥瑞，而且一个比一个稀奇。

在各种祥瑞的烘托下，王建于朱温篡唐的同年九月二十五日，他在成都也称帝建国，建立了五代时期十国之一的前蜀政权。这个时候，王建已经六十岁了。称帝后，王建并不穷兵黩武，而是守护蜀地，很少对外用兵。这使得当时的前蜀相对安定，老百姓也不用担心什么兵荒马乱，以至于很多北方大族也纷纷避难来到蜀地。由此，蜀地人才济济，渐渐繁荣。

然而好景不长，到了公元918年，前蜀的开国之君王建去世，他的儿子王衍继位。王衍长于深宫之中，即位的时候只有十七岁，他不知道该如何管理国家，只好把国政都交给宦官，自己每天只知道寻欢作乐。于是宦官弄权，后宫的太后、太妃们也不闲着，她们公开售卖官爵，还明码标价，拼命敛财。见太后、太妃们如此"努力"赚钱，权臣们也忍不住要来分一杯羹。于是前蜀从上到下卖官鬻爵，迅速把朝政搅成了一锅浆子。

与此同时，中原地区的五代已经到了第二代——后唐。后唐的开国皇帝李存勖早就垂涎蜀地这块肥肉，此时他听说前蜀朝政混乱、文恬武嬉，就觉得这是拿下蜀地的大好机会，于是准备讨伐前蜀。

公元925年九月，后唐庄宗李存勖下诏攻蜀。就在大军压境之际，前蜀之主王衍竟然引兵数万奔赴秦州去找美女了。皇帝如此，前蜀的军队哪里还有斗志！于是后唐大军一到，前蜀的军队纷纷望风而降。不到七十天的时间，后唐就灭亡了前蜀，而王衍作为亡国之主随后也被处死。由此，王建辛辛苦苦打下的江山，仅传一世就在败家子王衍的手里给灭亡了。

然而，后唐攻灭前蜀后，立功最大的枢密使郭崇韬被后唐庄宗李存勖猜忌，随后被杀。一时间进入蜀地的后唐军队群龙无首，蜀地再次大乱。这个时候，后唐庄宗李存勖让他的堂姐夫孟知祥进入蜀地，代他慰劳军队，稳定人心。结果孟知祥刚到蜀地不久，洛阳那边就传来了坏消息。公元926年五月，后唐庄宗李存勖在兴教门兵变中被杀，他的长子李继岌也自缢而亡。随后即位的是李克用的养子李嗣源，就是后唐明宗。虽然李嗣源也姓李，可毕竟是李克用的养子，中间没有血缘这根线绑着，终究是差了点意思。当初孟知祥就是靠着亲戚关系才得到了重用，现在当皇帝的都不是自家人了，孟知祥就萌生了在蜀地自立的想法。

从公元926年开始，孟知祥在蜀地不断招兵买马，扩充实力。其间他屡次拒绝后唐发来的诏令，开始和后唐分庭抗礼。面对自立山头的孟知祥，后唐明宗李嗣源也曾派兵征讨，但由于蜀道艰难，战而无功，只好退兵。渐渐地，孟知祥在蜀地的实力越来越强，到了公元933年二月，李嗣源做个顺水人情，授予孟知祥剑南东西川节度使、成都尹，并册封他为蜀王。

然而此时，蜀王的爵位已经不能让孟知祥满足了。公元934年，随着后唐明宗李嗣源病逝，孟知祥在成都称帝，国号仍然是蜀。为了区别他和王建创立的前蜀，历史上就把孟知祥创立的蜀国称为"后蜀"。然而还没等孟知祥施展宏图大志，称帝刚刚三个多月，他就因病而亡。

孟知祥死后，他十五岁的儿子孟昶继位。当时后蜀刚刚建国没多久，根基还不稳，加上孟昶他爹孟知祥待人宽厚，对手下往往姑息纵容。因此孟知祥一死，那些骄兵悍将对小皇帝孟昶根本就不恭顺，尤以辅政大臣李仁罕最为骄悍，他不仅坏事做尽，还欺负孟昶年幼，处处顶撞，不听诏令。孟昶虽然年幼，却天生是个当皇帝的料子。他见这些骄兵悍将公然违犯朝纲，不服管束，于是施展霹雳手段，果断逮捕了其中最不听话的李仁罕，并将其满门抄斩。从此以后，满朝文武规规矩矩，再也不敢轻视小皇帝孟昶，后蜀也渐渐安定了起来。

也许是蜀地安逸，消磨了斗志，孟昶在位三十一年，他很少对外发动战事，而当时的中原地区却战火频仍，后唐、后晋、后汉、后周，轮流登场。相比中原地区频遭战火，当时安定无争的后蜀俨然是世外桃源。那时的成都，高官显贵饮宴成风。每到春日，成都浣花溪一带百花盛开。百花潭上更是彩舫如织，游弋不绝，好一派南国风光。李珣《南乡子》记录了当时的景象：

乘彩舫，过莲塘，棹歌惊起睡鸳鸯。

游女带花偎伴笑，争窈窕，竞折团荷遮晚照。

然而，身处五代十国那样的乱世，无论你争与不争，都没法享有永远的太平安康，尤其还是那般富丽的蜀地。公元960年，中原地区已经归了赵匡胤的大宋，他早已垂涎蜀地这块温柔乡了。而与此同时，后蜀君臣却依旧耽于享乐，对宋朝的觊觎浑然不觉。

大宋建立的五年之后，宋军攻打后蜀，没多久，后蜀灭亡。

后蜀灭亡之后，孟昶和他的宠妃花蕊夫人一同被押往汴梁，途中眼见国破家亡，又听得杜鹃声声啼叫，花蕊夫人不觉悲从中来，填了一首《采桑子》，其中写道：

  初离蜀道心将碎，离恨绵绵，春日如年，马上时时闻杜鹃。

到汴梁后，孟昶被赵匡胤封为秦国公，检校太师、兼中书令。后来，赵匡胤宴请孟昶一家人，待见到千娇百媚的花蕊夫人，早已魂不守舍、意马心猿。于是宴饮的七天之后，孟昶暴病而亡。

后来花蕊夫人还作有一首《述国亡诗》：

  君王城上竖降旗，妾在深宫那得知。
  十四万人齐解甲，更无一个是男儿。

五代十国之南吴、南唐

唐宣宗大中六年（852），这一年很神奇，竟然诞生了五代十国时期的四位开国之主，比如后来篡唐的朱温，吴越王钱镠（liú），南楚的马殷，还有一位就是南吴的开国之主杨行密。

说起杨行密，他是标准的苦孩子出身，出生于今天安徽省合肥市长丰县的一个贫农家庭。虽说出身贫寒，但他天赋异禀，家里缺吃少穿的，竟然还是让他长成了一个大块头。不仅个子大、身体壮，他还特别能跑，据说一天能跑三百多里地，放到今天跑马拉松绝对能拿冠军。但问题来了，既然个子大，又喜欢跑步，这每天消耗多，就特别能吃。那时候已经是唐朝末年了，兵荒马乱的，有口吃的就不错了，想吃饱那就是白日做梦。咋办呢？为了解决吃饱饭的问题，杨行密经过慎重思考，最后作出了决定——造反。

杨行密先是参加了江淮一带的农民起义军，但起义很快就失败了，杨行密也"光荣"被俘。当时的庐州（今安徽省合肥市）刺史郑棨（qǐ）见杨行密人高马大、相貌奇特，就认定他是当兵的好苗子，于是把他给放了，还让他加入了唐朝的州兵。这下，杨行密终于可以吃上饱饭了。此后，他被分配到灵武戍守朔方，因为有股子蛮力，又打仗不要命，他很快就被提升为队长。

戍边期满，杨行密返回泸州。结果不知为何，当时管他的军吏就是横竖看不惯他，总是找他的麻烦，后来做得更加过分，竟然让杨行密再去朔方戍边。临行之前，军吏假装来看望，问他："还缺点什么？"杨行密大声道："只要取你的人头。"说罢，手起刀落，杨行密砍下了军吏的人头。随后,他带着一百多个亡命之徒,就开始了他的"创业"之路。

没多久,杨行密的队伍就壮大了起来。这个时候,庐州刺史已经不是他的恩公郑棨了,此时的庐州刺史是郎幼复。郎幼复见杨行密的势头越来越大,于是惹不起,咱躲得起,他弃城跑了,把庐州拱手就送给了杨行密。

唐中和三年(883),唐朝见管不了杨行密,干脆给他扶正,正式任命他为庐州刺史。当时正是唐朝末年、天下大乱,藩镇军阀都在争抢地盘、大打出手。杨行密也没闲着,经过多年拼杀,到了唐光化元年(898),他已经把整个江淮地区都收入了囊中。

后世说起杨行密,都称他为"十国第一人",其主要原因就是他与当时的其他军阀有所不同,北宋的欧阳修就称赞他"宽仁雅信,能得士心",就是说他宽严有度,恩威并施,很得人心。他既能对下属推心置腹,也能用非常手段处置骄兵悍将。比如,有一次他骂了手下将领刘信,刘信一气之下跑到了敌方的阵营。当时杨行密的部下都要追击刘信,可他却说:"刘信不会背叛我的,他只不过是醉了,等他酒醒就会回来的。"果不其然,隔天,刘信就自己回来了,而杨行密对他依然重用。不仅如此,杨行密还曾在敌方投降的军士中,筛选出五千名悍勇之士作为自己的亲兵护卫,并用黑色织物裹在他们的铠甲之外,名为"黑云都"。可以说,用投降之敌作为自己的亲兵,这样的心胸,非常人可为之。因此,当时的英雄豪杰、文人计臣都愿意为他肝脑涂地,以报知遇之情。

同时,杨行密对待骄兵悍将也有他的一套手段,绝非一味的纵容。唐天复二年(902)三月,被困凤翔的唐昭宗为笼络杨行密,加封他为东面诸道行营都统、检校太师、中书令,进封吴王,由此五代时期十国中的"南吴"正式建立。当时南吴的管辖区域大致是今天的江苏、江西、安徽南部、湖北东部等地。

然而随着南吴的建立,原先铁板一块的内部开始出现分裂。他的手下大将田頵（jūn）、安仁义及他的大舅子朱延寿开始密谋反叛。也难怪，当初大家都一样，战场上打打杀杀的，你杨行密除了个子大、跑得快，几斤几两谁还不清楚？凭啥你称孤道寡，我们这些从死人堆里爬出来的老兄弟就要听你吆五喝六？于是，一场危机渐渐来袭。

杨行密看在眼里，急在心上。他知道这些人很难感化，于是就动了杀心。后来，田頵、安仁义举兵反叛，杨行密毫不留情，将他们全部斩杀。而他的小舅子朱延寿竟然觊觎他的吴王之位，这让杨行密非常痛心。为了麻痹朱延寿，杨行密假装生了病，病得都瞎了。当时朱延寿为了验证他是不是真瞎，还让自己的姐姐，也就是杨行密的老婆朱氏当着他的面和别人亲热。而杨行密干脆装得再像一点，他就是"看不见"，这让朱延寿对他放松了防备。三年之后，杨行密找个机会就诱杀了毫无防备的小舅子朱延寿，还一纸休书，断了和朱氏的缘分。但杨行密还算仁义，为了朱氏晚年不至于无依无靠，后来又安排朱氏改嫁他人。

杨行密除了恩威并施，善于驭人，他还特别会用人，以至于文臣武将争相为其效命。比如骆知祥、沈文昌，这两人都曾是叛将田頵的手下，而杨行密不计前嫌，放手任用，后来他们都成为南吴政权的股肱之臣。

除此而外，杨行密非常为人称道的一点是，不滥杀无辜。在五代十国那个乱世，几乎所有的军阀都视人命如草芥，所过之处，烧杀抢掠，无恶不作。而杨行密的军队从未向老百姓举起过屠刀，反而是尽量安抚百姓，照顾老百姓的生活。比如他两次攻入扬州城，就在城中分发粮食，赈济灾民，这样的善举让他大得人心。

有了人才和人心的杨行密，从庐州起兵到获封吴王，前后二十余年，他从一个底层的大头兵，终于成为雄踞江淮的南吴开国之主。

唐天祐二年（905），杨行密因病去世，他的长子杨渥（wò）袭封了他的吴王之位。但自打杨渥上台，这南吴的朝局是一天比一天乱。杨渥为人奢侈，骄纵无比。他任命的一帮亲信也仗势专权，欺凌有功之人。于是仅仅两年之后，南吴大将张颢、徐温发动"兵谏"，将杨渥的亲信杀得一干二净。此后杨渥大权旁落，南吴的朝政尽归张颢、徐温。

又一年后，杨渥被张颢杀害。之后，张颢扶立杨渥的弟弟杨隆演上位。实际上，杨隆演当时就是个摆设，大权都掌握在权臣张颢、徐温的手里。可没多久，张颢、徐温二人又窝里斗，最终徐温杀了张颢，成了南吴的唯一话事人。

公元920年，大权旁落的杨隆演因为心里憋屈，竟然抑郁而死。之后，权臣徐温又扶立杨隆演的弟弟杨溥（pǔ）为新的南吴国主。此时，在表面上，南吴的大权尽在徐温之手，但实际上，权力已经被他的养子徐知诰渐渐掌握。

说起这个徐知诰，他不是一般人。为啥呢？因为他原名叫李昪（biàn），很小就和父母失散，同后世的大明开国皇帝朱元璋一样，第一份"正经工作"都是讨饭，巧的是连"工作地点"都要和朱元璋搭上关系。他在哪儿讨饭呢？就是朱元璋的老家安徽凤阳，唐朝的时候，那地儿叫濠州。

唐乾宁二年（895），杨行密在濠州城外的开元寺见到了当时年仅七岁正"努力"讨饭的小李昪。也不知是触动了哪根神经，反正杨行密就觉得这孩子骨骼清奇，将来必成大器，当下就要收李昪为养子。但杨行密的亲儿子们不同意：家产是有限的，又来一个分家产的，这不行，我们不同意。无奈之下，杨行密只好让手下大将徐温把李昪收为养子，并为他改名为徐知诰。

而徐知诰也很懂事，自从认了徐温为父，他对徐温夫妻就如亲生父母，待奉得非常殷勤周到，这让徐温非常喜爱他。渐渐长大的徐知诰仪表堂堂，声若洪钟，而且文武双全，还气度不凡。杨行密曾夸赞徐知诰说："知诰俊杰，诸将子皆不及也。"及至后来，徐温的权力渐渐都被养子徐知诰掌握，而徐温竟然毫无察觉。

公元927年，南吴权臣徐温病逝。同年十一月初三，南吴国主杨溥登基称帝，但国政大权实际都掌握在徐知诰的手中。此后经过十年的准备，到了公元937年，徐知诰逼迫南吴傀儡皇帝杨溥退位，将皇位禅让给了自己，同时改国号为"大齐"。由此，五代十国中十国之一的南吴落下了帷幕。

两年之后，即公元939年，徐知诰恢复李昇的姓名，他还说自己是唐宪宗流落在民间的儿子，于是将国号改为"唐"，这就是十国中的南唐政权，李昇就是南唐的开国皇帝。所以说杨行密看人真准，当年的小乞丐李昇果真成了大器，但他哪里知道，他千辛万苦打下的江山，到头来却为李昇做了嫁衣。

南唐建立后，李昇无意开疆拓土，他不像其他军阀那般崇尚武力。加之李昇幼年乞讨，又给徐温做了近三十年的养子，寄人篱下的生活经历让他深谙人情世故，又知民间疾苦。他治下的南唐轻徭薄赋，劝课农桑，鼓励商业。于是，南唐社会安定，经济繁荣，文化渐渐兴盛。

随着南唐一片祥和，李昇开始追求长生。他召集方士，炼丹服药，却不料丹药有毒，让他的长生梦变成了催命符。公元943年二月，五十六岁的李昇因丹药中毒去世。之后太子李璟继位，就是南唐中主。李璟即位后，他一心想做一番开疆拓土的大功业，于是他先后消灭了闽国和南楚。但随着征伐不断，再加上李璟奢侈无度，南唐的国力也大为折损。

就在李璟四处征伐之际，中原王朝已经到了五代的最后一代——后周。偏偏后周的皇帝一个比一个强，尤其后周世宗柴荣，可谓一代雄主。当时他要统一天下，就想先挑一个"难啃"的下手。他见南唐打败了闽国和南楚，就断定南唐比较能打，于是他决定先打南唐。

从公元955年到958年，短短三年时间，后周世宗柴荣三征南唐。他原本以为南唐比较难打，谁承想一上手，发现南唐竟然虚有其表，软得不行。因此他根本不给南唐喘气儿的机会，打得南唐一溃千里。公元958年，在后周大军的威逼之下，南唐中主李璟自请退去帝号，改称国主，划长江为界，并向后周献土称臣。

公元960年，后周爆发陈桥兵变，殿前都检点赵匡胤篡夺了后周政权，建立宋朝。第二年，南唐中主李璟为了躲避宋朝的威胁，决定迁都洪州（今江西省南昌市）。当时他留下太子李煜在金陵监国，自己一路南逃。逃难的途中李璟回想自己的帝王生涯，不禁悲从中来，填了一阕《摊破浣溪沙》：

菡萏香销翠叶残，西风愁起绿波间。还与韶光共憔悴，不堪看。

细雨梦回鸡塞远，小楼吹彻玉笙寒。多少泪珠何限恨，倚栏干。

当年九月，逃到洪州不久的李璟郁郁而终，时年四十六岁。之后，我们耳熟能详的千古"词帝"——李煜即位，就是南唐后主。说起来，李煜能登上帝位，纯属躺赢。一般而言，帝王家难免为了皇位兄弟相搏、父子反目。而且李煜是李璟的第六个儿子，他前面还有五个哥哥，按理说这皇位就是轮也轮不到他。但老天爷帮他，他的五个哥哥都很"自觉"，全部英年早逝，他简直就是天选之子。

而做了皇帝的李煜，他不搞主业，痴迷副业，小词写得那是清新脱俗，最爱一口风花雪月。他是歌舞酒宴天天有，宫女堆里他最牛，然而"秀恩爱，死得快"。

公元974年秋冬之际，宋朝开国皇帝赵匡胤派大军征伐南唐。次年，大宋军队兵临金陵城下，而李煜则双手奉上印玺，自请投降。至此，南唐灭亡，李煜也被押往汴梁。

公元978年七月初七，大宋汴梁城的一座小楼中，一名歌姬弹奏着琵琶，幽怨婉转地唱道：

春花秋月何时了，往事知多少？小楼昨夜又东风，故国不堪回首月明中！

雕栏玉砌应犹在，只是朱颜改。问君能有几多愁？恰似一江春水向东流。

这首词的主人不是别人，正是南唐后主李煜。此刻，他正望着故国的方向颓然枯坐，闭目聆听歌姬在演唱自己新写的《虞美人》。当夜，李煜被宋朝的皇帝毒杀。他死的这一天正好是他的生日，生死同日，和历史上的明君舜帝一样。李煜拷贝了舜帝的生，也重复了舜帝的死，只可惜没有活成他该有的帝王模样。正如清人郭麐（lín）在《南康杂咏》中所云："做个才子真绝代，可怜薄命做君王！"

伴随李煜被毒杀，曾经"天上人间"的南唐也消逝在历史上。唯有他留下的这些词曲，浅唱低吟，令人久久难忘……

五代十国之吴越诸国

中国历史上有一个最接近"桃花源"式的王国,它没有出现在太平盛世,反而出现在历史上最黑暗、最混乱的五代十国,它就是十国之一的吴越国。苏轼曾说,吴越国"其民至于老死,不识兵革,四时嬉游,歌鼓之声相闻,至今不废"。

不仅如此,吴越国还是五代十国时期存在时间最长的地方政权,堪称乱世里的"不倒翁",它从唐末建国到公元978年归于大宋,前后历经后梁、后唐、后汉、后晋、后周,国祚长达七十二年。在那个乱世之中,吴越国远离兵革战火,独善其身,发展经济,强盛时期拥有十三州的疆域,大致是今天浙江全境、江苏东南部、上海和福建东北部一带。相比当时的其他政权,吴越国承平日久、社会安定,俨然一片世外桃源。

唐朝大中六年(852)二月十六日,吴越国的开国之主钱镠出生于杭州府临安县的一户人家。据说他出生时奇丑无比,他爹认为不太吉利,就想把他扔到井里淹死。多亏祖母心疼孙子,这才保住了钱镠的小命。丑娃钱镠长大以后,他不务正业,每天最爱耍枪弄棒,尤其擅长射箭。凭着人高马大、身强体壮,还有一身的好武艺,他干脆做起了贩卖私盐的"违法生意"。

到了唐乾符二年(875),二十四岁的钱镠听说临安的石镜镇守将董昌正在招兵买马。相比贩卖私盐,他觉得打架更符合自己的兴趣特点,于是毅然投军就成了一名新兵蛋子。随后,钱镠跟着董昌四处征战,由于他武艺出众,而且打仗不要命,很快就成了董昌手下的一员虎将。

当时正是唐朝末年，天下大乱，但凡有点实力的武人都在拼命抢粮、抢钱、抢地盘儿，董昌也一样。而钱镠跟着董昌转战浙东、浙西，渐渐地，也有了一定的实力。唐光启二年（886），靠着钱镠的浴血拼杀，董昌占据了浙东，他自称"知浙东军府事"，相当于自封了个浙东军区总司令，并移镇越州（今浙江省绍兴市）。作为回报，他把杭州交给了钱镠。次年，唐廷正式任命董昌为越州观察使，封钱镠为左卫大将军、兼杭州刺史。

随着打下的地盘儿越来越大，董昌的野心也渐渐膨胀。到了唐乾宁二年（895），董昌竟然在越州自立为帝，建立大越罗平国。这个时候，钱镠认为老板董昌有点玩过头了，他不愿追随，从此两人分道扬镳。而唐廷趁两人分裂之际，封钱镠做浙江东道招讨使、彭城郡王，让他带兵讨伐董昌。经过一年多的征战，钱镠打败了昔日的老板董昌，并趁机拥兵两浙，成了割据一方的大军阀。

此后，钱镠基本停止了对外征伐，实行保境安民的政策，对唐廷也表现得非常恭顺。于是在唐天复二年（902），唐廷进封钱镠为越王。到了公元907年，朱温篡唐称帝，建立后梁，他下诏封钱镠为吴越王，由此"吴越国"正式挂牌。而钱镠，也从一个私盐贩子华丽转身为吴越国的开国君主。

与当时其他的割据势力不同，钱镠很有民本思想。他常说："民为贵，社稷次之，免动干戈即所以爱民也。"为了避免战火，钱镠始终奉中原王朝为正朔，他绝不称帝。不仅自己不称帝，还反对子孙称帝。因此，吴越国从钱镠开始祖孙三代，一共五位国王，每一位国君都不好战。他们悉心治理吴越，着力发展经济。相比当时中原纷争，百姓流离失所，吴越国却社会安定，一派欣欣向荣的景象。

尤为让人称道的是，做了国王的钱镠，即便身边美女如云，他却始终深爱自己的发妻戴氏，不离不弃。有一年，戴氏回娘家住的时间有些久了，这让钱镠十分想念。一天，钱镠来到西湖，但见两岸鸟啭莺啼、花红柳绿，他想到与发妻戴氏已是多日不见，于是回到宫中提笔写下一封书信送往临安。戴氏收到信后感动得泪流满面,信中只有九个字:"陌上花开,可缓缓归矣。"

寥寥九个字,寄托着对发妻的无尽思念。"心有猛虎,细嗅蔷薇",这钱镠虽是一介武夫,可对自己的糟糠之妻,却有着道不尽的温柔。

不仅如此,钱镠治家也十分严谨,他制定的治家"十训",代代相传,一直激励着钱氏后人。比如其中有:"第二,凡中国之君,虽易异姓,宜善事之。第三,要度德量力而识时务,如遇真主,宜速归附。"因此到公元978年的五月,吴越国最后一位国王,也就是钱镠的孙子钱俶(chù),他遵循钱镠的遗训,以天下苍生为己念,毅然"纳土归宋",成就了一段顾全大局、华夏一统的历史佳话。

千年名门望族,两浙第一世家

自五代时期吴越国主钱镠立国以来,钱氏后人秉承祖训,延续家风,造就了吴越钱氏一族世代兴盛的传奇。及至近代,更是人才兴旺,像钱穆、钱钟书、钱学森、钱三强、钱伟长、钱其琛等名人都出自钱氏一族,以至于吴越钱氏家族被公认为"千年名门望族,两浙第一世家"。

相比钱镠在那个乱世之中创建了世外桃源般的吴越国,当时割据两广、海南一带的南汉政权简直就是地狱般的存在。其实早在钱镠还在江浙一带打天下、草莽创业的时候,远在广东的封州(今广东省封开县)刺史刘谦就已经拥兵过万,战舰百余艘了。刘谦有三个儿子,长子刘隐,次子刘台,三子刘龑(yǎn)。唐乾宁元年(894),刘谦去世,随后他的长子刘隐接任了封州刺史之位。刘隐这个人很精明,没几年,他就从一介刺史混到了一方节度使,独占岭南之地,俨然一方的诸侯。

此后,朱温篡唐,建立后梁,刘隐又因为拥戴朱温有功,被朱温册封为大彭郡王。到了公元909年四月，随着刘隐逐步占据岭南，朱温又加封刘隐为南平王。此后，刘隐、刘䶮兄弟俩表面上奉后梁为正朔，暗地里却四处征伐，开疆拓土。只可惜刘隐的身体不好，年仅三十八岁就因病去世了。刘隐死的时候，他的儿子们年龄都太小，所以就把爵位传给了弟弟刘䶮。

袭了爵位的刘䶮并不满足于只做个南平王，公元917年，他索性在广州称帝了。当时他改广州为兴王府，国号"越"。次年十一月，他又把国号改为"汉"，这就是十国之一的南汉政权。

称帝之初，刘䶮也曾励精图治，他接纳士人、开科取士，又开疆拓土、睦邻友好。因此岭南这片人烟荒芜的烟瘴之地，竟然被他治理得还颇像那么回事儿。但很可惜，没多久刘䶮就患上了"骄奢淫逸症"，而且还放弃了"治疗"。随后，他开始将有限的生命，投入到无限的享乐中来。

骄奢淫逸、贪图享乐也就罢了，奇葩的是，他的爱好有点与众不同，近乎变态。他喜欢发明酷刑，最爱看别人被痛苦折磨的样子。就算是商纣王的虿（chài）盆和炮烙，和刘䶮的酷刑一比，那简直是小巫见大巫。而且刘䶮还是个重口味、变态狂，他不但设计了残酷的刑罚，关键是每次行刑的时候他都要亲自观摩，还看得口水直流，就如同享受美食一般。就这一点，说他是暴君，一点都不为过。

刘䶮虽然残暴，治国还算有点本事，然而他的子孙却一个不如一个。但若论荒淫残暴，却个顶个是青出于蓝而胜于蓝。公元942年，刘䶮去世，时年五十四岁，之后他的儿子刘玢（bīn）即位。刘玢即位后，对国政根本无心过问，每天就是喝酒作乐。结果不到一年，刘玢就为自己的弟弟刘晟所杀，之后刘晟登基，成了南汉的第三位皇帝。相比他哥刘玢，刘晟更加荒淫残暴，他统治的时期，南汉朝野昏暗，黎民困苦不堪。到了他的儿子刘鋹（chǎng）即位的时候，荒淫残暴可谓集祖宗之大成。他诛兄杀弟、滥施酷刑、大建宫室、横征暴敛。而且他尤为宠信宦官，他认为宦官没有家室，所以只会忠心自己。当时在南汉要想当官，必先自宫，以至于小小一个南汉地方割据势力，宦官竟然多达两万人。当时的南汉朝堂除了宦官，就是女官。刘鋹为了满足自己的私欲，还任意横征暴敛。如此情况下，百姓怨声载道，将士无心征战。公元971年，宋太祖赵匡胤派大将潘美攻伐南汉，没多久，刘鋹投降，南汉灭亡。

说起来，南汉已经够奇葩了，但十国里还有更奇葩的，它就是史上堪称最无赖的政权——南平。话说公元907年，朱温篡唐，他派自己的干孙子高季兴担任荆南节度使。到了公元923年，李存勖的后唐取代了朱温建立的后梁。高季兴又屁颠屁颠儿地跑去洛阳给后唐皇帝李存勖献贺表，表达自己的忠心，结果差点被李存勖扣留在洛阳。高季兴返回荆州后，修缮城墙，储备物资，又招纳后梁的散兵游勇，准备应对后唐的攻伐。此外，他继续对后唐表达自己的忠心，以麻痹后唐，这让后唐庄宗李存勖一时也没有要收拾他的意思。公元924年，李存勖把高季兴封为南平王。打这儿开始，十国之一的南平政权正式诞生。

说起来，南平虽是一方诸侯，但地盘儿是十国中最小的，只有三州之地，就是荆州（今湖北省江陵县）、归州（今湖北省秭归县）和峡州（今湖北省宜昌市）。地盘儿小，人口少，能收的税就少。这一年到头的，兜比脸都干净。咋办呢？高季兴思来想去，他"山人自有妙计"，终于想到了一个"绝佳"的敛财方式——抢劫。

当时，高季兴管辖的区域正好是江南各国朝贡中原王朝的必经之路，所谓"此山是我开，此树是我栽，要想从此过，留下买路财"，高季兴占据地利，就干起了截胡的勾当。说白了，就是"官方"强盗。遇到势力小的，抢了就抢了。遇到势力大的，先抢了再说，要是对方找上门来，高季兴就认怂，将抢来的东西物归原主不说，还外加一份言辞恳切的悔过书。但等事儿一过去，他依然我行我素，照抢不误，权当自己说的话就是个屁。碰上这么个无赖，江南各国也属实是毫无办法。

公元929年腊月，高季兴去世，终年七十一岁，随后他的长子高从诲即位。高从诲相比其父，可谓子承父业，他除了继续执行"抢劫"的敛财之策，对外更加厚颜无耻。对于中原王朝，谁上台他就臣服于谁；对于周边的割据势力，谁强他就抱谁的大腿，总之是谁也不得罪。就这样，南平在他的带领下度过了二十年的安稳时光。公元948年，高从诲病逝，此后南平的三任国主高保融、高保勖、高继冲也都没有什么大的作为。

公元963年，宋军降服南平，高继冲归降。自此，南平灭亡。

五代十国之闽国、南楚、北汉

在福建省福州市的庆城路至今留有一座先贤祠堂,它是福建、台湾乃至海内外王氏宗亲寻根谒祖的圣地,叫闽王祠。唐朝末年,河南固始人王审知等人率领义军进入闽地,建立了五代十国中的闽国,闽王祠据说就是当年闽国开国之主王审知的故居,而王审知也被尊为"开闽圣王""八闽人祖"。

唐懿宗咸通三年(862),王审知出生于河南固始。他本是秦代名将王翦的后代,响当当的琅琊王氏。后来他的五代祖王晔来河南固始做县令,之后就世代居住在固始。到王审知这一辈儿的时候,他们家有兄弟三人,大哥王潮、二哥王审邽(guī)和他自己。当时,大哥王潮在县衙里担任佐史;二哥王审邽喜儒术;而王审知喜爱读书,打小儿就很有抱负。由于王氏三兄弟都很有本事,因此被乡里称为"三龙"。

唐乾符二年(875),黄巢起义爆发,天下烽烟四起。到了唐中和元年(881)的秋天,安徽寿州(今安徽省淮南市)有个叫王绪的杀猪匠趁乱起兵,一路打到了河南。中和五年(885),王绪攻陷了固始。他听说王审知兄弟三人勇猛有才,于是就强行给这哥仁在队伍里安排了"编制"。当时那个乱世,今天你打我,明天我打你。很快,蔡州节度使秦宗权就攻打王绪率领的农民军,结果王绪被打败,农民军被迫渡江南下,转战今天的皖、赣、闽等地。

在转战闽地的过程中,农民军接连攻陷了汀州、漳州,部队也扩充到了好几万人。当时王审知才二十五岁,他们兄弟三人在转战期间立下了很多战功,因此深得军心。但主帅王绪为人多疑,凡是能力比较强的部将，都被他找借口杀掉，这让王审知的大哥王潮非常恐惧。不得已，王氏兄弟发动兵变，将主帅王绪囚禁，后来王绪自杀而死。

王绪死后，农民军拥戴王审知的大哥王潮为首领。随后王氏兄弟同心协力、整顿队伍。尤其是王审知，他与士兵同甘共苦，很受将士们的拥护。史料记载，士兵没有吃饭，他绝不先吃；士兵没有喝水，他绝不动杯子。由此，本来军纪涣散的农民军，在王氏兄弟的带领下，成了一支很有战斗力的队伍。不仅如此，王氏兄弟还特别注意搞好军民关系，他们的军队所过州县，都秋毫无犯。这让王氏兄弟进入福建不久，就得到了当地人民的拥戴。

唐光启二年（886）八月，王氏兄弟攻下了泉州城，当时无力对抗农民军的福建观察使陈岩只能承认既成事实，不得已上疏请求唐廷任命王潮为泉州刺史，王审知为将军。到了唐乾宁年间，唐昭宗任命王潮为福建观察使，王审知为副使，此时王氏兄弟已经占有了福建全境。

唐乾宁四年（898）腊月十三日，王潮因病去世。考虑到自己的儿子们都还年幼，临终前，他将职位传给了弟弟王审知。其时，王氏兄弟进入闽地之前，福建经过连年的战乱，原住人口不过只有几万户，可谓地广人稀、民生凋敝。等王氏兄弟入闽后，他们带动了大量人口迁居到闽地，光是从河南固始和安徽寿县迁过来的移民就多达数万人。其中有十八个主要的姓氏，比如李、王、陈、张、吴、蔡、杨、郑、谢、郭、曹、周、廖、庄、苏、何、高、詹等，因此又有"开闽十八姓"之说。由于王氏兄弟为闽地的发展作出了很大的贡献，他们被后人尊为"开闽三王"，而王审知更被尊为是"开闽圣王""八闽人祖"。

随后，在闽地站稳脚跟的王审知并未骄傲自满，他深知闽地历经战火，需要休养生息。因此他极少开战，而是积极发展闽地的农业和经济。为了避免战火烧到闽地，他屡次拒绝部下劝他称帝的请求，始终奉中原王朝为正朔。朱温篡唐建立后梁，王审知向后梁称臣纳贡，就是为了避免战火燃及闽地。后梁皇帝朱温对王审知的称臣非常满意，公元909年，他册封王审知为闽王。由此，五代十国时期十国之一的闽国正式建立，王审知也成为闽国的开国君王。

王审知这个人很简朴，做了闽王后依然如此。他的丝绸裤子破了，就用麻布补上接着穿。臣下们觉得有点寒碜，可王审知却自以为乐。而且他天性温厚，很得闽地的人心，就连当时许多中原名士也纷纷前来投奔他，比如唐朝学士韩偓、王淡、杨沂、徐寅等人。除此而外，王审知也特别注重教育，当时他建立了很多学校，用来教育闽地那些优秀的读书人。而且王审知还积极发展海外贸易，招揽海外商贾。在他的治理下，闽国和当时的吴越国一样，社会安定，经济繁荣。

公元925年，六十四岁的王审知去世。随着他的离世，这片让他守护了半辈子的闽地，没几年就被他的儿孙们祸祸得满目疮痍。他的子孙不断同室操戈，发生惨烈的内讧。历经几次血腥的宫廷政变之后，公元933年，王审知的次子王延钧自立为帝，年号龙启。然而帝王的紫气，并没能护佑迭遭变故的闽国。王延钧称帝两年后，就被儿子王继鹏弑杀。几年后，王继鹏又被堂兄王继业杀掉。随后，王继业拥立王审知的少子王延羲即位。

王延羲继位后，他荒淫奢侈，猜忌宗族，残害大臣，结果被禁军将领朱文进、连重遇刺杀。随后，朱文进自称闽主，并把王氏宗族五十多人全部处死。由此，王氏建立的闽国一度换了姓氏，然而一年后朱文进又被一个叫林仁翰的部下刺杀而亡，随后众人又拥立王审知的十三子王延政成为闽国新君，闽国终又回到王氏的手中。然而，经过这几番内讧和折腾，闽国人心离散，国力大为削弱，早已奄奄一息。

公元945年，南唐大军入侵闽国，闽国随后灭亡，唯留下福州闽王祠里的香火还在岁岁延续。

河南固始人王审知建立的闽国灭亡了，没过几年，他的一个老乡，河南许昌人马殷建立的南楚政权也随之而去。与王审知的祖上是秦朝大将王翦一样南楚的马殷也自称他的祖上是一代名将，就是汉伏波将军马援。但到了他这一辈儿的时候，他家已经家徒四壁了。

唐宣宗大中六年（852），马殷出生于河南许昌。成年后的马殷学了一门手艺，做了个小木匠。但是唐朝末年，兵荒马乱的，饭都吃不饱，谁还定做家具呢！于是马殷刚刚出徒，还没上岗就直接失了业。失业后的马殷要吃饭啊，咋办呢？他想到了投军。公元884年，马殷参加了河南蔡州大军阀秦宗权的军队。他很快就爱上了打仗，就像当初爱上木匠活儿一样，只要上了战场，马殷就像打了鸡血一般拼命，搞得其他人不拼命都不好意思月底去领工分。靠着一不怕死、二还是不怕死的精神，马殷很快得到了上司孙儒的赏识，被提拔为偏将。随后，马殷跟着孙儒四处征战，渐渐有了自己的一拨人马，实力也在不断蓄积。

唐僖宗光启三年（887），马殷跟着他的上司孙儒脱离了大军阀秦宗权的队伍，开始独立发展。到了唐昭宗景福元年（892），孙儒在和南吴杨行密战斗的过程中失败被杀，随后马殷和其他的两个兄弟张佶、刘建锋收拢了七千多人的残部，开始了南下转战的征程。此后历经数年，到了唐乾宁三年（896），马殷、张佶、刘建锋他们哥儿仨已经控制了湖南的一片区域，兵力也达到了十余万人。当时，刘建锋是他们哥儿仨中的老大，而马殷对刘建锋也非常忠诚，没有任何野心。结果刘建锋胸无大志，常常酗酒为乐，还跟手下的校卫陈赡的妻子厮混在了一起。陈赡知道以后，怒发冲冠，闯进帅府，一锤子就砸死了刘建锋。刘建锋死后，马殷被部众推举为新的首领。

到了唐昭宗光化二年（899），马殷已经占据了湖南全境。次年，马殷又派军队攻下了广西境内的桂州、宜州、岩州、象州、柳州等地。这个时候，他已经拥兵十余万，下辖湖南全境和广西部分地区。公元907年，朱温篡唐建立后梁。此时远在湖南的马殷立即派人向朱温朝贺，并承认后梁的正统性。作为回报，后梁皇帝朱温封马殷为楚王。自此，十国之一的南楚国，也称"马楚"，开启了它近半个世纪的藩国生涯。

此后马殷终其一生，老实本分，没有称帝。他始终奉中原的五代为正统，并俯首称臣。到了公元930年，七十九岁高龄的马殷因病去世。

此后南楚逐渐出现混乱，甚至兄弟相残，内乱不已。公元951年，南唐趁南楚内乱之际，派兵将其消灭，南楚宣告灭亡。

众驹争槽

五代十国的南楚国后期，楚王马殷死后，朝中连续发生内乱，几个儿子为争夺王位而爆发了一系列宫廷喋血，史称"众驹争槽"。马殷有五子，临终时遗命"兄弟继位"。因此，自前两个儿子马希声、马希范先后登基去世后，朝臣为立新君争执不已，最终立老四马希广继位。结果身为朗州节度使的老三马希萼不满，引领洞溪蛮兵攻破城池，将哥哥马希广缢杀，并纵兵抢掠。马希萼继位后，老五马希崇又不让，联络党羽，最终囚禁马希萼，自立为王。不料，押运囚车的将官竟在途中拥立马希萼为衡山王。当时，湖南两王并立，互相攻杀，于是双双求救于南唐国，结果引狼入室，南唐派兵进入湖南，不久就灭了南楚。

实际上，五代十国中的十国大都分布在南方，除了唯一的一个北方政权——北汉。它也是十国之中最后一个被灭亡的国家。

北汉的创建者叫刘崇，说起来，他还出身皇族。因为他有个哥哥，就是建立了五代中第四个中原王朝后汉的开国皇帝——刘知远。公元947年，刘知远建立后汉，他把自己的弟弟刘崇派到太原，封刘崇为河东节度使。从此，刘崇就有了自己的地盘。谁料想，仅仅一年后，刘知远就病死了，年仅十七岁的太子刘承祐即位。刘承祐即位不到两年，又被手下的部将郭威杀了。公元951年，郭威取代刘知远创立的后汉，建立了五代的最后一代——后周。

眼看自家的江山被姓郭的给抢走了，刘崇不服气啊！于是就在后周建立的同一年，他干脆就在自己的地盘——太原称帝，并沿用哥哥刘知远建立的国号"汉"，史称"北汉"。但北汉作为一个地方割据势力，仅有十州之地，实力太弱，根本不是后周的对手。连刘崇自己也说，他是不忍心让他哥刘知远建立的后汉基业沦丧，不得已才称帝的。但这么小的地盘，又能算什么天子呢？

　　于是，刘崇就向北方契丹人建立的辽国求助，并和辽国约为"叔侄之国"。就这样，在辽国的保护下，北汉苟存了二十九年。公元979年，宋太宗赵光义率军亲征北汉，同年，十国中的最后一个割据政权——北汉灭亡。

　　至此，五代十国这段历史终于落下了帷幕。我们在这段历史中看到的是乱世烽烟、群雄逐鹿；看到的是战场风云、喋血征程。然而，我们看不到的，是这一场场的乱战让多少母亲失去了儿子，让多少女人失去了丈夫，多少孩子失去了父母。乱世之中，人命不如草芥，伦理被践踏在脚底。烽烟末世，生存都是奢望，又遑论尊严和荣耀。于是易子相食、杀人如蚁成为常态；骨肉相残、强权霸道成为至理。可以说，五代十国就是中国历史的至暗时刻。

对峙时代
两宋与辽夏金元

北宋之统一与缔盟

五代十国那段历史如滚滚长江被阻在峡江的转弯处,于是乱石穿空,惊涛碎雪,卷起千重浪。而随着宋朝的建立,历史长河终于冲出幽暗激荡的峡湾,一水东流,铺展出"江流天地外,山色有无中"的绝美图画。这是中国王朝史的高光时刻,公元960年建立的大宋王朝,无论是政治、经济还是文化都达到了一个空前绝后的程度。它上承五代十国的烽烟乱世,下启疆域广阔的元帝国,前后历经十八位皇帝,国祚三百二十年。历史学家陈寅恪说:"华夏民族之文化,历数千载之演进,造极于赵宋之世。"

然而,这个在中国历史上唯一没有灭亡于内乱的王朝,却因外族入侵而两度倾覆,还被分成了北宋和南宋。提到北宋,我们就会想到"靖康之耻",恨不能"壮志饥餐胡虏肉,笑谈渴饮匈奴血"。提到南宋,就恨它的偏安一隅,不敢北望。以至于说起宋朝,往往会有两种截然不同的态度,要么是"怒发冲冠",哀其不幸,怒其不争;要么是"心驰神往",慕其文化之绝代,爱其经济之繁荣。那么,宋朝究竟是怎样的一个朝代呢?

公元960年正月,后周内部爆发了"陈桥兵变",掌握军队的赵匡胤黄袍加身,被拥立为帝,并改国号为"宋"。由此,五代的最后一个王朝——后周灭亡,宋朝建立。赵匡胤就是宋朝的开国皇帝——宋太祖。然而,宋朝建立不满百日,原后周的两名重臣就相继叛乱。两场叛乱虽然很快都被平息,但赵匡胤却因此而食不甘味,寝不安席。因为自唐朝末年开始,王朝更迭快如走马,武将作乱频频不止。该如何加强中央的权力，结束武人专权的局面？如何让新生的宋朝不至于成为又一个短命的王朝呢？

赵匡胤听取了大臣赵普的建议，对重要武将要"削夺其权，制其钱谷，收其精兵"。于是他"杯酒释兵权"，迫使手握重兵的大将交出了自己的权力。随后，宋太祖选择了一些资历浅、容易控制的人担任禁军将领，将中央禁军牢牢掌控在自己的手里，由此防止了再次发生兵变的可能。

杯酒释兵权

建隆二年（961）七月初九日的夜晚，宋太祖与石守信等禁军高级将领一起宴饮，席中说自己整宿不能安眠。石守信等人忙问缘由，宋太祖说："我担心你们的部下造反，再次上演陈桥兵变的事情。"宋太祖接着说，你们可以放弃兵权到地方去，如此，君臣无猜，两不相疑。于是第二天清早，石守信等人上表请求解除兵权。宋太祖"恩准"，下令罢去他们的禁军职务，到地方去任节度使，并将禁军的权力分而为三，分别是殿前都指挥司、侍卫马军都指挥司和侍卫步军都指挥司，即所谓三衙统领。

解除了内部的威胁，宋太祖开始考虑天下的统一。当时宋朝的疆域只有黄河中下游以及淮河流域的部分地区，其他地方都还掌握在后蜀、南汉、南唐、吴越、北汉等割据势力的手里。为了一统天下，赵匡胤听从赵普的建议，制定了"先南后北、先易后难"的战略方针。

从乾德元年（963）开始，宋军先后消灭荆南、湖南。

乾德三年（965），消灭后蜀。

开宝四年（971），征服南汉。

开宝八年（975），攻灭南唐，平定江南。

宋太祖赵匡胤用十三年的时间，基本结束了五代十国的分裂局面，实现了国家的初步统一。

开宝九年（976）十月十九日的夜晚，东京汴梁大雪纷飞。这一晚，宋太祖的心情很好，他请弟弟赵光义进宫陪他一起喝酒。次日清晨，宋太祖被发现死于万岁殿中，享年五十岁。

烛影斧声

"烛影斧声"是中国历史上关于赵匡胤之死的一桩千古谜案。相传，宋开宝九年十月壬子夜，太祖赵匡胤患病，召弟弟晋王赵光义进宫议事，还支开了服侍左右的太监宫女。有人看见殿内烛影摇动，好像是赵光义离座退避，过了一会，又听到玉斧戳雪的声音。当夜，宋太祖驾崩于宫内万岁殿中。第二天，赵光义于太祖柩前即皇帝位。

宋太祖赵匡胤去世的第二天，他的弟弟赵光义就在柩前即位，是为宋太宗。宋太宗上台后，他继续执行宋太祖削弱武人权力的既定政策，就是贬抑武将地位，限制武人参政，建立一个由士大夫来管理国家的政治体系，并要求全国的地方长官一律使用文臣，自此，宋朝"文治帝国"的局面基本形成。

但此时，国家尚未完全统一。到了太平兴国三年（978），闽南军阀陈洪进和吴越王钱俶相继纳土称臣。一年之后，宋太宗亲征北汉，消灭了五代十国中最后一个割据政权。至此，除幽云十六州外，唐末以来的分裂局面基本终结。

然而，就在灭掉北汉之际，宋太宗轻率决定继续北伐，他亲率大军向北方的辽国大举进兵。谁承想，由于师老兵疲，加上部署失当，宋军最终在幽州城西的高粱河遭遇惨败，连宋太宗本人也中箭受伤，宋军仓皇南逃。而辽军则乘胜追击，大获全胜。高粱河之战后，尝到甜头的辽军开始屡犯宋朝边境，但当时双方互有胜负，谁也没有取得太大的进展。

到了北宋太平兴国七年（982）九月，辽景宗耶律贤去世。随后，他十二岁的儿子耶律隆绪即位，就是辽圣宗。由于辽圣宗年幼，当时辽国的大权都掌握在其母萧太后的手中。宋太宗得知辽国皇帝年幼，又是女主临朝，认为这正是夺回幽云十六州的好机会，于是谋划再度起兵攻辽。

经过数年的准备，在雍熙三年（986）的春天，宋军兵分三路向北进发，开启了历史上著名的"雍熙北伐"。起初，三路大军进展都很顺利，捷报频传。然而不久，形势就发生了逆转。首先是东路军轻敌冒进，又急于争功，被辽军主帅耶律休哥诱敌深入，一举击败。东路军惨败后，宋太宗急令各军后撤。而西路军在后撤之际又接到太宗命令，要他们掩护云、朔、寰、应四州边民迁入内地。此时辽军迅速集结，正寻找战机以求歼灭西路宋军主力。在这种情况下，西路军副将杨业主张暂避锋芒，以偏师出寰州以东，配合云、朔守将，安全撤离两州军民。然而这个建议却遭到监军王侁和刘文裕的反对，他们坚持要杨业率军正面迎击寰州之敌，而主帅潘美竟也默认了他们的错误主张。

杨业无奈，只得出战，临行前与潘美等人约定，请他们在陈家谷布阵接应。杨业出战不久便遭到辽军的重兵伏击，他且战且退，等转战到陈家谷时，却发现潘美、王侁等人早已率军退走了。悲愤交加之下，杨业率领部下与辽军拼死力战，最终全军覆没。杨业本人受伤被擒后，绝食而死。此后守卫云、朔等地的宋军将领纷纷弃城溃逃。

最终，轰轰烈烈的雍熙北伐以惨败收场，宋军也因此大伤元气。此战后，宋太宗再也不提收复幽燕之事，而辽国则趁胜利之威，屡屡兴兵侵扰宋朝的边境，渐渐掌握了辽、宋战场的主动权。

宋至道三年（997），宋太宗赵光义去世，太子赵恒即位，就是宋真宗。宋真宗即位两年之后，辽军大举入侵河北。当年腊月初五，面对辽军的入侵，宋真宗决定御驾亲征，当时他身披铠甲，从东京汴梁一路率军开拔至大名府（今河北省大名县）。然而此次辽军来犯，只做试探性的进攻，眼见宋真宗御驾亲征，士气旺盛，辽军避开锋芒，于次年撤军。

而宋真宗自以为御驾亲征大功告成，得意地写了两首《喜捷诗》，随后班师回朝。此后，辽国对宋朝又进行了两次试探性的战略进攻。到了景德元年（1004）的八月，辽圣宗母子亲自率军，再次大举南侵。这一次，辽军一路越过宋军坚守的许多州县，兵锋直插北宋腹地。仅仅三个月后，辽军就兵临黄河北岸的重镇澶州。

澶州又名澶渊，距离北宋都城汴梁不过一百公里。见辽军竟然打到国门附近，宋廷上下一片恐慌，主和、主战争论不休。最终，宰相寇准力排众议，坚持请求真宗皇帝即刻御驾亲征，以鼓舞军气、击退辽军。于是在当年的十一月二十日，宋真宗再次御驾亲征。出发之前，参知政事王旦问："十日不胜，何以处之？"宋真宗沉默良久说："立太子。"

五天之后，宋真宗率领满朝文武到达了澶州的南城。但当时他又心生怯懦，不敢越过黄河，于是寇准与大将高琼力促真宗渡河，并命令士兵把皇帝的车驾驶向澶州北城。当宋真宗的车驾来到澶州北城的门楼时，远近的士兵看见是皇帝的黄罗伞盖，一时间士气大振，欢呼跳跃，欢呼声传到了几十里外。

其实就在宋真宗到达澶州的前一天，辽军主帅萧挞（tà）凛被宋军的强弩射中额头，并于当晚伤重而死，这一意外，使辽军的士气大为受挫。当时辽国萧太后已经意识到，想要打败宋军已经不可能了。此次辽军南下，战线拉得过长，且孤军深入，沿途州县大多仍被宋军控制，辽军随时有可能被宋军截断后路，何况主帅萧挞凛还阵亡了。于是在这种情况下，萧太后决定与宋朝议和，以摆脱危险尴尬的境地。

而宋真宗也明白，虽然宋军在战场上略占优势，但当前宋军想要消灭辽国，显然还没有这个实力。因此，当萧太后派人递交国书，希望恢复双方的友好关系时，宋真宗欣然应允。随后，宋、辽双方签订盟约，这就是历史上著名的"澶渊之盟"。澶渊之盟的主要内容是：宋朝每年给辽国绢二十万匹和银十万两，并于双方边境设置榷场，开展互市贸易。

今天有人说澶渊之盟就是一个屈辱的城下之盟，让宋朝丧尽了颜面。实际上，澶渊之盟基本上是一个平等的盟约，对双方而言都是划算的。从经济角度来说，每年给辽国的岁币对北宋并不构成沉重的负担，而且双方在边境设置榷场以后，北宋还能从互市贸易中赚取大量的盈余，而辽国方面也可以获得必需的物品。最重要的，澶渊之盟的签订，使宋、辽两国获得了持久的和平。

此后，宋、辽两国在长达一百二十年的时间里和平往来，以至于"戴白之人，不识干戈"。不仅如此，随着和平的到来，宋、辽两国每次遇到新年节日和重大事情，双方都会遣使互往，保持了较为密切和友好的关系。比如，宋真宗逝世后，辽圣宗"闻真宗崩，集蕃汉大臣，举哀号恸"。

然而事物总有两面性，澶渊之盟虽然为宋、辽双方带来了积极的作用，但也带来了消极的影响。它使得宋朝君臣从此忘战去兵，羞言武备，奢谈太平，这为后来宋朝军事的孱弱埋下了伏笔。

澶渊之盟后，雍熙北伐中战死沙场的杨业之子杨延昭又驻守边关近十年，他维护着边境的安全与和平，契丹人还将其称为"南六斗星"，尊称为"杨六郎"。及至后来，人们又加入了杨门女将的故事。历史创造了英雄，而英雄的故事却在历史与传奇中散发出熠熠光辉。

北宋之文治与亡国

宋、辽两国签订澶渊之盟十七年后，即北宋乾兴元年（1022）二月十九日，宋真宗驾崩于东京汴梁延庆殿，享年五十五岁。当时年仅十三岁的赵祯即皇帝位，就是后来被称为"百事不会，只会做官家"的宋仁宗。考虑到赵祯年幼，宋真宗临死前，遗诏皇太后刘娥辅佐小皇帝，由此开启了北宋"女主临朝"的一段历史。

说起刘娥，她的人生经历非常精彩。刘娥是四川人，本来是官宦人家的子女。她的父亲刘通是宋太祖时的虎捷都指挥使、领嘉州刺史。但她出生不久，父母就双双离世，于是尚在襁褓中的刘娥就成了孤女，被寄养在母亲庞氏的娘家。刘娥长大之后，做了一名歌女，她不但歌声婉转动听，还善于播鼗（táo，"鼗"是一种类似拨浪鼓的乐器）。到了十四岁那年，刘娥嫁给了四川一个叫龚美的小银匠。为了生计，小两口成婚不久就离开四川，来到繁华的京都汴梁讨生活。

到了汴梁后，龚美在街边打造银器，刘娥则在街头卖唱，日子倒也无忧无虑。由于龚美的手艺不错，很多达官显贵都找他做银器，就认识了一些有脸面的朋友，其中就有襄王赵恒的心腹张耆。当时襄王赵恒与豆蔻年华的刘娥同岁，正是情窦萌发的年纪。他听说四川美女多，于是就让心腹张耆去给他物色几个四川女子。张耆（qí）奉了襄王之命，四下寻觅。结果他发现小银匠龚美的老婆刘娥长得姿容艳丽，于是就怂恿龚美把刘娥献给襄王赵恒。一开始，龚美也舍不得刘娥这个美娇妻，但想到若能攀上襄王这棵大树，自己的荣华富贵就有了着落！再说，这襄王府看中的女子，他哪敢违逆！于是龚美心一横，就把自己的小媳妇刘娥送到了襄王赵恒的府上。当时，张耆让龚美对外声称自己和刘娥只是表兄妹的关系。

且说刘娥进了襄王府，赵恒对她非常喜爱，恨不得天天和她腻在一起。结果这事儿被宋太宗知道了。太宗听说自己的儿子赵恒和一个来历不明的民间女子厮混，不禁勃然大怒，命令赵恒把这个"狐媚子"赶紧送走。赵恒不敢违抗父皇之命，又舍不得刘娥，于是就把刘娥秘密安置在心腹张耆的家里。到了至道三年（997），宋太宗驾崩，太子赵恒即位，就是宋真宗。宋真宗即位后，又将刘娥接进了宫中，但当时他已经有了郭皇后和一众妃嫔，刘娥并没有什么名分。一直到了宋真宗景德元年（1004）正月，刘娥才被封为四品美人。由于刘娥是孤儿，没有亲人，所以她就让前夫龚美改姓刘，龚美此后就叫刘美。而刘娥也把刘美看作亲哥一般，当作自己的骨肉至亲。

就这样，刘娥在宫中一步步熬到了修仪、德妃，一晃十多年过去了，她却一直没能为真宗皇帝生下个一儿半女。在此期间，郭皇后去世了，真宗皇帝本想立刘娥为皇后，奈何寇准等重臣认为"刘娥出身微贱，不可以为一国之母"，再加上刘娥没有生养儿子，因此坚决反对立刘娥为后。无奈之下，到了大中祥符三年（1010），刘娥让自己的侍女李氏给宋真宗侍寝，后来为宋真宗生下了皇子赵祯。小皇子赵祯还在襁褓中的时候，刘娥就让真宗皇帝把李氏生的皇子过继给了自己。从此，刘娥便作为赵祯的嫡母，而赵祯也一直以为自己的亲生母亲就是刘娥，并不知道那个生他的亲娘是李氏。两年之后，刘娥被册封为大宋的皇后。至此，昔日那个沦落街头、播鼗卖唱的小歌女，终于"飞上枝头变凤凰"，成了尊贵无比的一国之母。

后世流传很多关于刘娥的故事，最有名的当属"狸猫换太子"。实际上，刘娥并没有迫害赵祯的生母李氏，也没有用一个剥了皮的狸猫去换下李氏所生的赵祯。相反，他对赵祯视若己出，对赵祯的生母李氏也不算太薄，在李氏死后，她还命人厚葬了李氏。回过头来说，宋真宗对这位出身卑微的歌女刘娥，那绝对是真爱。他生前对刘娥宠爱有加，还让她做了皇后。临死之前,他又遗命赵祯"尊皇后为皇太后,军国大事权取皇太后处置"。能让皇帝把自己爱到这个分子上的,历史上能有几个?

乾兴元年(1022),宋真宗驾崩,十三岁的赵祯即位,就是宋仁宗。当时,国政实际上都掌握在皇太后刘娥的手里。宋仁宗即位的当年六月,刘娥罢免权相丁谓,将他抄没家产,贬去边远蛮荒的崖州(今海南省三亚市)之地。随后,刘娥开始了长达十二年"临朝称制"的政治生涯。两年之后,她又身穿帝王龙袍,接受宋仁宗和群臣所上尊号:应元崇德仁寿慈圣皇太后。至此,刘娥登上了权力的巅峰。相比于汉朝的吕后残害刘氏宗亲,武则天篡夺了李唐江山,刘娥悉心辅佐宋仁宗,勤勉治国,为后来的"仁宗盛世"打下了坚实的基础。因此后世评价她"有吕武之才,无吕武之恶"。她从一个卑微的歌女,一步步走上大宋帝国的权力之巅,这故事情节,估计就是小说家都不敢写。更有意思的是,她的那位前夫,就是后来改名的刘美,在宋仁宗时期,还做到了武胜军节度使的高位。这大宋女主刘娥的一生,真可谓千古传奇。

明道二年(1033)三月二十九日,刘娥病逝,随后宋仁宗亲政。仁宗皇帝是一位性格仁恕、略微有点软弱的皇帝。在他的治下,宋朝开创了"郁郁乎文哉"的"文治时代"。林语堂说,仁宗朝是中国文人最好的时代,苏轼评价宋仁宗"天容玉色"。单是被誉为"千年进士第一榜"的嘉祐二年(1057)科举,就为大宋选拔了众多的人才,比如唐宋八大家的苏轼、苏辙、曾巩,以及北宋理学家程颢和程颐,还有写下了横渠四句的大儒张载,那一榜可谓人才济济。

仁宗为政宽仁,在位期间形成了"皇帝与士大夫共治天下"的局面。他也曾雄心勃勃,不安于守成。庆历年间,他针对日益严重的土地兼并和"三冗"(冗官、冗兵、冗费)等问题,于庆历三年(1043)起用范仲淹推行"庆历新政"。但由于新政触犯了守旧派的利益,遭到了严重阻挠,后来失败。随着庆历新政的失败,这位意气风发的皇帝在晚年又回归因循守旧的老路,以至于军政日衰,局势积重难返。

庆历新政

庆历新政是发生在宋仁宗庆历年间的改革，由范仲淹主持施行，旨在改变北宋积贫积弱的局面。庆历新政以发展生产，富国强兵为目的；以整顿吏治，解决冗官、冗兵、冗费问题为中心；通过严格考核，使大批无才或贪腐官员被淘汰，一批务实的能吏被提拔到重要岗位。由此，官府行政效能提高，财政等状况有所改善，政局有所起色。然而，新政自庆历三年开始，持续仅三年，范仲淹、韩琦、富弼、欧阳修等人相继被排挤出朝廷，各项改革废止，新政最终以失败告终。

嘉祐八年（1063）三月二十九日，在位长达四十二年的宋仁宗病逝，享年五十四岁。他去世后，"京师罢市巷哭，数日不绝，虽乞丐与小儿，皆焚纸钱哭于大内之前"，就连当时辽国的皇帝都恸哭不已，辽国还将宋仁宗送的御衣"葬为衣冠冢"，岁岁祭奠。《大学》有言"为人君，止于仁"，即为人之君的最高境界就是"仁"。纵观宋仁宗的一生，他无愧于这个"仁"字。

仁宗皇帝病逝后，由于他没有儿子，便由养子赵曙继承了大统，就是宋英宗，但宋英宗登基仅四年就去世了。治平四年（1067），宋英宗的长子赵顼即位，是为宋神宗。

宋神宗即位的时候，宋朝已经积弊日久。当时军队、官府的开支巨大，而且每年还要给辽国、西夏赠送大量的岁币，这使得北宋财政年年亏空。而土地兼并加上苛捐杂税，又使得国内屡屡发生民变。因此他很想改革弊政，以实现自己富国强兵的政治理想。然而，当时满朝文武暮气沉沉、思想僵化、因循守旧，想指望他们来协助自己完成改革大业几乎毫无可能。于是他想起自己曾经读过的王安石《上仁宗皇帝言事书》，对王安石治国理财的思想非常认同。

熙宁元年（1068）四月，王安石受命入京，随即被宋神宗召进宫廷。晤面之后，君臣二人产生了强烈的共鸣，当时宋神宗认定，王安石就是帮助自己实现政治理想的人才。于是在熙宁二年（1069）二月，宋神宗任命王安石为参知政事，全面主持变法事宜，这就是历史上著名的"王安石变法"，又称为"熙宁变法"。

为了支持王安石变法，神宗皇帝把当时反对变法的官员相继贬出京城。可以说，为了支持王安石，神宗皇帝提供了他所能给予的一切。然而，就像历史上所有的变法一样，王安石变法从一开始就遭遇了非常大的阻力。反对派攻击王安石"乱祖宗家法"，与民争利，还攻击王安石实行思想文化专制，这让变法几乎难以为继。

另一方面，王安石在变法的过程中有些急于求成。他试图把长期积累的各种弊端在短时间内一举清除，从而扭转宋朝积贫积弱的局面。由于酝酿准备非常仓促，再加上推行的过程又督责太严、求效过速，新法在施行的过程中严重变形，出现了很大的偏差，招致了很多的诋毁之声。当时，太皇太后、皇太后和神宗皇后都反对王安石变法，甚至连韩琦、司马光、苏辙等忠正之臣都加入到反对新法的行列，这让支持王安石变法的宋神宗也犹疑起来，渐渐开始不重视王安石的意见。

内忧外困之下，到了熙宁九年（1076）春天，王安石因病提出辞职，但未获允准。同年六月，王安石的儿子王雱（pāng）去世了。一连串的失意和打击让王安石心灰意冷，于是他再次提出辞职，神宗皇帝只好同意，从此王安石隐居江宁（今江苏省南京市）。

此后，宋神宗独自走上前台，亲自主持变法。然而失去了王安石的襄助，加上朝野内外反对的声浪过大，神宗皇帝面临巨大的压力。此后北宋又遭遇西夏战事的惨败，这让宋神宗受到严重的打击。这位有着雄心大志的帝王，他希望通过改革富国强兵，再造汉唐盛世，可当理想破灭，他的生命也悄然而逝。元丰八年（1085）三月戊戌日，宋神宗病逝。他的儿子赵煦继位，就是宋哲宗。

宋哲宗在位期间，国势有所起色，然而天不假年，元符三年（1100）

正月初八，年仅二十四岁的宋哲宗匆匆离世。由于哲宗皇帝没有留下子嗣，也没有留下遗诏，在皇太后和大臣们的推举下，神宗皇帝的第十一个儿子——端王赵佶（jí）被拥立为帝，这就是宋朝的第八位皇帝——宋徽宗。

相传宋徽宗赵佶降生之前，其父宋神宗曾观看南唐后主李煜的画像，"见其人物俨雅，再三叹讶"，随后就生下了赵佶，史载"生时梦李主来谒，所以文采风流，过李主百倍"。这种李煜托生的传说当然不足为信，但在宋徽宗的身上，的确能看到李煜的影子。徽宗自幼爱好笔墨、丹青，其书法、绘画更有非凡的造诣。《宋史》说"宋徽宗诸事皆能，独不能为君耳"，他就和当年的南唐后主李煜一样，在艺术圈儿那是扛把子，但治国绝对是妥妥的窝囊废。

宣和二年（1120），很想有一番作为的宋徽宗单方面撕毁与辽国自澶渊之盟时签订的和平约定，转而与金国签订"海上之盟"，准备联金灭辽。

海上之盟

北宋末年，宋廷遣使赴金国，由于双方地理上受辽国的阻隔而无法在陆上接触，因此需要经渤海往来。当时宋朝使者自山东登（今山东省烟台市蓬莱区）、莱（今山东省莱州市）泛海赴金，宋、金双方签订了共同灭辽的军事盟约。双方约定，辽国灭亡后，幽云十六州归宋朝，宋朝将原来给辽朝的岁币转给金朝，史称"海上之盟"。

然而盟约签订之后，几十万宋军面对已经被金军打得大败的辽军，依旧是连吃败仗，宋军的无能被金人看得一清二楚。于是，金人在灭掉辽国后，转头就攻打宋朝。宋徽宗惊慌之下，颁布"罪己诏"，同时传位给当时二十五岁的太子赵桓，就是宋钦宗。可惜在治国御敌方面，宋钦宗的能力跟他爹宋徽宗基本一个水平，不堪一击。此时的宋朝已如惊弓之鸟，徽宗、钦宗父子软弱无能，又昏招迭出，终于酿成了中国历史上"自古亡国之耻辱,未有如赵宋者"的靖康之耻。

靖康元年(1126)闰十一月,金军攻陷了北宋的都城汴梁,俘虏了宋徽宗和宋钦宗。次年三月,徽、钦二帝以及大批朝臣、公主、宫女等数千人,被押送到北方偏远的五国城(今黑龙江省依兰县附近)。至此,北宋灭亡。

南宋之偏安一隅

北宋靖康元年闰十一月，金军攻陷了汴梁，俘获了徽、钦二帝。考虑大军劳师远征，力量有限；加之对中原地区并不熟悉，因此金人深知管理汉地、经营中原还是需要利用汉人。于是金人打算另立一个汉人皇帝来做金国的傀儡。当时宋朝的旧臣都提议立赵氏宗亲，被金太宗一一否决。这种情况下，北宋的宰相张邦昌"不幸"进入了金人的视线。随后，金人"劝进"张邦昌，吓得张邦昌连续四天卧床不起，并开始绝食。随即金人又发来文书，限令三天内张邦昌继位，否则就要屠城汴梁。无奈之下，在靖康二年（1127）的二月，张邦昌被迫登基称帝，国号"大楚"，就是历史上的"伪楚"政权。至此，北宋灭亡。

金人在谈到北宋灭亡时，总会感慨说："辽国灭亡时，殉国者不下数十人，但南朝唯有李侍郎一人而已。"这位李侍郎就是靖康之变中唯一殉国的北宋高官，吏部侍郎李若水。想当初，汴梁城破，李若水和徽、钦二帝被关押在金军大营，金太宗下诏将徽、钦二帝贬为庶人，并强行脱去二帝的龙袍。当时李若水抱着钦宗身体，怒斥金军主帅完颜宗翰。完颜宗翰从未见过如此刚烈忠勇的宋臣，面对李若水的怒斥，他不禁产生了钦佩之情，于是就想劝降李若水，但李若水誓死不从。于是完颜宗翰命人割掉了李若水的舌头，满嘴鲜血的李若水口不能言，但依然对完颜宗翰怒目而视，以手相指，毫不屈服。暴怒之下，完颜宗翰命人将李若水断手刳眼，凌迟处死。李若水死的时候，年仅三十五岁。他曾写有一首悲壮的绝命歌，歌曰：

矫首问天兮，天卒无言。

> 忠臣效死兮，死亦何愆（qiān）？

李若水以身殉国，而张邦昌在一帮宋朝旧臣的簇拥下却做了金人的傀儡君王。当年三月，金兵押着徽、钦二帝返回了北方。金人一走，张邦昌立刻慌乱不已。他听闻宋徽宗第九子、宋钦宗的弟弟康王赵构当时正在应天府（今河南省商丘市），于是立刻将早年被废、居于民间的宋哲宗皇后孟氏迎入宫中，尊为皇太后，并请孟太后垂帘听政，以待康王继位。同时，张邦昌主动退位，以太宰的身份退居内东门资善堂。随后，他又派人将皇帝的车马服饰等物品送往应天府，交给了康王赵构。不久之后，他又亲自来到应天府，伏地痛哭向康王赵构请罪。

当年五月初一，赵构在应天府即皇帝位，就是宋高宗。由于后来赵构将都城设在临安（今浙江省杭州市），相对北宋的都城汴梁，临安位处东南，所以历史上就把北宋灭亡后，由宋高宗重建、定都临安的宋朝称为"南宋"。

南宋建立后，宋高宗迫于形势，起用抗战派李纲为宰相，同时将僭越称帝的张邦昌贬为昭化军节度副使，遣往湖南潭州安置。后来听说张邦昌在僭越称帝的期间竟然和宋徽宗的嫔妃李氏有染，于是高宗下诏，令张邦昌在潭州自尽。

此后，宋高宗在李纲的辅佐下，整顿朝纲，组织抗金，中原的局面也随之稳定了下来。然而到了当年七月，金朝以张邦昌被杀为借口，再次发动了对宋朝的进攻。这个时候，宋高宗早已被金人吓破了胆，加上投降派黄潜善、汪伯彦等人的撺掇，他决定逃往建康（今江苏省南京市）。当时，宰相李纲极力反对南逃，老将军宗泽也力请宋高宗还都汴梁主持抗金大计。奈何宋高宗无心抗金，他只想保命，于是对抗战派李纲非常厌恶。不仅如此，宋高宗还破坏当时已经建立起来的河北、河东的抗金局面，指使黄潜善弹劾李纲。万般无奈之下，李纲愤而辞职，宋高宗将其罢相。

李纲前脚刚被排挤出朝堂，宋高宗后脚就从应天府轻舟快马跑到了扬州城。当时，年逾古稀的老将宗泽连上二十四道奏疏，请求高宗还都汴梁、主持抗金大计,而宋高宗根本不予理睬。不久之后,李纲、宗泽等人好不容易建立起来的抗金局面也随之崩塌。南宋建炎二年(1128)七月十二日,忧愤成疾的老将宗泽连连大呼:"渡河!渡河!渡河!"随后溘然而逝,享年六十九岁。

宗泽死后,金太宗派完颜宗翰再度南侵。由于此时北方的抗金局面已被宋高宗等人破坏,加上高宗南逃,士气尽消。于是在金兵的重压下,大名府、相州、濮州等重镇相继陷落,济南知府刘豫举城投降。形势如此危急,宋高宗却只知在扬州行宫里恣意享乐。建炎三年(1129)正月,完颜宗翰攻陷徐州,随后他派出五千骑兵,奔袭高宗所在的扬州。当月底,这股金兵就攻陷了泗州(今安徽省泗县),到了二月初三,金兵又攻占了天长军(今安徽省天长市),此时距离扬州已经不到一百五十里了,于是金军立刻派出五百骑兵的先头部队,快马加鞭直奔扬州而来。

当时正是中午时分,宋高宗赵构倒也没闲着,他正在扬州的行宫里和一名宫女鬼混。此时内侍突然闯进,报说金兵即刻就到。宋高宗当场吓得屁滚尿流,提起裤子就跨马狂奔,直向临安而逃。

由于宋高宗逃跑误国,并且宠信奸佞,军民情绪激奋。当年三月,御营司武将苗傅、刘正彦发动兵变,逼迫宋高宗将皇位禅让给了年仅三岁的皇子赵旉(fū),由孟太后垂帘听政,史称"苗刘兵变"。然而这场兵变很快被韩世忠、刘光世等大将扑灭,宋高宗随即复位。但此时的形势已经非常紧迫,南宋建炎三年(1129)秋天,金国调整军事部署,分兵四路大举南侵。其中金兀术一路的目标是打过长江,彻底消灭南宋。到了当年冬天,金兀术已经突破了长江天险,相继攻陷了建康、临安、明州等地。宋高宗一路逃窜,甚至被迫飘摇海上,一直逃到了温州。

然而随着金兵深入江南腹地,面对南方河网湖泊密布的地形,金人的骑兵不再具有优势。加之金人嗜杀,也激起了南方军民的拼死抵抗。于是金军不断受挫,渐渐没有起初的锋芒。建炎四年(1130)二月,讨不到便宜的金兀术下令撤军北返。当金军退到镇江,准备渡江北撤时,大将韩世忠率领八千水军将十多万的金兵拦截在黄天荡。

黄天荡之战异常激烈,当时金军箭矢如雨,韩世忠毫无畏惧,他的夫人梁红玉更是冒着箭雨亲自擂鼓。双方相持四十多天,金兵屡战屡败,几乎陷入绝境,最后靠着火攻才冲出了重围。与此同时,抗金名将岳飞转战江南,趁机收复了建康。在南宋军民的奋力抵抗下,金军无功而返,撤回了北方。当年夏天,宋高宗终于又回到了临安府。

绍兴四年(1134)春,岳飞亲率岳家军在不到三个月的时间里,收复了此前被金军占领的襄阳六郡。这是南宋首次收复大片失地,岳飞因此被封为清远军节度使,这一年他刚满三十二岁。两年后,岳飞率军北伐,又收复了今天豫西、陕南的大片失地。通过南宋军民的浴血奋战,南宋渐渐稳住了局面,宋、金之间的对峙格局也逐步形成。

绍兴八年(1138)年底,宋、金议和,史称"天眷议和"。由此,宋、金双方实现了暂时的和平。然而到了次年秋天,金朝发生内乱,主战派金兀术进拜都元帅、兼领行台尚书省,成为金朝的实际掌权者。到了绍兴十年(1140)五月,金兀术单方面撕毁此前签订的和平协议,亲率十万大军,悍然发兵攻打河南、陕西。国难之际,岳飞临危受命,率领岳家军在郾城、颍昌等地接连大破金兀术,并联合北方的义军,收复了黄河南北的大片失地。

正当岳飞准备举兵收复中原,"直抵黄龙府,与诸君痛饮"之时,宋廷却为了向金朝乞和,一天之内连发十二道金牌,急命岳飞班师回朝。无奈之下,岳飞只得班师回朝。随后,先前收复的失地又重新落入金人之手。绍兴十一年(1141)腊月二十九日,宋高宗亲自下旨,将岳飞以"莫须有"的罪名赐死于临安大理寺狱中,其子岳云和部将张宪也被斩杀于临安城闹市之中。

那一天,正是除夕。

那一夜,风雪怒卷。

岳飞死后,宋、金双方基本保持着对峙并存的局面。此后,南宋偏安东南，忘兵休战，士风柔靡，贪享太平，所谓：

> 山外青山楼外楼，西湖歌舞几时休。
> 暖风熏得游人醉，直把杭州作汴州。

但如此太平美景，宋高宗却开心不起来，为啥呢？

因为他当年仓皇逃离扬州时受到惊吓，失去了生育能力，而他唯一的儿子赵旉在三岁的时候就夭折了。渐渐地，朝野上下都知道了高宗皇帝的生理缺陷，于是有人就上书请求从宋太祖的后代中选择继承人。因为自从宋太宗登基后，民间就流传"太祖之后，当再有天下"的预言。说起来，北宋是在太宗这一脉的手上灭亡的，所以人们更希望由太祖的后代来重掌皇权、振兴社稷。

而宋高宗也知道自己无法生育，所以无论选谁都不是自己的亲生骨血，因此倒也无所谓。于是他按照臣子的建议，就从太祖一脉的宗室中挑选比自己低一辈儿的孩子，收养于宫中。当时他选了两个孩子，一个叫赵伯琮（cóng），后来改名赵瑗（yuàn）；另一个叫赵伯玖，后来改名赵璩（qú）。

但究竟该立谁做皇储呢？宋高宗迟迟拿不定主意。

他考虑再三，想出了一招美人计，他给赵瑗和赵璩各赐宫女十名。赵瑗的老师史浩看出了皇帝的用心，他告诫赵瑗要持重自爱。几天后，宋高宗召这二十名宫女体检，发现分给赵瑗的十个宫女仍是处子之身。于是高宗赵构做了决定，立赵瑗为皇子，两年后又立为皇太子，并为其改名为赵昚（shèn）。说起来，宋高宗这辈子做了很多错误的决定，但这个决定无疑是正确的。

绍兴三十一年（1161）十月，金主完颜亮兵分四路，对南宋再次发动进攻。听闻消息，宋高宗吓得从临安一溜烟儿跑到了建康。就在完颜亮进攻南宋的同时，后方的金朝皇室完颜雍发动兵变，自立为帝，就是金世宗。此后，入侵南宋的前线金军又发动兵变，将完颜亮缢杀于大帐之中。随后金军北撤，宋高宗这才从建康又回到了临安城。

然而金军虽然撤走了，但宋高宗却再也经不起这样的折腾，于是在次年二月，也就是他五十五岁的时候，将皇位让给了已经三十五岁的养子赵昚就是宋孝宗。宋孝宗赵昚的这个"孝"字，的确实至名归。终其一生，他对宋高宗非常孝顺，就算是亲生儿子都未必能比得上他。同时，他也可以称得上是南宋历史上最有作为的君王。即位之初，他就宣布为岳飞父子平反昭雪，同时驱逐了朝中的秦桧党人。而且就在即位的当年四月，宋孝宗径自绕过三省和枢密院，他直接向张浚和诸将下达了北伐的诏令，史称"隆兴北伐"。

北伐一开始，金朝被打了个猝不及防，八万宋军一个月之内就拿下了灵璧、虹县和宿州等地。一时之间，中原震动。但随着战事的发展，宋军很快暴露出了许多弱点。首先是主帅张浚赏罚不明、治军不严。这导致宋军内部矛盾重重，众将不肯力战，最终宋军在符离（今安徽省宿州市北）被金军击溃，宋军死伤惨重，史称"符离之战"。

其次，主战、主和争论不休，隆兴北伐开始仅一年左右，朝堂上主战派和主和派都已经换了三拨人了。他们在朝堂之上争论不休，这下面的将领就无所适从，你说我是打呢，还是不打呢？

如此形势下，隆兴北伐的结局可想而知，仅仅一年就草草收场了。

隆兴二年（1164）腊月，南宋在金军的胁迫下达成了"隆兴和议"。隆兴和议的主要内容为：把原本向金称臣改为叔侄关系，金为叔，宋为侄，金改诏表为国书，宋朝每年给金国进贡绢二十万匹，岁币二十万两，并割让唐、邓、海、泗、商、秦六州与金。至此，双方确定西以大散关，东以淮河为界，南宋与金朝的疆域就此划定。此后四十年间，双方再也没有发生过大的战事。

然而隆兴北伐的失败对宋孝宗而言，是一个沉重的打击。宋孝宗一生从未忘记北伐，只可惜这时的南宋朝廷已经无将可用。后人总结说："高宗朝有恢复之臣，而无恢复之君；孝宗朝有恢复之君，而无恢复之臣。"

此后，宋孝宗全力发展内政，他在位的二十七年间，南宋的经济也达到了历史的高峰……

南宋之日落西山

南宋淳熙十四年（1187）十月，在太上皇的位子上坐了二十五年的宋高宗赵构享尽天年，驾崩于临安德寿宫。宋孝宗赵昚听闻养父高宗去世，泣不成声，连续两天没有进食。守孝三年后，宋孝宗决定把皇位让给自己的儿子赵惇（dūn），自己去做太上皇。随后赵惇即位，就是宋光宗。

宋光宗性格懦弱，非常惧内。他的皇后李氏凶悍善妒，有一次，她把光宗喜爱的黄贵妃毒杀身亡，而宋光宗除了伤心哭泣，竟然连个屁都不敢放。在祭奠黄贵妃的仪式上，突然间风雨大作，祭坛上烛光摇曳，非常恐怖。光宗见状大惊，以为是黄贵妃的冤魂不散，竟然被吓得精神失常。

从绍熙三年（1192）开始，由于光宗的精神问题，大权就渐渐旁落于皇后李氏的手中。当时宋光宗与皇后李氏只生了嘉王赵扩一个儿子，按理说，嘉王赵扩应该被立为太子。但太上皇宋孝宗认为嘉王赵扩性格懦弱，不适合做储君，他更喜欢魏王赵恺（宋孝宗次子）的儿子嘉国公赵抦（bǐng）。因为宋孝宗的阻挠，李氏所生的儿子——嘉王赵扩始终没能被立为太子，再加上宋孝宗一直不太喜欢儿媳妇李氏，这让李氏对宋孝宗恨意难平。于是她挑拨丈夫宋光宗和父亲宋孝宗的关系，使得他们父子之间的隔阂越来越深，以至于宋光宗很久都不去看望父亲宋孝宗。

绍熙五年（1194）五月，太上皇宋孝宗郁郁而逝，终年六十八岁。

宋孝宗去世后，宋光宗竟以身患重病为由拒绝履行孝子的职责，而由太皇太后吴氏代行祭奠宋孝宗。南宋理学盛行，倡导以孝治天下，宋光宗的不孝之举彻底惹恼了以宗室赵汝愚为首的一班朝臣。绍熙五年七月，赵汝愚、韩侂（tuō）胄（zhòu）等人在太皇太后吴氏的支持下发动宫变，他们拥立嘉王赵扩即位，是为宋宁宗。

宋宁宗即位后，尊父亲宋光宗为太上皇，母后李氏为寿仁太上皇后，移驾泰安宫。此后，被迫退位的宋光宗精神愈加恍惚，病情越来越重。而此时与他一同失势的李氏却一反常态，再也不似从前那般咄咄逼人，反而无微不至地照顾宋光宗。六年之后，夫妻双双病逝于宫中。

话说宋宁宗刚刚即位之时，立有拥立之功的韩侂胄本想邀功来谋求高位，但由于他是宋宁宗皇后韩氏的叔祖，属于外戚。当时宰相赵汝愚认为"外戚不可言功"，于是韩侂胄仅被授为宜州观察使。这让他大失所望，对赵汝愚心怀怨恨。

此后，韩侂胄凭借皇后叔祖的身份，很快得到了宋宁宗的信任。庆元元年（1195），韩侂胄奏称：赵汝愚以宗室至亲的身份担任宰相，会让人以为朝廷任人唯亲，对江山社稷不利。于是宋宁宗将赵汝愚罢相，外放为福州知州。赵汝愚外放后，韩侂胄升任保宁军节度使、提举万寿观。他专权擅政，施行党禁，排斥异己，压制舆论，渐渐掌握了朝中的大权。

然而，韩侂胄虽然专权擅政，但他北伐的决心却非常坚定。他在宋宁宗的支持下，为岳飞加谥号"武穆"，并追封为"鄂王"。同时他积极准备北伐，当时辛弃疾和陆游都对韩侂胄抱有很大的期望。到了开禧二年（1206），韩侂胄发动了对金国的讨伐，史称"开禧北伐"。

本来韩侂胄是有机会北伐成功的，因为当时金国的内部军政荒废，而外部又面临蒙古诸部的崛起。正如辛弃疾所判断的，当时金国正处在"必乱必亡"的前夕。然而开禧北伐的准备工作过于仓促，弓马器械等军事物资没有准备妥当，甚至连盔甲都凑不齐。而且北伐一开始，南宋内部就出了叛徒。当时担任四川宣抚副使的吴曦，企图割据西蜀之地，并归顺金国。内部的不和以及部署的失当，使得北伐失利，引得金兵大举南下。

韩侂胄见北伐失利，于是连忙派人去和金国谈判。其实这时候的金国也打不动了。但金国虚张声势，狮子大张口，不仅要地要钱，更直接说要韩侂胄的项上人头。韩侂胄闻听大怒，决意再度出征。于是在宋宁宗的支持下，他招募新兵，并起用辛弃疾指挥军事。然而此时辛弃疾已经六十八岁了，诏命下达后不久，他就病逝于家中。临终前，辛弃疾还大呼："杀贼！杀贼！"

辛弃疾病逝的一个多月后，南宋主和派——礼部侍郎史弥远等人按照金国的无理要求，暗杀了韩侂胄，并割下韩侂胄的人头，送给了金国。同时，接受金国提出的全部条件，即增加岁币三十万，外加赔款三百万。随后，金军撤兵。

随着韩侂胄被杀，南宋的朝堂又被史弥远把控。他是明州（今浙江省宁波市）人，在他上台之后，所用之人非亲即故，时人讥讽说"满朝朱紫贵，尽是四明人"。

嘉定十七年（1224）闰八月，宋宁宗病逝于临安。之后，权臣史弥远矫诏立赵昀（yún）为帝，是为宋理宗。理宗上台后，史弥远因拥立之功愈加权倾朝野，南宋的朝堂更加混乱。然而此时，南宋乱，金国更乱，已经到了亡国的边缘。

宝庆三年（1227），蒙古军队率军攻打西夏，当年七月十二日，一代天骄成吉思汗病逝于六盘山下的甘肃清水县。临终前，他将大汗之位传给了三子窝阔台，遗命"假道伐金"，就是从南宋借道，采取迂回包抄的战术消灭金国。成吉思汗去世后不久，西夏为蒙古所灭。此后，窝阔台遵照成吉思汗的遗命，几次遣使到南宋，提议联合灭金。但当时南宋君臣惧怕金国，始终没有决议。

到了绍定五年（1232）春，蒙古军队在钧州（今河南省禹州市）的三峰山围歼了金军骑兵二十万、步兵十五万。由此，金国元气大伤，灭亡在即。第二年，南宋的权臣史弥远病死，宋理宗亲政。他看到金国大势已去，觉得收复中原的机会来了，于是匆忙派出使臣回访蒙古，答应共同出兵剿灭金国。端平元年（1234）正月，在宋、金两国的夹攻下，金国灭亡。

说起金国灭亡时遭受的耻辱，比一百多年前他们祸害北宋皇室的靖康之耻更为惨烈。由于对金人的仇恨，蒙宋联军将金哀宗的尸体一劈两半，另据南宋佚名所著《樵书》中记载，金国皇后更是被士兵们排队凌辱，还被残忍地画成了《尝后图》。当时金国的男性皇族全部被杀，而皇室女性全部为奴，充为玩物。因果循环总会在历史的不经意间分明显现。

此后，南宋君臣求功心切，在各方面都没有准备好的情况下，想乘胜收复中原。当时蒙古军撤退到黄河以北，故意向宋军示弱，意图引诱宋军深入。而宋军毫无防备，趁蒙古军主力撤走的时机，很快就进入了汴梁和洛阳，史称"端平入洛"。但同时，宋军也陷入了绝境。蒙古军掘开黄河大堤，黄淮之间一片汪洋，这让宋军的补给难以运输。宋军在进入洛阳后的第二天，由于得不到补给，只能挖野菜充饥。而此时，蒙古军趁机反击，洛阳宋军虽然拼死抵抗，但由于粮草不继，又指挥失当，最终惨败，仅剩三百多残兵逃回了南宋光州境内。得知洛阳惨败，进入汴梁的宋军也掉头南撤。由此，端平入洛以失败告终。

但这场由南宋贸然发起的端平入洛，却为蒙古大举进攻南宋找到了借口。当年年底，蒙古派使臣来到临安，谴责宋廷毁约。第二年春天，蒙古大军浩浩荡荡，出师攻宋。由此，蒙宋之间长达四十五年的战争轰然展开。

南宋淳祐十一年（1251），蒙哥就任蒙古大汗。八年之后，蒙哥命忽必烈率军包围了长江流域重镇鄂州（今湖北省武汉市）。当时南宋朝野震动，举国上下一片慌乱。宋理宗急切之下，派近臣贾似道移镇汉阳，救援鄂州。不久，贾似道被拜为右丞相兼枢密使，军政大权集于一身。但贾似道哪里是忽必烈对手，他本来毫无胜算的可能。但人算不如天算，偏偏此时，蒙哥大汗在围攻四川合州钓鱼城（今重庆市合川区）时，屡屡受挫，还被炮石击成重伤，不久命丧钓鱼城。

而当时围攻鄂州的忽必烈所部也面临水土不服和粮食紧缺的困境。与此同时，忽必烈的妻子察必又派人来告知忽必烈，说阿里不哥图谋夺取汗位，要忽必烈火速赶回。这种情况下，忽必烈撤离鄂州，率军北归。

蒙古军队撤围，贾似道莫名其妙取得鄂州保卫战的胜利，他因功被封为肃国公，后来又拜少师，进封卫国公。此后，宋理宗把国政都交给了贾似道，自己则沉湎于酒色淫逸。景定五年（1264）十月丁卯日，宋理宗在临安去世，享年六十岁，在位四十一年，当权时长仅次于宋仁宗。

由于宋理宗没有留下儿子，所以在他死后，他的侄子赵禥（qí）被贾似道等人拥立即位，就是宋度宗。宋度宗即位后，贾似道又因为拥立之功被尊为师相，权势更加煊赫。当时他把大小事务都交给手下，自己在西湖葛岭优哉游哉，醉生梦死。

就在南宋君臣"享受人生"的同时，忽必烈已经夺得蒙古大汗之位，待权力稳固后，他又发起了对南宋的战争。咸淳三年（1267），蒙古大军兵围襄樊。四年之后，忽必烈改国号为"元"，次年迁都大都（今北京市）。到了咸淳九年（1273）正月，元军攻破了樊城。当年二月，襄阳守将吕文焕投降元朝。就在襄樊失守的第二年，宋度宗病死，他的儿子赵㬎（xiǎn）即位，就是宋恭宗。1275年年底，鄂州陷落，南宋沿江诸将也都望风而降。与此同时，奸臣贾似道也终于失势，在被贬外地的路上，他被负责押送的郑虎臣处死。

贾似道虽然死了，但南宋的败局已经难以挽回。景炎元年（1276）二月，元军杀入临安城。三月，元军押着宋恭帝、皇亲大臣等数千人北上，南宋此时已经名存实亡了。国破之际，有一名叫蒋捷的进士，从临安城逃出，在乘坐小舟驶过吴江县的吴淞江时，不禁愁绪万千，写下了《一剪梅·舟过吴江》：

　　一片春愁待酒浇。江上舟摇。楼上帘招。秋娘渡与泰娘桥。风又飘飘，雨又萧萧。

何日归家洗客袍？银字笙调，心字香烧。流光容易把人抛。红了樱桃，绿了芭蕉。

话说临安城破之时，大臣张世杰、陆秀夫等人护送度宗的两个皇子赵昰（shì）、赵昺（bǐng），途经温州转移到了福州。当年五月初一，赵昰被拥立为帝，就是宋端宗。不久之后，文天祥也历尽艰险赶到了福州，其间他回到故乡江西募兵，并以福建的汀州为据点组织抗元。到了祥兴元年（1278）年底，文天祥兵败被俘，随后被押解到了元大都。

文天祥被俘之前，十一岁的宋端宗赵昰就病死了。之后，八岁的赵昺被拥立为帝。当时，南宋的小朝廷转移到了崖山（今广东省江门市新会区南）。次年二月初六，元军分南北两路向崖山发起总攻，宋军大败。国破之时，大臣陆秀夫先令妻子投海自尽，然后他穿上朝服，背起小皇帝赵昺，毅然跳进了波涛汹涌的大海之中。大批忠臣追随其后，十万军民跳海殉国。至此，南宋灭亡。

南宋灭亡后，关押在元大都的文天祥，面对忽必烈许以的高官厚禄誓死不降，最终从容就义，终年四十七岁。几天后，文天祥的妻子欧阳氏在收敛丈夫的遗体时，从他的衣服里发现了几行血书：

孔曰成仁，孟曰取义，惟其义尽，所以仁至。

读圣贤书，所学何事？而今而后，庶几无愧。

这就是民族英雄文天祥的遗言，如今读来，依旧振聋发聩。正如他那首流传千古的《正气歌》中所写：

是气所磅礴，凛烈万古存。

当其贯日月，生死安足论。

大宋劲敌：契丹辽国

早在宋朝建立之初，开国皇帝赵匡胤为了避免自唐末以来武人专政的局面，遂采用文人士大夫执掌天下，开创了宋朝"文治帝国"的政治格局。因此，两宋文化灿烂、经济繁荣，成为中国历史上一个雅致的文明时代。然而偏偏这个时期，与宋朝相伴相生的契丹、女真、党项、蒙古等游牧民族建立的国家武力强悍，迭次崛起，给宋朝的发展带来了巨大的冲击。

在这些游牧民族中，契丹自唐末便已开始崛起于辽东，它本是生活在北方的游牧民族，夹在突厥和唐朝之间，早期的生存颇为不易。到了唐朝末年，契丹族最强大的迭剌部诞生了一位杰出的人物——耶律阿保机。作为契丹的开国之主，他的一生都被赋予了传奇。史载，阿保机一出生就会爬，三个月就会走路、会说话，甚至还能未卜先知。成年之后，阿保机高大魁梧、智勇双全，而且善于骑射，很早就率领契丹武士征战于北方的草原。

到了公元901年，三十岁的阿保机被推举为契丹族迭剌部的首领。之后他征伐其他的部落，到了公元907年，也就是唐朝灭亡、中原五代开始的那一年，耶律阿保机已经统一了整个契丹部族，成为契丹的可汗。此后又经过十年的发展，到了公元916年，契丹已经非常强大，于是耶律阿保机仿照中原政权的模式，正式建立契丹国，即皇帝位，称"天皇帝"。两年之后，耶律阿保机建都于西楼城（今内蒙古自治区巴林左旗南波罗城）。

契丹崛起的时代，正是中原地区五代十国的乱世，当时耶律阿保机也想染指中原。在公元917年和公元921年，耶律阿保机两度趁中原内乱入侵，却分别被李嗣源和李存勖击败，于是他改变了战略部署，转而向西北和东北发展。经过多年征战，契丹国在耶律阿保机的带领下，先后征服了奚族、乌古、鞑靼、回鹘、黑车子室韦，以及粟末靺鞨建立的渤海国，统一了整个塞北的大片疆域，契丹的国力大为提升。

就在征服渤海国、返回皇都的途中，公元926年七月二十七日，耶律阿保机病逝于扶余，终年五十五岁。阿保机死后，他的次子耶律德光越过长子耶律倍，在皇太后述律平的拥立下继任契丹的第二任皇帝。十年之后，即公元936年，后唐河东节度使石敬瑭被后唐末帝李从珂逼迫造反。为了得到契丹的支持，石敬瑭认契丹做爹，还以割让幽云十六州为条件，乞求耶律德光出兵助其讨伐后唐。于是，耶律德光亲率五万骑兵与石敬瑭联兵攻灭后唐。之后，他册立石敬瑭为后晋皇帝，开创了中原五代的第三代——后晋。作为协助石敬瑭出兵的条件，幽云十六州成了契丹国的土地。

到了公元942年，后晋皇帝石敬瑭去世，他的养子石重贵即位。石重贵不甘被契丹人操控，于是不断挑衅契丹，最终惹得耶律德光屡次率军南下，攻伐后晋。公元947年，契丹攻陷了后晋的都城开封，于是国祚仅仅十一年的后晋就此灭亡。而石重贵则被契丹人掳去北方，客死异乡。

耶律德光灭了后晋，来到繁花似锦的中原，他不想回北方了。就在公元947年的正月初一，耶律德光按照中原皇帝的仪仗进入了开封城，并在第二个月下诏改国号为"辽"，由此契丹改称"辽国"，而耶律德光就是辽太宗。

虽说此时耶律德光入主了中原，但他显然还不知道该如何管理汉地。他放纵士兵烧杀抢掠，激起了中原人民的激烈反抗。眼见局面难以控制，而辽军又深入中原腹地，补给支援都难以为继，耶律德光只能率军北撤。

在北返的途中，耶律德光突染重病，暴死于河北栾城的杀胡林。听闻皇帝病逝，当时还在中原开封的辽将耶律吼等人拥立耶律倍的儿子耶律阮为帝，是为辽世宗。一开始，辽太后述律平并不承认辽世宗，还派她的三儿子耶律李胡讨伐辽世宗，最终辽世宗获胜。无奈之下，辽太后述律平才承认了辽世宗帝位的合法性。

辽世宗在位期间，宠信奸佞，导致朝政腐败，臣僚不满。同时，他念念不忘攻取中原，多次兴兵南下，对中原用兵。公元951年，郭威取代后汉，建立后周。后汉河东节度使刘崇不满郭威篡夺后汉江山，于是乞求辽世宗出兵相助，他自称侄皇帝，约辽世宗率军南下合击后周。当时辽军累年征战，众将都不愿再度出征，但辽世宗强令出兵，众将也不得不从。

当年九月，辽世宗率军行进至归化州（今河北省张家口市）的祥古山，驻军于火神淀。其间他酗酒、打人，更激起了众将的不满情绪。于是耶律阿保机的侄子，泰宁王耶律察割等人趁机发动兵乱，将辽世宗弑杀，随后自立为帝，史称"火神淀之乱"。但很快，辽太宗耶律德光的长子耶律璟率军平定了这场叛乱，乘机继位，是为辽穆宗。

辽穆宗即位后，一方面他礼贤下士，还多次减免赋税，颇有政治作为；但另一方面，他又为人暴虐，对身边的仆从动辄施刑，随意处死。到了后期，辽穆宗越发喜怒无常，时常陷入酗酒狂悖之中。公元969年二月二十二日，辽穆宗到怀州（今内蒙古自治区巴林右旗）打猎，射中了一只熊，他很高兴，喝得酩酊大醉后，回到黑山之下的行宫休息。半夜醒来，辽穆宗嚷嚷着要吃东西。仆从们一时间没来得及准备，辽穆宗大怒，就要杀人，于是不甘平白被杀的近侍仆从趁辽穆宗酒醉，将其弑杀。

辽世宗的儿子耶律贤听闻堂叔辽穆宗丧命的消息，在萧思温等一众大臣的拥立下，乘机登基，就是辽景宗。而随着辽景宗耶律贤继承了帝位，辽国终于迎来巅峰时期。说起来，辽景宗自幼体弱多病，成年后更是常年卧病在床，按理说他很难有大的作为。但他有个厉害的皇后，名叫萧绰，小字燕燕。说到萧绰的名字，您也许会很陌生，但如果说辽国萧太后，您一定耳熟能详。她的人生堪称传奇，与一代女皇武则天一样，都辅佐体弱多病的丈夫开创了伟大的基业，只是她没有称帝。更有意思的是，她死后与丈夫辽景宗的合葬陵寝与武则天和唐高宗李治的合葬陵寝一样，都叫乾陵。

萧绰的父亲就是拥立辽景宗称帝的萧思温，母亲是辽太宗的长女吕不古，可以说出身非常高贵。公元969年，萧思温等人拥立耶律贤继承了帝位，随后辽景宗耶律贤征召十七岁的萧绰入宫，并封为贵妃。仅仅两个月后，萧绰又被册封为皇后。和唐朝的高宗皇帝一样，辽景宗体弱多病，无力掌管朝政，于是辽国对内、对外的许多事务，大都是萧皇后参与决断，而萧皇后在这个阶段也积累了丰富的政治经验。

公元982年九月，辽景宗耶律贤病逝，十二岁的太子耶律隆绪继位，即辽圣宗。次年六月，辽圣宗尊其生母萧绰为皇太后，遵遗诏由皇太后临朝称制。由此，萧太后开始了长达二十七年的摄政生涯。耶律隆绪即位之时，辽国的政治格局非常混乱。当时皇族诸王二百多人各拥重兵，挟制朝廷，对萧太后和小皇帝辽圣宗构成了极大的威胁。而萧太后虽是女流之辈，行事作为却堪比丈夫。她先是重用契丹大臣耶律斜轸（zhěn）、汉族大臣韩德让，同时将南面军事交给耶律休哥。随后她施展雷霆手段，撤换一批骄纵的臣僚，并下令诸王不得互相宴请，无事不能出门，还将他们的兵权设法一一解除。至此，萧太后和辽圣宗的地位才逐渐稳定了下来。

史料记载，萧太后与韩德让出则同车，食则同案，毫无避讳。甚至有传闻说，公元988年的九月十三日，萧太后在韩德让的大帐中宴请皇亲大臣，并厚加赏赐，实际上就是他们二人的婚宴。当然，萧太后到底有没有下嫁韩德让，如今我们已经不得而知，但她对韩德让的宠信和重用却有目共睹。当然，韩德让也积极维护萧太后母子的地位，为萧太后母子的政权稳定立下了汗马功劳。

公元1004年，萧太后与辽圣宗御驾亲征，大举侵宋。辽军一开始势如破竹，很快就兵临黄河北岸的澶州城下。然而随着辽军主帅萧挞凛的意外阵亡，加上宋真宗也御驾亲征，亲临澶州前线，战场的形势开始对辽军不利。在这种情况下，萧太后决定尽快与宋朝议和。随后宋辽两国签订了著名的澶渊之盟，结束了两国之间连年无休的战争局面。

辽国宫廷秘闻

历史上说到辽国的萧太后，总会说到一段风流艳史，就是她与汉族大臣韩德让的关系。史料记载，萧绰（萧太后）少女时就许配给了韩德让，还没来得及结婚，就被辽景宗征召入宫做了贵妃。辽景宗死后，萧太后曾对韩德让说了这样一段话："吾常许嫁子，愿谐旧好，则幼主当国，亦汝子也。"就是说：我愿跟你重修旧好，如今幼主当国，你就把他当作是你的儿子，你要好好地帮助我们孤儿寡母啊！

五年后，萧太后去世，享年五十七岁。此后辽圣宗亲政，他遵循其母萧太后的治国方略，将辽国带入到了鼎盛的时期。公元1031年，辽圣宗病重。他在遗诏中告诫太子耶律宗真："万万不可胁从生母杀害齐天皇后。"为什么会立下这样的遗诏呢？原来，辽圣宗的正宫皇后是齐天皇后萧菩萨哥。齐天皇后膝下的两个皇子不幸双双夭亡。而宫女萧耨（nòu）斤所生的两位皇子都健康成长，长子耶律宗真，次子耶律宗元。于是齐天皇后便收养了耶律宗真为嗣子，将他悉心抚养成人。而萧耨斤眼见亲生儿子耶律宗真侍奉齐天皇后就跟亲娘似的，她心中不满，对齐天皇后就埋下了仇恨的种子。

辽圣宗深知，耶律宗真虽说是齐天皇后抚养长大的，但他的生母终究是萧耨斤。耶律宗真即位后，萧耨斤必定得势。到那时，萧耨斤很可能会报复齐天皇后，如此必将引发大辽社稷的动荡。为了防止宫廷喋血的发生，辽圣宗在临终前一再叮嘱太子，要他竭力阻止内讧的发生。

然而怕啥来啥，辽圣宗死后，刚满十六岁的耶律宗真继位，也就是辽兴宗。辽兴宗刚一登基，他的生母萧耨斤立即暴露本性，她蛮横地将遗诏烧毁，同时自立为太后，开始临朝称制。她先是命人囚禁了齐天太后，很快又逼她自杀。随后，她又想让自己亲手抚养大的次子耶律宗元做皇帝，企图废掉由齐天太后抚养长大的辽兴宗。

这下，辽兴宗终于忍无可忍，为了自保，他把彪悍蛮横的生母萧耨斤打入了冷宫。然而，这场宫廷喋血远还没有结束。辽兴宗生母萧耨斤的愚蠢之举挑起了次子耶律宗元夺权的野心，也为后来辽国的政变和动荡埋下了隐患。

公元1055年，辽兴宗去世，他的儿子耶律洪基继位，即辽道宗。八年之后，趁着辽道宗在太子山围猎之际，隐忍了十多年的耶律宗元发动了宫廷政变，企图篡位。幸亏勤王军士火速赶到，才避免了一场危机。此后，耶律宗元逃往大漠，最终走投无路，被迫自杀。

公元1111年，辽道宗去世，因皇后萧氏和太子耶律濬早年被他废杀，所以他的孙子耶律延禧继位，即辽末帝，也称天祚帝。天祚帝在位期间，荒废朝政，整天沉湎于享乐游猎，甚至还时常奴役女真部落的首领和贵族。此外，他还强迫女真人每年进贡上好的海东青和珍珠，女真人对此怨声载道。实际上，这个时候的辽国经过多年的宫廷喋血，国力已经日益衰落。而女真人经过多年积累，正日益变得强大，并组成了更为团结的部落联盟。

公元1115年，女真首领完颜阿骨打建立金国，随后发兵攻打辽国都城，天祚帝仓皇逃窜。眼见辽国元气大伤，宋朝想乘机收复被辽国强占的幽云十六州，于是与金国签订了海上之盟。在宋、金两国的夹击下，辽国军队连连败退。公元1125年，辽天祚帝逃至应州（今山西省北部）时，被女真人擒获。随着天祚帝被押往金国上京，历时二百零九年的辽国至此灭亡。

辽国虽然被女真灭了，但残余的辽国皇室贵族并不甘心。之后，辽太祖耶律阿保机的八世孙耶律大石纠集军队，西走中亚，建立了西辽王朝。此后，西辽在耶律大石的带领下，四处征战，不断扩张，最终定都虎思斡耳朵（今吉尔吉斯斯坦托克马克市以南十公里的布拉纳城）。

　　耶律大石一生的梦想是打回故国，恢复祖上的基业。可惜，西辽最终在西域、中亚地带延续了不到一个世纪，很快就土崩瓦解。耶律大石拼尽了所有的才华和力量，始终没能复兴昔日的大辽。只有他的魂灵，至今仍带着浓浓的乡愁，远远地眺望着东方的故乡。

大宋之恨：女真金国

历史上有一个游牧民族建立的国家，它曾让宋朝对其恨之入骨，但其在亡国之时所表现出的刚烈不屈又令人肃然起敬，它就是先后灭掉了辽国和北宋，由女真人建立的金国。

很久以前，有一个生活在东北一带的游牧民族，称作肃慎，肃慎人很早就和中原各族建立了密切的联系。在上古舜帝时期，肃慎人曾向舜帝进献弓箭。大禹划分九州时，肃慎人与其他部落一起来给大禹进贡朝贺。一直到隋唐时期，肃慎有了新的称呼，被称作靺鞨。后来，靺鞨部族又逐渐分化为许多不同的部落，其中居住在黑龙江中下游的部落，被称作黑水靺鞨。黑水靺鞨以狩猎为生，一直过着比较原始的生活。到了唐朝末年，契丹族崛起，在契丹首领耶律阿保机消灭了渤海国后，黑水靺鞨依附于契丹，契丹人称呼他们为女真。

契丹人后来建立了辽国，到了辽圣宗时期，女真人也逐步发展壮大，又分为熟女真和生女真两大部落族群。熟女真主要是和辽国关系比较紧密的女真部落，他们被辽国安排在东京辽阳以东，编入辽国的户籍，承担赋税和兵役。生女真主要生活在黑龙江与长白山一带，散布在山间谷地，人口也有十多万人。虽说生女真没有被编入辽籍，却仍要定期给辽国纳贡。

到了辽国中后期，生女真逐渐组成部落联盟，尤其以完颜部的实力最为强大。当时的辽国统治者对生女真非常蔑视，而且经常骚扰，渐渐和生女真之间就产生了很多的矛盾。而矛盾的激化，还得从"海东青"说起。

啥是海东青呢？就是一种猛禽，又名鹘鹰，古称矛隼，是天鹅的天敌，被北方部族誉为"万鹰之神"。北宋末年，宋朝的皇室贵族流行用珍珠作为饰品。而这些珍珠主要采购自辽、宋边境的榷场，其产地是生女真五国部的海域。珍珠不是矿产，而是从大量的海蚌腹中掏取的。当地有一种天鹅专门以蚌为食，天鹅吞食了海蚌，那些珍珠就留在天鹅的嗉子里。正所谓"螳螂捕蝉黄雀在后"，天鹅吃蚌，海东青却天生捕食天鹅。这样，海东青就成了获取珍珠的最佳工具。所以，人们把海东青捕获到的蚌珠也称为东珠。

正因为如此，辽国每年都派人到生女真五国部去索取海东青，然后再用海东青来捕杀天鹅，获取蚌珠。仅仅是这也就罢了，可恨的是，那些辽国边将每次来索取海东青时，还会肆意搜刮当地生女真人的财物，甚至强迫生女真少女为他们侍寝。后来辽国使者频繁往来，又专挑已婚女子侍寝。生女真人不堪其辱，开始反抗，慢慢就激化了辽人和生女真人之间的矛盾。

公元1112年，辽天祚帝在混同江（今松花江）边举办宴会。宴会开始时，天祚帝要求生女真部落的首领为他歌舞助兴。结果有位生女真首领昂首正视，当面拒绝。这个人就是完颜部的首领完颜阿骨打。完颜阿骨打当面拒绝辽主，天祚帝恼羞成怒，当即就要杀了他，幸亏被身边的大臣劝阻，完颜阿骨打才得以保住性命。完颜阿骨打死里逃生后，他决定不再忍耐，要反抗辽国。第二年，完颜阿骨打被推举为生女真部落联盟的首领。次年九月，完颜阿骨打集合生女真各部军士两千五百多人，进攻宁江州（今吉林省松原市北）。很快，完颜阿骨打就攻占了宁江州，不久又派人招降渤海女真、熟女真等部落，由此，完颜阿骨打的实力大增。

到了公元1115年，完颜阿骨打在皇帝寨（今黑龙江省哈尔滨市）称帝，定国号为"金"，即金太祖。金太祖登基之后，不断率兵攻打辽国。从公元1116年到1120年，完颜阿骨打兵分两路，一路攻占东京辽阳府，一路攻袭辽国上京临潢府，辽军连连败退，丧失了大片国土。而后,宋、金两国签订"海上之盟",于是宋金联军一起攻打辽国。公元1121年,金军统帅完颜杲率军先后攻占辽国中京大定府及西京大同府。第二年,迫不及待的完颜阿骨打御驾亲征,又率军夺取了辽国的南京析津府。至此,辽五京全部被金军拿下。

就在金国蒸蒸日上之际,公元1123年,完颜阿骨打因病去世。之后,他的弟弟完颜晟继位,即金太宗。金太宗继承哥哥的遗愿,联合宋朝,对奄奄一息的辽国继续穷追猛打。不到两年时间,金国就俘虏了辽天祚帝,辽国宣告灭亡。

在联宋灭辽的过程中,金人看到了北宋朝廷的腐朽,以及宋军的拉胯无能。由此,贪心不足的金国在灭辽之后,又乘胜发动了对北宋的攻击。由于北宋对金国的军事打击根本没有准备,金兵很快就包围了北宋的京都汴梁。当时繁华的汴梁风声鹤唳,但在宋将李纲的布防和主持下,汴梁城并没有被金兵占领。随后,宋、金双方举行和议,公元1126年正月,金军撤兵北还。

然而仅仅几个月后,同年八月,金军又一次兵分两路南下攻宋。由于宋军怯懦畏战,金军一路势如破竹,很快就越过了黄河,兵锋直逼汴梁城。公元1127年,靖康之变爆发,宋徽宗、宋钦宗,以及大批的皇族、大臣、后宫妃嫔成为金人的俘虏被押往北方,北宋至此灭亡。

当时身在应天府(今河南省商丘市)的康王赵构侥幸逃过一劫,随后在太后与一众大臣的支持下,于同年继承大统,登基称帝,建立南宋。然而刚刚建立的南宋王朝在金人的不断南侵下,接连失去大片土地,被迫退缩至江南一带,苟且偷安。于是,当时的中国就形成了金国、南宋、西夏"三国鼎立"的对峙分裂局面。

与此同时,攻取了汴梁的金人还不懂该如何经营中原、管理汉地,于是不得不通过建立伪楚和伪齐等傀儡政权来管理中原。同时派遣金兀术等将领,不断举兵南下,追击南宋的那位"逃跑皇帝"宋高宗。但在南宋名将岳飞、韩世忠、张俊等一批主战派的抗击下,南宋数次转危为安,金军屡屡受挫。眼见灭宋计划难以实现,金国只好暂缓了灭宋的进程。随后不久，金国又迫使西夏、高丽等国称臣。一时之间，金国达到了鼎盛。

公元1135年，金太宗完颜晟去世，随后继位的是金太祖完颜阿骨打的嫡长孙完颜亶（dǎn），就是金熙宗。当时金国皇室贵族之间的派系斗争非常激烈，就在金熙宗即位的当年，开国功臣完颜宗翰就被解除军权，罢免了都元帅之位。两年之后，金熙宗又杀了完颜宗翰的亲信高庆裔等人，最终把完颜宗翰活活气死。

到了公元1138年，金国国政又被宗室大臣完颜宗磐、完颜宗隽、完颜昌等把控，他们力主对南宋和议，并于次年与南宋签订了"天眷和议"。

天眷和议内容

和议的主要内容是：一，南宋对金国称臣；二，南宋每年向金国纳贡银二十五万两，绢二十五万匹；三，金国把河南、陕西之地，以及徽宗、韦太后的棺木归还南宋。但这个和议并没有得到金熙宗的认可，因为当时的国政并不在金熙宗的手中。

为了真正掌握大权，公元1139年，金熙宗依靠金兀术（zhú）等人，诛杀了把控朝局的完颜宗磐、完颜宗隽、完颜昌，从此大权在握，自掌乾坤。此后他为了加强皇权，采取汉人官僚制度，同时仿照儒家礼仪，建立了一套周密详尽的礼仪制度。由此，金熙宗皇权凸显，而新的礼仪制度也处处彰显着皇帝至高无上的尊严。

由于当时有金兀术等人的辅助，金熙宗的日子过得非常悠哉。但到了公元1148年，金兀术病逝了。没有了金兀术的辅佐，加上他的皇后裴满氏无所顾忌地干预朝政，这让金熙宗一时有些不知所措。当时金国的朝堂风云变幻，朝中大臣频频变动，政局十分动荡，而金熙宗却一筹莫展。他只知道酗酒，并且喜怒无常、嗜杀成性，最终导致众叛亲离。公元1150年腊月初九，金太祖完颜阿骨打的孙子，时年二十七岁的完颜亮、驸马唐括辩等人发动兵变，弑杀了金熙宗，随后完颜亮登基称帝。

三年之后，野心勃勃的完颜亮迁都燕京（今北京市），并改燕都为中都，图谋消灭南宋，统一整个天下。完颜亮写过一首《题临安山水》，赤裸裸地表达了他要灭宋的野心：

万里车书一混同，江南岂有别疆封？

提兵百万西湖上，立马吴山第一峰。

称帝的完颜亮荒淫无度，他对大臣高怀贞厚颜无耻地讲述自己的"志向"，其中有一条就是"无论亲疏，尽得天下绝色而妻之"。此外，他还非常残暴，他上台之后，杀了宗室重臣以及金太宗子孙七十多人、完颜宗翰的子孙三十多人、其他宗室五十多人。甚至连辽国灭亡后的耶律氏，以及被抓到北方的北宋皇族一百三十多人也都被完颜亮杀害。非但如此，他连自己的嫡母徒单氏也给杀了。杀死了嫡母还不算，还把她的尸骨投入水中，实在疯狂至极。在这种情况下，金国内部对完颜亮的不满情绪早已是暗流涌动。

公元1161年十月，狂悖好战的完颜亮亲自率军，兵分四路对南宋发动全面进攻。然而就在他陈兵长江北岸之际，担任东京留守的金国宗室完颜雍趁机发动兵变，自立为帝，就是金世宗。

完颜雍自立的消息传到前线，完颜亮气愤不已，金军士气尽失。此种情况下，完颜亮仍执意进军南宋，还下了死命令："三日渡江不得，将随军大臣尽行处斩。"不得已，前线将士发动兵变，将完颜亮乱箭穿身并缢杀于前线的大帐之中。随后金兵北撤，而完颜亮也被他的继任者金世宗追废为"海陵炀王"，不久后又将其废为庶人，史称"金海陵王"。

金世宗完颜雍上台后，他一改前期完颜亶、完颜亮滥杀无辜的恶政，安抚宗室贵族，还对反对过他、但有才能的人，不计前嫌，予以重用。由此，金国混乱的政局渐渐得以稳定。到了公元1163年，金国又击败了南宋的隆兴北伐。次年，金国通过进攻迫使宋朝议和，金、宋双方签订了"隆兴和议"。此后，宋、金双方保持了四十多年的相对和平。

从金世宗到他的孙子金章宗统治的期间，金国内外安定，获得高速发展，国力达到全盛的局面，史称"大定明昌之治"（大定是金世宗的年号，明昌是金章宗的年号）。然而就在此时，北方草原另一个游牧民族快速崛起，它就是鞑靼人，即后来的蒙古人。公元1206年，成吉思汗建立大蒙古国，在草原上纵横征伐。蒙古人的强大使金国大受威胁。据说，当时流传着这样的民谣说："鞑靼来，鞑靼去，赶得官家没处去。"

公元1208年，金章宗完颜璟病逝，因为生前没能留下子嗣，他的叔父完颜永济得以登基。五年之后，完颜永济被悍将和宦官杀害。随后，在群臣的拥立下，金章宗的异母兄完颜珣（xún）即位，就是金宣宗。然而此时，在蒙古铁骑的不断攻伐下，金国在黄河以北的大片疆域已然丧失，金宣宗无奈之下，只能将都城迁到了汴梁。

公元1229年，蒙古大汗窝阔台派兵大举南下，金国危在旦夕。此时金宣宗早已去世，当国的是他的儿子完颜守绪，就是金哀宗。到了公元1232年，蒙古大将拖雷率军在钧州（今河南省禹州市）的三峰山一举击溃金军。此战，金军精锐全部丧失。

看到金国灭亡在即，南宋匆忙派出使臣约定与蒙古联合剿灭金国。于是三峰山之战的第二年，在蒙宋联军的进攻下，金哀宗仓皇逃离汴梁，跑到了蔡州城。然而没过多久，蒙宋联军又兵围蔡州城。

公元1234年的正月初九，走投无路的金哀宗将皇位传给了宗室完颜承麟，随后上吊自杀。完颜承麟继续率众抵抗，很快也死在乱军之中。时任金国宰相的完颜忽斜虎听说两位天子已经身死，他也随之跳水而亡，仅剩的五百多名金军将士也纷纷跳进汝水自尽。值得一提的是，金国灭亡之时，直到战死最后一人，竟然无一人投降。这份血性，尤为让人钦敬。

诗人元好问目睹了金国灭亡时的惨烈景象，曾写下一首诗：

神功圣德三千牍，大定明昌五十年。

甲子两周今日尽，空将衰泪洒吴天。

大宋藩邦：党项西夏国

在宁夏银川，崔嵬的贺兰山东麓，有九座巨大的塔形王陵和二百多座陪葬墓，它们就是神秘的西夏王陵。西夏是党项人建立的，在历史上曾先后与北宋、辽国、金国长期对峙。鼎盛时期，西夏的疆域包括今天宁夏大部和陕西、甘肃、青海、新疆，以及内蒙古的部分地区。

创建西夏的党项人是古代羌人的一个分支，南北朝时期，他们在青藏高原的东部过着天苍苍野茫茫的游牧生活。后来，经过历代繁衍，依靠血缘关系，党项人形成了八个比较大的部落，其中拓跋氏部落的实力最强，是党项诸部的盟主部落。

隋开皇五年（585），党项拓跋部的首领拓跋宁丛率领部族向隋文帝杨坚请求归附，隋文帝非常高兴，授予拓跋宁丛"大将军"的称号。到了唐朝贞观八年（634），唐朝征伐吐谷浑，当时党项人的首领拓跋赤辞和吐谷浑王室有姻亲关系，故而与吐谷浑一起对抗唐军。后经唐朝劝降，拓跋赤辞率领党项诸部归附大唐，被任命为西戎州都督，并赐予国姓"李"。然而随着青藏高原上吐蕃势力的崛起，党项诸部受到吐蕃的严重威胁，于是纷纷请求内迁。唐开元九年（721），唐玄宗下诏在庆州（今甘肃省庆阳市）安置从青藏高原内迁而来的党项人，这是党项人的第一次迁徙。

公元755年，随着安史之乱的爆发，唐朝开始走向衰败。当时已经迁徙到灵州（今宁夏回族自治区灵武市）、盐州（今宁夏回族自治区盐池县）和庆州（今甘肃省庆阳市与宁夏回族自治区南部一带）一带的党项诸部又在吐蕃的诱逼下，一起侵扰唐朝。唐廷为了阻断党项人与吐蕃的联合，不得已让散居在灵州、盐州和庆州一带的党项人再次内迁，这是党项人的第二次迁徙。当时内迁到夏州（今陕西省靖边县北白城子）一带的党项人称作平夏部落，后来建立西夏的党项拓跋氏就是平夏部落里最显赫的大族。

一次次的迁徙，让党项人背井离乡，他们先是从青藏高原来到了黄土高原，继而又迁徙到更北方的鄂尔多斯高原。恶劣的环境，加上唐朝官吏对他们的盘剥和压迫，养成了党项人尚武好勇、有仇必报、有诺必践的顽强性格。党项人不光是男人英勇善战，就连女人也尚武好勇，西夏历史上的没藏太后、梁太后都曾亲自率军征战，她们不仅是率领千军万马的女统帅，更是披坚执锐、征战沙场的女将军。

杨门女将

我们小时候听评书《杨家将》，女中豪杰穆桂英与佘（shé）太君的原型就是历史上真实存在的党项女性。当时在府州（今陕西省府谷县以东）的折（shé）氏家族就是党项大族，他们世代忠于中原王朝。后来宋朝建立，折氏家族的折德扆（yǐ）就带着家族归附了宋朝，他有个女儿折氏，后来嫁给了北宋名将杨业。评书《杨家将》里的杨继业和佘太君，历史上的原型就是杨业和党项大族折德扆的女儿折氏。

唐朝末年的时候，大约是唐懿宗咸通十四年（873），党项首领拓跋思恭趁着天下大乱，就占据了宥州（今陕西省靖边县东）。第二年，黄巢起义爆发，到了唐广明元年（880），黄巢攻陷了长安城。当时，拓跋思恭率领党项人镇压黄巢起义，因功被封为定难军节度使，封爵夏国公，并获赐唐朝皇族李姓。从此，拓跋思恭就成了拥有大唐皇族身份的李思恭。此后他拥兵自重，割据在夏州，即所谓的"夏州政权"。

唐朝灭亡后，迫于形势，割据在夏州一带的党项拓跋氏又先后臣服于后梁、后唐、后晋、后汉和后周。虽然他们表面上臣服于五代时期的中原王朝,但实际上却是一个独立的地方割据政权。

时光荏苒,王朝更迭,党项人的夏州政权随着流逝的岁月世代相传了下来。到了北宋初期,夏州政权传到了李思恭的后代李继捧的手里。李继捧是个老实人,在宋太宗赵光义的连哄带骗下,他把祖宗传下来的地盘儿悉数献给了宋朝。当时,李继捧有个同族兄弟名叫李继迁,他得知自家的地盘儿都归了宋朝老赵家,心有不甘,于是以给乳母送葬为名,掩人耳目,将武器藏在棺材里,率部来到了党项族聚居的地斤泽(今内蒙古自治区鄂托克旗东北)。

来到地斤泽后,李继迁利用他们家是党项大族的身份,并通过宣扬其高祖李思忠的功德,渐渐聚拢起当地的党项族人,同时赢得了党项诸部首领的支持。他招兵买马,积聚力量,谋求夺回被宋朝占去的祖宗基业。此后,他的地盘儿不断扩大,他所率领的党项部族也成为一股强大的军事力量。

十余年后,李继迁逐步夺回了自唐朝末年以来祖宗曾经据有的夏州土地,同时他统一了党项诸部,实力越发强悍。公元1002年,李继迁率兵夺取了灵州(今宁夏回族自治区吴忠市),并改灵州为西平府。次年正月,李继迁在西平府建都。

攻占灵州的第二年,李继迁声东击西,对外扬言要攻打环州、庆州,实际上却兵锋直指吐蕃人盘踞的西凉府(今甘肃省武威市)。当时盘踞在西凉的吐蕃首领潘罗支自知不敌,于是率众出逃,归附了宋朝。由此,李继迁又占据了西凉府。

然而没过多久,吐蕃首领潘罗支声称要归降李继迁,李继迁毫无防备,在检阅归降的吐蕃军阵时,潘罗支趁其不备突然施放冷箭,射中了李继迁的左眼。随后,吐蕃兵纷纷拔刀上前就要来杀李继迁,多亏卫士的保护,李继迁才杀出重围,逃回了灵州。公元1004年正月初二,李继迁伤重而亡。随后,他的儿子李德明继承了爵位,成为党项诸部的新首领。

李继迁死的这一年，宋朝与辽国签订了澶渊之盟，从此宋朝从宋辽战争的泥淖中解脱出来，专心一意对付在西北为患的党项人，这让年纪轻轻的党项首领李德明深为忧虑。同时，常年的战争也让党项内部动荡不安，人民生活极度困苦，党项的经济处于崩溃的边缘。鉴于内外忧患，李德明决定结好于辽、宋双方，又利用辽、宋双方的矛盾获取更大的利益。于是，党项游走于辽、宋两个大国之间，并趁机向西发展，逐渐占据了甘州、回鹘、瓜州等，势力直达玉门关，最终将整个河西走廊收入囊中。

　　公元1020年，李德明迁都怀远镇（今宁夏回族自治区银川市），并将怀远镇改名为兴州。不久后，他被辽国加封为尚书令、大夏国王。与此同时，他依然向北宋称臣，每逢重大节日还向北宋朝贡。李德明的这些手段让党项人获得了发展的时间，为后来的西夏建国奠定了雄厚的基础。公元1032年十月，李德明因病去世，终年五十一岁。

　　李德明死后，他的儿子李元昊继位。到了公元1038年，野心勃勃的李元昊正式称帝，改兴州为兴庆府（后又改为中兴府），国号"大夏"，就是历史上的西夏王朝。至此，这个来自青藏高原的游牧部落，一路颠沛流离，筚路蓝缕，几代人开疆拓土，终于完成了从部落到王朝的华丽蜕变。

　　李元昊建国后，他非常重视军事建设，在河西走廊养殖优良战马，组建精锐骑兵。其中，战斗力最强的骑兵被称为"铁鹞子"，威名赫赫。西夏正是凭借"铁鹞子"，多次挫败北宋的军队。除此之外，西夏掌握了非常先进的锻铁技术，这让西夏武士的刀剑异常锋利坚韧，在当时，西夏剑甚至有天下第一的美誉。西夏军还发明了一种"神臂弓"，利用坚硬的牦牛角制作而成，北宋学者沈括曾在《梦溪笔谈》里形容这种武器："射三百步，能洞重札，谓之'神臂弓'，最为利器。"凭借强大的精锐骑兵和武器装备，西夏四处征战，疆域一时达到鼎盛，其边界"东尽黄河、西界玉门、南接萧关、北控大漠，地方万余里"。

　　这一时期，西夏对北宋开始频频侵扰。当时，镇守边关的北宋名臣范仲淹面对西夏的侵袭，十分惆怅，他在词中感叹："浊酒一杯家万里，燕然未勒归无计。"然而，连年不断的战争也让西夏国力大损，人民负担加重，朝野怨声四起。这种情况下，李元昊只好停战，与北宋签订了和议，史称"庆历合盟"。庆历合盟的主要内容是：西夏对宋称臣，宋则对西夏"赏赐"重金。由此以后，西夏每年都能拿到北宋的大量金钱和物资，使国家逐渐走上了强盛的道路。在那个时期，西夏还向宋朝学习文化制度，同时引进中原先进的农耕文明，并大兴水利，疏浚水渠，从而使西夏的农业获得了很大的发展。

然而，李元昊生性猜疑，好色成性，又残忍好杀。北宋名将种世衡就利用李元昊疑心过重的特点，施了一招离间计，最终让西夏大将野利遇乞死在了李元昊的屠刀之下。不仅如此，好色的李元昊还把野利遇乞的娇妻没藏氏纳为妃子，占为己有。

公元1047年，没藏氏为李元昊诞下了皇子李谅祚，这让李元昊大为欣喜。此时，李元昊已有皇后野利氏，但随着野利氏的哥哥野利遇乞被诛杀，野利皇后逐渐失宠。同年农历五月，野利皇后之子、太子宁令哥举行大婚。李元昊见儿媳美艳娇嫩、楚楚动人，他按捺不住，通过巧取豪夺，硬是将儿媳妇纳入了自己的后宫。此举让太子宁令哥愤怒无比，但他不敢反抗，父子俩从此反目。

而失宠的野利皇后，先是哥哥被李元昊冤杀，接着李元昊又夺走了自己的嫂子没藏氏，紧跟着又夺走了儿媳，这一系列的事件让野利皇后心生怨言。李元昊得知后，直接废黜了野利皇后，并将其打入了冷宫。这个时候，野利皇后的儿子宁令哥已经忍无可忍，废母之恨、夺妻之仇让年轻太子的心中充满了仇恨，他要向父亲找回属于自己的尊严。

公元1048年元宵节，宁令哥约野利族人浪烈等潜入皇宫，趁着李元昊大醉之际，刺杀了自己的父亲。李元昊之死，结束了一个时代，也改变了西夏的走向。由于太子宁令哥弑父，后来他被没藏氏的哥哥没藏讹庞处死。于是，没藏氏所生的儿子李谅祚，刚满周岁就被没藏氏抱着登基，做了西夏的新皇帝。因皇帝年幼，太后没藏氏临朝称制。此后，西夏王朝一直处于外戚擅权的乱局，国家动荡不安。直到西夏的第五位皇帝夏仁宗李仁孝即位，这种外戚专权的局面才得以结束，西夏也终于迎来了一段稳定的发展时期。公元1193年，西夏仁宗李仁孝去世，此后西夏朝堂内讧不断，政治黑暗腐败，社会动荡不安，西夏王朝开始衰败。

公元1226年，成吉思汗率领蒙古大军征讨西夏。这年冬，蒙、夏两军在冻结成冰的黄河上展开决战，西夏军队伤亡惨重。第二年，蒙古得胜，西夏灭亡。西夏宗室或遭屠杀，或流散四方，就连贺兰山下的西夏王陵也遭到了严重的破坏。自此以后，西夏的土地被纳入蒙古帝国的版图，并改名为"宁夏路"，这也是今天"宁夏"的来历。

如今的贺兰山下，西夏王陵依然屹立，它们用寂然无声的方式宣示着一个王朝的兴衰命运。而西夏王朝的故事，早已消散在漫天黄沙之中，传唱在悲壮苍凉的牧歌里，与西北的天地融为一体。

元朝：蒙古帝国的兴亡

历史总是充满了悖论，破坏和建设往往如影随形。蒙古铁骑所到之处，白骨累累，城镇湮没。然而也正是伴随蒙古铁骑的冲撞，东西方文明，游牧文明与农耕文明也在不断地碰撞与交融。蒙古人在13世纪上半叶建立的庞大帝国，曾令无数的国家为之胆寒，也让后世之人为之自豪。

很多人认为，蒙古帝国就是中国历史上的元朝。实际上，元朝并不等于蒙古帝国，它只是蒙古帝国的一个汗国——大汗汗国。从版图上来看，元朝位于东方，西面还有其他四个汗国——察合台汗国、金帐汗国、窝阔台汗国和伊尔汗国。

由于蒙古大汗以元朝的大都（今北京市）为统治中心，并且有权册封各汗国首领，所以，元朝可以看作蒙古帝国的核心。不算其他四大汗国的面积，仅元朝的疆域在极盛时就达到了一千三百多万平方公里。《元史》这样记载："其地北逾阴山，西极流沙，东尽辽左，南越海表。……元东南所至不下汉、唐，而西北则过之。"元朝不仅拥有辽阔的疆域，更有强大的军事，也创造了繁盛的文明。可惜，这个依靠武力而建立的帝国，仅仅不到一个世纪就悄然谢幕，正所谓"其兴也勃焉，其亡也忽焉"。

"蒙古"最初只是漠北草原上一个以东胡为族源的部落所使用的名称，后来逐渐吸收和融合了聚居于漠北地区的一些游牧部落，并发展成这些部落的共同名称。关于蒙古帝国的建立，有一个古老的传说。相传两千多年前，一个名为室韦的游牧部落与其他邻近部落发生了战争。最后，室韦部落只剩下两男两女，他们逃到被崇山峻岭包围的额尔古涅昆

（约今额尔古纳河以东），从此以后，就在那里繁衍生息，世代相传。他们的子孙后代不断繁衍壮大，氏族旁出，其中一支名为蒙兀室韦，史书上也称"萌古"或"蒙兀"，后来则统一称为"蒙古"。

到了12世纪，这些活跃在草原上的蒙古人不断壮大，渐渐组成了部落联盟。公元1162年，在斡难河边的跌里温盘陀山，一个右手紧握血块的男婴呱呱坠地。他，就是后来蒙古帝国的创建者，被尊为"成吉思汗"的铁木真。

铁木真出生于蒙古乞颜氏贵族世家，父亲是蒙古乞颜部首领也速该。虽说出身贵族，但铁木真的童年却充满了坎坷波折。就在他九岁那年，父亲也速该被世仇塔塔尔人（蒙古人的一支，也被译为"鞑靼"）设计毒死。父亲死后，也速该部众纷纷离散，铁木真一家也遭到了自己的近亲泰赤乌部的驱逐。于是，年幼的铁木真只好在母亲的带领下，与几个弟妹一起，自食其力，艰难生活。

铁木真打小儿就表现出好勇斗狠的性格，因为兄弟之间的一点小事，他曾把自己同父异母的弟弟别克帖儿无情地射杀，这让周围部族的人对铁木真感到有些恐惧。几年后，泰赤乌部担心年龄渐渐长大的铁木真成为后患，于是将铁木真抓获，准备处死。多亏了好心人帮助，铁木真才侥幸得以逃脱。

生活的艰辛没有打倒铁木真，反而使他成为一名勇敢的武士。长大后，他开始四处征伐，扩张领地。在历尽艰辛、九死一生后，铁木真征服了漠北草原上地广人众的克烈部，逐渐成为漠北草原最强悍的力量。公元1204年，铁木真与乃蛮部会战于纳忽昆山，最终将乃蛮部征服。当年秋天，他又北征蔑儿乞部，将其平定。

公元1206年，铁木真被草原各部落推选为共同的首领，正式建立大蒙古国，即大汗位，尊号"成吉思汗"。之后他继续出征，最终于两年后彻底统一了漠北草原，一个强大的蒙古帝国出现在了历史的舞台。到了公元1218年，成吉思汗率先吞灭了邻国西辽，接着第二年又向西征服了中亚花刺子模。蒙古铁骑所向无敌，一直将足迹延伸到今天东欧的伏尔加河流域。之后几年,成吉思汗接连向黄河边上的西夏发起进攻,打得西夏末帝不得不派使者投降求和。公元1227年夏,成吉思汗在最后一次对西夏用兵时病逝,临终前遗命其子先接受夏末帝的投降,然后将其杀死,斩草除根。至此,西夏灭国。成吉思汗死后,他的第三个儿子窝阔台继承汗位。公元1234年,蒙古与南宋联军灭了金国。此后,蒙古铁骑一路西征,大军一度深入到了东欧腹地。

与此同时,窝阔台大汗任用精通汉语和儒学的契丹贵族耶律楚材,健全蒙古的政治制度,同时效仿宋朝的郡县制度,从而实现了对中原地区的有效统治。然而窝阔台一半是英雄,一半是魔鬼。他荒淫残暴且嗜酒如命。公元1241年十一月,窝阔台酗酒纵欲导致中风,不久后死于行宫之中,终年五十六岁。窝阔台死后,他的长子,当时正远在中亚出征的贵由被立为太子。随后,贵由的母亲乃马真后临朝称制,等待儿子赶回来继承汗位。公元1246年,贵由在汪吉宿灭秃里(今蒙古国哈尔和林一带)登基。可惜仅仅两年后,贵由大汗就在征讨西域的途中突然病死。

贵由死后,在实力最强、地位最高的拔都提议下,通过忽里台大会,成吉思汗之孙、拖雷的长子蒙哥被推举为新一任的蒙古大汗。蒙哥即位后,他任命四弟忽必烈掌管漠南的中原汉地。于是到了公元1253年,忽必烈联合大将兀良合台率领大军,剑指西南,在第二年就灭了大理国。面对蒙古人的铁骑,当时许多国家都选择臣服,除了斯文柔弱、偏安东南的南宋王朝。

公元1258年,蒙哥可汗、其弟忽必烈和大将兀良合台兵分三路直取南宋。当年七月,蒙哥可汗所率主力已经攻克了四川的大部分地区。第二年的年初,蒙哥大军在围攻四川合州钓鱼城(今重庆市合川区)时,攻势受挫,蒙哥可汗还被炮石击成重伤,不久命丧钓鱼城。

当时正在鄂州前线的忽必烈听说蒙哥可汗在合州的钓鱼城受伤而死,于是紧急撤兵,北返草原,争夺蒙古大汗的宝座。经过一番角逐,到了公元1260年春,忽必烈在开平府(今内蒙古自治区上都镇)登基,并首次采用汉族的年号"中统纪元"。

忽必烈的登基，标志着一个新时代的来临。在汉人儒臣的辅佐下，忽必烈大刀阔斧地进行政治改革，在中央建立完整的封建官僚机构，在地方实行行省制度。然而此时，忽必烈的皇权并不稳固。就在他登基的同时期，弟弟阿里不哥也在哈剌和林自立为汗。尽管在忽必烈的重兵镇压下，阿里不哥兵败投降，但令忽必烈头疼糟心的是，这仅仅是噩梦的开始。之后"黄金家族"的成员不断向忽必烈发起挑战，蒙古帝国内战频频。这些内战促使四大汗国先后独立，直到后来元成宗时期，四大汗国才承认元朝为宗主国。

黄金家族

黄金家族是指成吉思汗的家族，即蒙古乞颜部孛儿只斤氏。成吉思汗建国时，按照分配家产的惯例，将蒙古人户分封给诸子、诸弟。后随着蒙古国的扩大，黄金家族的成员又继续被分予人民和土地，各自成立兀鲁思（封地）。金帐汗国、窝阔台汗国、伊尔汗国就是在封地的基础上建立起来的。

公元1271年，忽必烈取《周易》"大哉乾元"之辞，改国号为"大元"，并于次年定都大都（今北京市）。自此，成吉思汗的孙子忽必烈开启了真正意义上的元朝，忽必烈就是元世祖。元朝建立的六年之后，南宋宣布投降。又三年后，南宋最后一股军事力量在崖山海战中彻底消亡。至此，元朝实现了大一统的局面。然而，忽必烈并没有停下脚步，他先后征伐日本、安南、占城、缅国、爪哇等国家。可惜的是，此后蒙古军队的征战不再那么一帆风顺，尤其让忽必烈难以释怀的是两次征伐日本的惨败。当时肆虐的狂风海浪打翻了元朝的远征战舰，十四万大军生还者不足五分之一，这是忽必烈一生从未遭遇的惨败。

连续不断的对外战争，让元朝的财政处于崩溃的边缘。而随着渐渐老去，忽必烈也逐渐熄灭了对外扩张的激情。公元1294年正月，八十岁的忽必烈在大都溘然长逝。伴随着忽必烈的离去，黄金家族的四大汗国最终变得四分五裂。

忽必烈死后，他的孙子铁穆耳继位，即元成宗。若干年后，元朝不断陷入争夺皇位的内讧，皇室之间互相残杀。从公元1307年开始，短短二十五年间，元朝竟接连换了八位皇帝，其中有两个皇帝被弑杀，还有一个竟然不知所终。到了公元1382年，元朝再次发生严重的内讧——两都之战。

当时，元朝泰定帝为了防止身后出现皇位之争，登基次年就立了五岁的儿子阿速吉八为太子。公元1328年七月，泰定帝死于上都，丞相倒剌沙专权，很久都不立新君；当时留守大都握有兵权的元武宗旧臣燕帖木儿谋立武宗的儿子怀王图帖睦尔为帝。八月初，上都泰定帝一系的丞相倒剌沙发兵进攻大都。经过一番大战，大都元武宗一系获得了胜利，泰定帝所立的太子阿剌吉八不知所终。经此大乱，元朝社会动荡，元气大伤。

公元1333年，元朝迎来了最后一位君主——元顺帝妥懽（huān）帖睦尔。他是元朝统治时间最长的一位君主，共在位三十五年。妥懽帖睦尔在位期间，尽管试图有所作为，无奈这时的元朝已经积重难返，病入膏肓了。到了元朝末年，各地农民起义风起云涌，尤其是红巾军起义席卷全国，元帝国风雨飘摇。

红巾军起义

红巾军是元末农民起义中的主要力量，爆发于元顺帝至正十一年（1351）颍州（今安徽省阜阳市），由韩山童、刘福通等人领导。最初与弥勒教、白莲教等民间宗教结合，因起义军头裹红巾，高举红旗，故称"红巾军"；又因其烧香聚众，亦称"香军"。在红巾军的影响下，全国各地农民起义纷纷响应，规模较大的有徐寿辉、郭子兴等部。后来，原属红巾军的朱元璋独树旗帜，历经艰难，最终在南京称帝，建立明朝。

十七年后，安徽凤阳人朱元璋领导的明军攻陷了通州（今北京市通州区）。当天晚上，妥懽帖睦尔率领后宫亲信一千多人从大都健德门北逃上都（今内蒙古自治区正蓝旗东北）。三天之后，明军攻破大都。至此，仅仅延续九十八年的元朝宣告灭亡。

有人用一句话概括了元朝的失败，那就是"会打不会管"。也就是说，这个王朝只会开疆拓土，却不懂该如何治理这些疆域。再加上元朝后期内讧频频、天灾不断，终使这个伟大的帝国不到一个世纪便轰然倒塌，只有那草原上奔驰的骏马还在诉说着蒙古帝国昔日的辉煌。

帝国余晖

明清

大明之开国与繁荣

中国历史上有这样一个王朝,史书说它"治隆唐宋,远迈汉唐"。相比于汉之和亲、唐之藩镇、宋之纳贡,它不和亲、不纳贡,天子守国门,君王死社稷,它就是被称誉为最有骨气的大明王朝。

放眼当时的世界,大明王朝的军事实力超级强大,尤其是水军,可谓睥睨天下。有明一朝,水师几乎可以说无一败绩。除了军事,明朝的经济也相当发达,农业、商业、手工业都有长足的发展,甚至出现了资本主义的经济萌芽。不仅如此,明朝的文学艺术空前繁荣,小说戏剧兴盛,书画流派林立,"四大奇书""三言二拍"等传世经典都出自这一时期。总而言之,明朝堪称继汉唐之后的又一个黄金时代。

然而,如此兴盛的大明王朝,它的起点却被人诙谐地描述为"开局一个碗"。所谓"开局一个碗",是因为大明王朝的开国皇帝朱元璋属实是历史上出身最低的皇帝,他曾经穷到了要讨饭才能活下去的地步。

公元1328年,朱元璋出生在濠州(今安徽省凤阳县)的一户贫农家里。要说他们家,真可谓是一贫如洗,贫穷到啥程度呢?连个正儿八经的名字都没有,朱元璋的高祖叫作朱百六,曾祖叫作朱四九,祖父叫作朱初一,他爹叫作朱五四,到了他这一辈儿,在家族兄弟里排行老八,所以叫作朱重八。朱元璋这个名字,是1356年他率兵起事成功时为自己改的名字。"璋"是一种锋利的玉器,表明他要做诛灭元朝的一柄利器。为了表述方便,我们姑且始终称他为朱元璋。

元至正三年(1343),朱元璋十六岁了。这年的一场大旱和随后而来的蝗灾,席卷了朱元璋的老家一带。于是,庄稼颗粒无收,乡间饿殍遍野，满目悲凉。在这场天灾中，朱元璋的爹娘和大哥先后去世，但他来不及悲痛，他当时首先考虑的是如何才能活下去。

为了活命，朱元璋来到家乡附近的黄觉寺出家做了一名小和尚，为的就是能混口吃的。但是没过多久，寺里也没有吃的了，于是年仅十七岁的朱元璋不得不离开寺院，怀里揣着一只破碗，开始了他讨饭的生涯。

公元1351年，颍州（今安徽省阜阳市）的韩山童、刘福通率众揭竿而起，号称红巾军。一时间，天下烽烟四起，各地的起义军纷纷响应。次年正月，定远县的土豪郭子兴等人也打着红巾军的旗号起义。当时已经二十五岁的朱元璋，扔掉讨饭的破碗，投奔了郭子兴的起义军。

由于朱元璋作战勇猛，机智灵活，又在庙里当了几年和尚，读写过经文，因此略通文墨，很快就在那些大字不识的农民军中脱颖而出。不久，朱元璋就受到了郭子兴的赏识，将他提拔为亲兵队长，还把养女马氏嫁给了他。公元1355年春，郭子兴病逝，当时朱元璋羽翼渐丰，于是他别树一帜，招揽人才，扩充军队，不断壮大自己的实力，几年之间，麾下便已拥兵十万。

公元1359年，红巾军首领韩山童之子韩林儿自立为小明王，他任命朱元璋担任中书省左丞相，来抗衡陈友谅、张士诚等军阀势力，并开拓江南。到公元1361年正月，朱元璋又被封为吴国公。三年之后，朱元璋率军消灭了盘踞东南的陈友谅。又过了两年，朱元璋发兵征讨投靠元朝的张士诚，最终在平江（今江苏省苏州市）大胜，消灭了张士诚势力，史称"平江之战"。随后，朱元璋派大将汤和率军消灭了割据浙东的方国珍势力。至此，江南之地已经尽归朱元璋。

公元1367年十月二十一日，朱元璋以"驱逐胡虏，恢复中华，立纲陈纪，救济斯民"为纲领，命徐达为征虏大将军、常遇春为副将，率军二十五万，北伐中原。此后，徐达先后攻占山东、汴梁、潼关等地，不久朱元璋也坐镇汴梁，亲自指挥作战。次年正月初四，朱元璋在南京称帝，国号"明"，年号洪武，朱元璋就是明太祖。由此，他从一个讨饭的小和尚，经过二十多年的颠沛流离、艰苦创业，终于开基建国，创立了大明王朝。

就在朱元璋称帝的同年闰七月，明朝各路大军直抵通州。八月，明军进逼大都，元顺帝匆忙逃出大都，向北逃窜至上都。至此，元朝灭亡。之后，朱元璋继续率军，一鼓作气，接连平定了山西、陕西、四川、大理等地。到洪武二十六年（1393），明朝已经完全控制了河西走廊，天下一统的局面已经形成。

洪武三十一年（1398），明太祖朱元璋病逝于南京，享年七十一岁。他生前曾写有一首《雪竹》：

雪压枝头低，虽低不着泥。

一朝红日出，依旧与天齐。

他起于微末，百折千难，矢志不渝，终于驱逐鞑虏、恢复中华。正如清代史学家孟森所说："中国自三代以后，得国最正者，唯汉与明。匹夫起事，无凭借威炳之嫌；为民除暴，无预窥神器之意。"这段话可以说是对朱元璋一生最好的注解。

朱元璋死后，由于太子朱标早逝，皇太孙朱允炆继位，就是明惠宗，也称建文帝。朱允炆即位的时候，明朝各地藩王的势力日益强盛，已经对中央朝廷产生了威胁。于是，建文帝朱允炆为了巩固皇权，在亲信大臣齐泰、黄子澄等人的提议下，开始了削藩的计划，周王、代王、齐王、湘王等先后被废，或被迫自杀。不久，为了铲除燕王朱棣，建文帝又以加强边防为幌子，要撤调燕王朱棣的军队。朱棣不想坐以待毙，于是在谋士姚广孝的建议下，他打起"清君侧，靖内难"的旗号，起兵反叛。

据说刚开始，朱棣对于反叛还有些犹豫，直到有天晚上他做了一个梦。在梦中，父亲朱元璋赐给他一个象征着无上权力的大圭，并对他说："传世之孙，永世其昌。"梦醒之后，朱棣对梦中之事百思不得其解。恰在此时，府里传来一个消息，他的长子朱高炽生下一个儿子，取名朱瞻基。听到孙子朱瞻基出生的消息，朱棣猛然想到梦里他爹说的那句"传世之孙"的话。于是，这个带着美好预言而降生的孩子，就给朱棣平添了一份信心，让他下定决心举起了反旗。

建文四年(1402),燕王朱棣率军南下,攻破了大明的都城南京,混乱的大火中,建文帝不知所终,而这场由燕王朱棣发起的战争史称"靖难之役"。随后,朱棣在南京即皇帝位,就是明成祖。与此同时,建文帝的去向和结局,也成了千古之谜。

明成祖永乐十四年(1416),为了加强对北方的控制和对抗关外游牧民族的侵袭,朱棣下令正式营建北京城。五年之后,朱棣迁都北京,亲自坐镇幽燕之地,后世因此形象地称他是"天子守国门"。其实朱棣迁都北京,与其说是"守",不如说是"攻",他定都北京,就是为了更方便攻击蒙古。从永乐八年(1410)开始,朱棣先后五次率军北伐,亲征蒙古,可惜在最后一次北伐的归途中,因病去世。

对于明成祖朱棣的一生,历来是毁誉参半。他夺了亲侄子的皇位,还残酷迫害反对他的良臣义士。但同时他励精图治,有着不输于其父朱元璋的赫赫功绩。他屡平东南倭寇,五征漠北蒙古,还下令编纂《永乐大典》,后来更是派遣郑和七下西洋,使华夏的文明远播万邦。

世界最大百科全书——《永乐大典》

《永乐大典》是明永乐年间由明成祖任命解缙、姚广孝等主持编纂的一部大型典籍类书。此书初名《文献大成》,后明成祖赐名《永乐大典》。全书两万两千八百七十七卷,一万一千零九十五册,约三亿七千万字,汇集了古今图书七八千种。内容包括经、史、子、集,涉及天文、地理、文学、哲学、宗教、医术、工艺、农艺等,涵盖了中华民族数千年来的知识财富,被誉为"世界有史以来最大的百科全书"。

明成祖死后,太子朱高炽继位,即明仁宗。朱高炽是一个胖子,不仅胖,腿脚也有问题。本来朱棣并不喜欢自己这个性格宽仁,甚至有些软弱的胖儿子,但他深知老朱家是马上得天下,却不能马上治天下。再加上当他询问大臣关于立太子的意见时,大臣解缙说了一句"好圣孙"。就是说皇上您虽然不看好自己的儿子朱高炽,但朱高炽的儿子朱瞻基可是您的好孙子。一句话点醒了梦中人,朱棣向来把孙子朱瞻基当作大明的接班人来培养,因此解缙的这句话让他下定了立朱高炽做太子的决心。可以说,朱高炽是沾了儿子的光,才有幸成为大明的第四位皇帝。而后来的历史证明,朱棣选对了接班人。

朱高炽即位后,他一改父皇朱棣的穷兵黩武,平反靖难之役的冤假错案,并且与民休息。同时,他虚怀若谷,褒奖直言。尽管他在位时间较短,却也为儿子朱瞻基日后创建一个太平盛世奠定了良好的基础。

洪熙元年(1425)五月,明仁宗朱高炽病逝,终年四十八岁。随后太子朱瞻基继位,即明宣宗。谁料朱瞻基刚刚登基,他的叔叔汉王朱高煦在次年八月就造了反。面对叛乱,朱瞻基决定御驾亲征。而汉王朱高煦根本没料到自己这个大侄子竟然亲带兵来征讨他,一时间不知所措,在他的驻地乐安州(今山东省惠民县)束手待毙。随后,朱瞻基亲率大军兵围乐安城,但他并没有马上发动攻势,而是将告示射进城里,晓谕叛军将士祸福安危,告诉他们不要依附叛贼朱高煦。于是,城中叛军人心动摇,很多人都想抓住朱高煦献给皇帝。就这样,明宣宗朱瞻基未动刀枪,他的叔叔朱高煦就无奈投降了。

平定汉王朱高煦的叛乱之后,朝局逐渐稳定。之后,明宣宗在父亲仁宗奠定的基础上励精图治,在"三杨"(杨士奇、杨荣、杨溥)、蹇义、夏原吉以及英国公张辅等人的辅佐下,休兵养民,减轻人民负担,节省了大量的人力物力,从而海内安定,经济发展,百姓安居乐业,史称"仁宣之治"。

然而,明宣宗朱瞻基在把国家治理得井井有条的同时,他有一个特别的个人癖好,那就是斗蛐蛐。《明史》记载,朱瞻基为了斗蛐蛐,还专门派人到江南一带去寻找能打好斗的蛐蛐。其实,斗蛐蛐本来无伤大雅,但贵为天子,上行下效,一个小小的蛐蛐游戏,也往往会形成不良的社会风气,甚至一度引发地方民生的混乱。然而无论怎样,大明王朝正是在宣宗一朝,达到了鼎盛时期。

大明之由盛而衰

大明宣德十年（1435）正月，年仅三十六岁的明宣宗朱瞻基英年病逝，太子朱祁镇继位，即明英宗。朱祁镇登基时只有九岁，所以朝中由内阁"三杨"辅政，同时祖母张太后在宫中也对朝局具有一定的影响力。这个时候，大明朝政还算稳定，一直都走在正轨上。

明宣宗还活着的时候，就让近侍启蒙朱祁镇学习儒家经典。在这些近侍中，有一个私塾先生出身的太监，名叫王振。王振读书不少，在太监堆里大家都管他叫"王先生"。当时，明宣宗很赏识王振，就让王振做了太子朱祁镇的启蒙老师兼生活保姆。而朱祁镇也很敬重和宠信王振，从来都称呼他为先生。朱祁镇登基后，王振因受宠信很快做到了司礼监掌印太监的高位。开始的时候，王振与内阁"三杨"的关系还算融洽，加上太皇太后张氏也有意压制宦官，所以王振一直表现得还算规矩。

正统七年（1442），太皇太后张氏病故，此时内阁"三杨"中的杨荣已经在两年前就去世了，而杨士奇、杨溥失去了太皇太后张氏的支持，不久也失势。此后，明英宗朱祁镇乾纲独断，而他最宠信的太监王振也逐渐权势熏天、肆意妄为。

当时进京奏事的官员必须先去拜望太监王振，还要给他送上数百两到上千两的白银。唯独有一个硬骨头，此人进京奏事，从来不找王振，也不给王振送钱，这个硬骨头就是以兵部右侍郎的身份巡抚河南、山西等地的名臣于谦。当时有人就劝于谦，总不能每次进京奏事都两手空空啊。于谦甩了甩两只袖子，淡淡一笑，说："只有清风。"为此，他还

写诗一首:

　　绢帕蘑菇与线香,本资民用反为殃。

　　清风两袖朝天去,免得闾阎话短长。

于谦的一身硬骨头硌得王振生疼,于是他找了个机会诬陷于谦,还把于谦打入了死牢。而老百姓听说于谦被判死刑,群情激愤,联名上书为于谦喊冤。迫于压力,王振才不得不释放了于谦。

于谦生活的时代,正是明朝最兴盛的时代。明仁宗、明宣宗休兵养民之策使得国家经济繁荣、百姓安居乐业,但也导致武备松弛,对北方蒙古人的控制力大为减弱。于是,曾被明朝打得退居漠北的蒙古各部又死灰复燃,渐渐强大了起来。其中尤以蒙古瓦剌部最为难缠,他们屡次侵扰大明,让明廷很是头疼。为了抵御瓦剌人的侵扰,一些大臣多次提议整顿兵制,增加军备,可惜都因太监王振的阻挠,这些建议都没有付诸实践。

正统十四年(1449),瓦剌人率军南下,袭扰明朝的边境。结果明军大败,瓦剌军趁机越过边塞,深入明朝境内,朝廷上下顿时一片恐慌。而此时对打仗一窍不通的太监王振,他给明英宗朱祁镇出了个馊主意:怂恿明英宗御驾亲征,抵御瓦剌。当然,王振并非胸有成竹,他只是在琢磨自己的小算盘。因为此战一旦获胜,他王振就是头功一件。

于是就在当年七月,在群臣的反对声中,明英宗一意孤行,让弟弟郕王朱祁钰留守北京城,而他则披挂整齐,统领大军草率亲征。但大军仅用两天就匆忙集结启程,各项准备工作根本来不及完成。更为草率的是,明英宗竟让丝毫不懂军事的王振担任军队指挥,以至于刚一开战,明军就屡战屡败。仅仅一个月后,明军在败退到土木堡(今河北省怀来县)时,不幸被瓦剌军追上,最终明军全军覆没,明英宗被瓦剌人俘虏,而太监王振也在乱军中被愤怒的将士锤杀身亡,这就是历史上著名的"土木堡之变"。

皇帝被瓦剌生擒的消息传回北京城,朝中一片恐慌。与此同时,气势汹汹的瓦剌大军乘胜继续南下,兵锋直逼北京城。当时大臣徐有贞等人提议立即迁都南京，而此时已经调回京城任兵部侍郎的于谦挺身而出，他极力反对南迁，同时指责徐有贞祸国殃民。然而皇帝被俘，大明王朝不可一日无君，因此于谦提议郕王朱祁钰立刻登基，这样才能鼓舞士气，抵御瓦剌。生死攸关之际，在孙太后的支持下，朱祁钰匆忙受命，登基称帝，即明代宗。

明代宗的即位粉碎了瓦剌人欲携英宗而胁迫大明的企图，随后于谦拜受兵部尚书，他决心坚守京师，积极备战。很快，南直隶、河南、山东等地的勤王大军也陆续赶到，在于谦的指挥下，明军连续大败瓦剌军。三个月后，被明军痛揍的瓦剌军不得已撤出关外，这场胜利使明朝度过了生死一劫，史称"京师保卫战"。一年之后，讨不到任何便宜的瓦剌人，只能释放了被俘的明英宗朱祁镇。朱祁镇刚一回到京城，就被弟弟明代宗朱祁钰以太上皇的身份软禁于南宫，并让锦衣卫严加看管。

景泰八年（1457）正月，明代宗朱祁钰病重。当时在京师保卫战中立下大功的石亨等人为了给自己谋求一个拥立之功、富贵之路，他们联合大臣徐有贞和宦官曹吉祥等人，于当年的正月十六日夜晚，发动了"夺门之变"。这场政变后，明英宗朱祁镇复位。随后他以"篡位易储，紊乱朝纲，擅夺兵权"等罪名，下旨逮捕了为大明王朝立下汗马功劳的兵部尚书于谦。

据说当朝廷派人去抄于谦的家时，发现这位大明王朝的从一品高官，竟然家徒四壁，穷得还不如一个七品县令，这让前去抄家的锦衣卫也被感动得泪水涟涟。五天之后，于谦被押往崇文门外，就在他曾拼死保卫的城池之前，得到了他最后的结局——斩决。于谦死的那天，阴霾重重，许多人前来哭送于谦。然而忠魂已去，大明再无于谦。他曾写有一首《石灰吟》：

千锤万凿出深山，烈火焚烧若等闲。

粉骨碎身浑不怕，要留清白在人间。

大明忠臣于谦死了，瓦剌的野心再度复燃。没过多久，瓦剌军卷土重来，对明朝边境展开了新一轮的劫掠。而明英宗束手无策，只能唉声叹气。在一旁侍候的恭顺侯吴瑾，一直为于谦的死抱不平。于是他见缝插针地说："使于谦在，当不令寇至此。"听吴瑾一言，朱祁镇这才后悔不该杀了于谦。

明英宗经历了土木堡之变，又加上一系列的朝廷变故，他开始逐渐成熟起来。此后他重用贤臣，而且非常勤政，从不敢有丝毫懈怠，于是明朝的政局又渐渐稳定了下来。

天顺八年（1464）正月十六，明英宗病入膏肓，考虑到自己这辈子做了不少糊涂事，为了挽回声誉，同时怜悯自己生死与共的皇后钱氏，他下令废除了残忍的妃嫔殉葬制度，从此以后，殉葬从中国的历史上彻底消失。之后，明英宗驾崩，享年三十八岁。

明英宗死后，太子朱见深继位，即明宪宗。为了顺应民心，明宪宗下令为于谦平反，从而赢得了朝野的支持和赞誉。宪宗在位的二十三年里，明朝基本上太平无事，却也没有什么太大的作为。成化二十三年（1487），四十岁的明宪宗驾崩，太子朱祐樘继位，就是明孝宗。明孝宗即位后，他罢斥奸佞，选贤任能，又更定律制，革除弊政，大明朝一时间政治清明，朝野称颂，由于他的年号为弘治，史称"弘治中兴"。

弘治十二年（1499），一位新科举人参加礼部会试，考中进士，他就是中国历史上著名的哲学家王阳明。几年后，王阳明被授予兵部武选司主事的六品小官，当时的他还籍籍无名。

弘治十八年（1505），明孝宗在乾清宫病逝。随后他生性顽劣的太子朱厚照继位，即明武宗。明武宗上台后，把原来在太子宫侍奉过他的八个太监统统予以重用，以刘瑾为首，号称"八虎"。本来太监们陪着皇帝玩玩也就罢了，关键这"八虎"还插手朝堂，这让当时的辅政大臣刘健、李东阳、谢迁等人极为不满。在随后的政治斗争中，刘健、谢迁被逼辞职，李东阳失势，太监们大获全胜。当时身为六品小官的王阳明也上书抗争，却被施以廷杖，随后又被打入天牢。一年后，王阳明被发配到了偏远的贵州龙场驿站，做了一个不入品的小小驿丞。

贵州龙场驿是明初之际，由著名的彝族首领奢香夫人开设的九驿中的第一个驿站。在明朝的时候，那里人烟稀少，蛇虫丛生，被贬那里的人很少有活着回来的。而王阳明恰恰是在龙场，面对人生的绝境，心死而道生，他一朝顿悟，开创了影响后世几百年的阳明心学，史称"龙场悟道"。

正德四年（1509）闰九月，王阳明谪戍期满，他离开龙场，来到庐陵（今江西省吉安市）担任知县。后来他又被召入京城，一度升任南京鸿胪卿。正德十一年（1516）八月，王阳明巡抚南、赣、汀、漳等地，在那里，他很快平定了困扰大明多年的南赣匪患。

正德十四年（1519），宁王朱宸濠在南昌起兵叛乱，荒唐的明武宗朱厚照觉得终于可以让他指挥大军好好"玩"一把了。谁承想，王阳明这个没有眼力见儿的，竟然不待明武宗下令，三下五除二就平定了宁王的叛乱。这让明武宗大为恼火，但又无可奈何，最终只能押送着王阳明抓获的倒霉蛋宁王，悻悻而返。

明武宗返回京城的这一路走得极为缓慢，不为别的，只因为玩。光是和出身歌妓的大同第一美女刘良女在南京游龙戏凤，就耽搁了数月之久，一直到正德十五年（1520）闰八月十二日才乘船北返。当年九月十二日，明武宗朱厚照的队伍来到淮安府，他一时兴起，要乘船去捕鱼，不幸小舟侧翻而落水，虽被左右救起，却因呛水而染上肺炎。回到京师后，于正德十六年（1521）三月十四日驾崩于豹房。"人之将死，其言也善"，明武宗临死前说出了"前事皆由朕误"的忏悔之言。

八年之后，江西南安青龙浦的江面上，一条小船静静地停泊在岸边。船舱中，一代旷世先哲、心学圣人王阳明即将走完他的人生历程。临终前，弟子周积问："先生有什么遗言？"王阳明以手指心，说："此心光明，亦复何言？"说罢，溘然而逝，享年五十七岁。

晚明之阉党擅权与覆亡

早在大明成化二十三年（1487），明宪宗朱见深的第四子朱祐杬（yuán）受封为兴王。到了弘治七年（1494），十八岁的兴王朱祐杬离开京城，来到湖广的安陆州（今湖北省钟祥市）就藩。正德二年（1507）八月初十，兴王朱祐杬的次子朱厚熜（cōng）出生。朱厚熜长到十二岁时，他的父亲、四十四岁的兴王朱祐杬病逝，因朱祐杬长子早夭，朱厚熜就以兴王世子的身份接管了兴王府。

本来朱厚熜会在湖北安安稳稳，做个尽享富贵的王爷，谁承想在他十四岁的时候，他的堂哥明武宗朱厚照病故了。由于明武宗生前尽顾着玩了，也没留下个子嗣，按照兄终弟及的祖制，首辅杨廷和等人推举朱厚熜进京承继大统。

朱厚熜来到京城后，很快就和首辅杨廷和等大臣发生了冲突。当时按照礼部出具的礼仪，大臣们请求朱厚熜从东安门入居文华殿，而后择日登基，但年少的朱厚熜坚决不同意。最后在皇太后的调停下，朱厚熜从大明门入，随后在奉天殿即皇帝位。即位之后，在商议年号的问题上又起了冲突，首辅杨廷和等大臣为他拟定的年号是"绍治"，就是继承先皇之治的意思。而朱厚熜不予采纳，他从《尚书》中"嘉靖殷邦"之语摘取"嘉靖"二字作为年号，由此历史上又把他称作嘉靖皇帝或嘉靖帝。由于他死后的庙号是世宗，所以又称为明世宗。

嘉靖帝即位不久，就在朝堂上与群臣商议自己的生父朱祐杬该如何封号。由于嘉靖帝是小宗入继大宗，因此首辅杨廷和等人认为，嘉靖帝应该认伯父明孝宗为皇考，同时改称亲生父亲朱祐杬为皇叔考。啥意思？就是说以后嘉靖帝不能管他爹叫爹了，得叫叔，以后得认伯父明孝宗为爹。按理说，都让你当皇帝了，管谁叫爹能有多大个事儿。可少年嘉靖帝展示了他强硬的一面，他根本不听老臣杨廷和的提议，坚持认为叔父就是叔父，父亲就是父亲，两者无论如何不能混淆颠倒。结果，大明君臣之间围绕这个皇统问题而发生的礼仪之争竟然持续了长达三年半的时间，这就是明朝历史上非常有名的"大礼议"。

今天看起来，把礼仪问题搞得这么复杂，似乎有点多余。其实不然，表面上它是礼仪之争，本质上却是一场皇权与内阁之间的权力角逐。在这场"大礼议"中，嘉靖帝一步步取得胜利，而以杨廷和为首的朝臣势力则一步步挫败，最后少年皇帝嘉靖获得了完胜，掌握了朝堂的主动权，建立了全新的人事班底，将皇权牢牢抓在了自己的手中。这是十几岁的嘉靖帝在刚刚登上皇位时就展现出来的帝王心术和强硬手腕。

在"大礼议"后，杨廷和被迫辞官归里，他的儿子杨慎被贬谪到烟瘴之地的云南永昌（今云南省保山市）。被贬云南三十多年的漫长时光里，杨慎留下了许多脍炙人口的名篇佳句，比如著名的《临江仙》（滚滚长江东逝水）就是他在云南谪居时候所写的。

嘉靖帝在位初期，颇有一番励精图治的气象，大明王朝一度出现了繁荣兴盛的局面。然而，随着天下承平日久，嘉靖帝逐渐贪图享乐，并且痴迷仙方道术，谋求长生不老。而道士、方士们则利用嘉靖帝迷信的心理，屡屡修斋设醮，给国家造成巨大的浪费。

到了后来，嘉靖帝变得多疑暴戾，喜怒无常，所以宫人常被责罚，被杖毙者二百多人。最后宫人们终于忍无可忍，嘉靖二十一年（1542）十月，十几个宫女趁嘉靖帝熟睡，打算用黄绫将他勒死。不想，这些宫女在慌忙之中居然将黄绫打了个死结，致使刺杀行动失败，史称"壬寅宫变"。壬寅宫变发生后，迷信的嘉靖帝认为自己能够幸免于难正是由于诚心修道，但他对发生在紫禁城的宫女刺杀事件一直心有余悸。所以在此之后，嘉靖帝搬往西苑居住，从此专心修道，以至于竟然长达二十多年不上朝。

这一时期的内阁以严嵩为首，而嘉靖帝的怠政也让严嵩得以专权擅国长达十五年之久。在此期间，蒙古俺答汗常年袭扰边境，四处劫掠，甚至在嘉靖二十九年（1550）兵临北京城下，史称"庚戌之变"。而东南沿海，倭寇也不时登岸偷袭。面对南倭北虏的严重态势，嘉靖帝依旧不闻不顾，只管修道炼丹。首辅严嵩则欺上瞒下，得过且过，致使大明王朝的局面溃烂不堪。

嘉靖四十五年（1566）的二月，春节刚过，嘉靖帝看到了一封令他暴跳如雷的奏疏。这封奏疏中写道："'嘉靖'者，言家家皆净而无财用也。"不仅如此，奏疏还痛骂嘉靖帝迷信巫术、生活奢华、不理朝政等荒废朝政的行为，并说："盖天下之人不直陛下久矣！"这封奏疏就是千古名臣海瑞所写、历史上著名的《治安疏》。嘉靖帝看完这封奏疏后，气得当即就把海瑞关进了大牢。

同年腊月，嘉靖帝病逝。他的第三个儿子朱载坖（jì）继位，即明穆宗，也称隆庆帝。隆庆帝上台后，他平反冤狱，将以前因言获罪的官员给予释放，并恢复他们的官职，其中就包括海瑞。同时，他大力任用陈以勤、张居正、高拱等一批能臣，革除弊政，施行新政，让大明帝国再次焕发了生机。同时，危害大明数十年的倭寇问题，也随着1567年实行隆庆开关、解除海禁而获得了彻底的解决。

隆庆五年（1571），隆庆帝为消除北方边患，采取怀柔之策，将北方的蒙古首领俺答汗加封为顺义王，并批准蒙汉之间在边境开设榷场，互市贸易，这便是历史上有名的"隆庆议和"。隆庆议和之后，明朝的北疆也实现了长久的安定。

就在大明王朝步步向好的时候，隆庆六年（1572）五月二十六日，隆庆帝因中风猝然病逝。

之后，九岁的太子朱翊（yì）钧即位，就是明神宗，由于他的年号是万历，因此也称为万历皇帝。当时万历皇帝年幼，于是李太后临朝称制，而张居正则在太后和宦官冯保的鼎力支持下，以帝师的身份入主中枢，成为内阁首辅，开启了他长达十年的改革生涯。

张居正主政期间，从各方面进行了大刀阔斧的改革。内政上，他精兵简政，严格考核，大量裁汰冗官冗员。军事方面，他加强武备，整顿军纪，训练军队，重用戚继光、李成梁等大将，使国家的边疆得以稳固。经济方面，他推行"一条鞭法"，改革赋役制度，抑制地主豪强，减轻百姓负担。此外，张居正还兴修水利、改善黄河水患等。万历年间的这一场切实改革，让暮年垂老的大明王朝一度出现了盛世的气象，史称"万历中兴"。

然而到了万历十年（1582），随着张居正的去世，他所推行的改革和他一起都遭到了万历皇帝的全盘清算。一年之后，这位给明朝续命六十年的大明宰相张居正被剥夺了身后的一切哀荣，其家被抄，长子自尽，次子充军。大明再无张居正！

张居正死后，海瑞曾给予他八个字的评价："工于谋国，拙于谋身。"

随着张居正和他所主导的改革被全盘清算，大明王朝也加速走入了垂暮之年。此后的万历皇帝更是彻底放飞自我，他超级懒惰、沉溺酒色，而且贪婪无度。他曾创造了连续三十年不上朝的"旷工"纪录，使得明朝政府几近瘫痪，各种问题层出不穷。同时，从万历二十年（1592）到二十八年（1600），因为边疆问题而引发的"万历三大征"，使明朝的财政受到了极大的消耗。

就在大明王朝日落西山之际，北方的女真人正在崛起。万历四十四年（1616），女真首领努尔哈赤建立后金。两年后，明朝的辽东抚顺被后金攻陷。次年，后金军队在萨尔浒（今辽宁省抚顺市东郊）与明军发生激战，明军惨败而还。此后，明朝对后金转攻为守，开始消极防御。

万历四十八年（1620），"旷工大王"万历皇帝因病去世。随后，太子朱常洛登基，即明光宗。明光宗即位不久，就沉湎酒色和丹药，身体健康急剧恶化。仅仅一个月，明光宗就因过量服用丹药而猝死。明光宗死后，他的儿子朱由校即位，就是明熹宗，也称天启帝。天启帝是历史上有名的匠人，他不爱江山，也不爱美人，就喜欢做木工活，被民间戏称为"木工皇帝"。

当时的大明王朝内有党争不断，外有后金侵扰，这些烦心事儿压在天启帝的身上，使他深感无能为力，所以他宁肯把自己埋在心爱的木工活儿里，也不愿受那些糟心政事的烦扰，每当司礼监太监魏忠贤向他奏事之时，他总是不耐烦地说："朕知道了，你们看着办就行。"

由于天启帝甘做"甩手掌柜"，大太监魏忠贤趁机操弄权柄，作威作福，并且到处培植党羽，肆意残害忠良。朝中大臣都畏惧魏忠贤的权势，个个都管他叫"九千岁"，甚至各地还为他立起了生祠。可以说，大明王朝到了这个时候，已经是烂到根儿了。

天启七年（1627），"木工皇帝"天启帝病逝。随后，他的五弟、信王朱由检继位，即明思宗，由于他的年号是崇祯，所以一般称他为崇祯帝。

崇祯帝登临大宝，但此时他接手的大明王朝已经破败不堪。尽管如此，他即位仅仅两个月后，就一举除掉了魏忠贤，并迅速扫平了阉党余孽。由此可见，崇祯帝具有足够的政治智慧和雷霆手腕。然而，作为一国之君，除了权谋和手腕，还应该有识人之明和用人不疑的从容。崇祯帝的缺点就是多疑而且苛刻，却又杀伐果断。于是，兵部侍郎杨镐、蓟辽都御史刘策、登莱巡抚都御使孙元化等将领先后因战事失利而被处死。更为可悲的是，崇祯帝还中了后金的离间计，最终使大明督师袁崇焕被以谋逆罪凌迟处决。据说袁崇焕临刑之前曾口占一首绝命诗，诗曰：

一生事业总成空，半世功名在梦中。

死后不愁无勇将，忠魂依旧守辽东。

面对苛刻猜疑而又杀伐随性的皇帝，崇祯年间敢于担当的大臣和将领越来越少。如此就造成了上下推诿、无人负责的尴尬局面。至此，明朝的覆亡只是时间的问题了。

崇祯十七年（1644）春，闯王李自成率领农民军攻破了北京城。山河破碎之际，崇祯帝没有逃亡，他先是让周皇后和妃嫔们自缢，随后他悲凉地喊着"为什么要生在我家?"挥剑砍向了自己的两个女儿,一个被砍断手臂而昏厥,一个当场死亡。随后,他与太监王承恩登上紫禁城后的煤山,并以发覆面,吊死在煤山的一棵老槐树下,而王承恩也随之自缢而亡。至此,明朝灭亡。清初岭南派诗人屈大均有诗云:

先帝宵衣久,忧勤为万方。

捐躯酬赤子,披发见高皇。

风雨迷神驭,山河尽国殇。

御袍留血诏,哀痛几时忘。

南明：昙花一现的小王朝

崇祯十七年（1644），李自成率领农民军攻破了北京城，崇祯帝自缢煤山。

实际上这时的明王朝还有很大的疆域没有被占领。淮河以南的绝大部分地区，仍然在明朝地方官员的控制之下。可以说，明朝还远远没到山穷水尽的地步。

当时，明朝在南方的军队有江北四镇，还有镇守武昌、拥有重兵的左良玉部，这些军队总计不下百万。此外，作为陪都的南京还一直保留着一套完整的中央行政机构。可以说明朝的留存势力完全有机会偏安南方，甚至再度重振大明。其实这样的先例在历史上司空见惯，西周之后的东周，西汉之后的东汉，西晋之后的东晋，北宋之后的南宋，元朝之后的北元，它们都延续了相当长的一段时间。因此，当时中国的南方就是大明王朝复盘的希望。

而当时的中国北方，在李自成进入北京城后，关外的清军并没有立刻南下。因为那个时候，清朝的总人口不过百万，军队数量满八旗只有七万，加上汉八旗和蒙八旗的五万兵力，总共也不过十二万人马。而中原地广人众，这让身为摄政王兼清军统帅的多尔衮并没有足够的信心统驭中原，因此他迟迟不敢南下入关。

就在多尔衮迟疑之际，归降清廷的汉臣范文程却说，中原百姓只知隐忍，不足为惧。

范文程的话犹如醍醐灌顶，让多尔衮下定了进取中原的决心。随后，清军入关，并以投降清朝的山海关总兵吴三桂为前导，气势汹汹地杀向北京城。不久，清军击败大顺军，李自成退出了北京。1644年五月初二，清军进占北京，随后多尔衮奏请顺治帝驾临，并定都北京城。

就在清军入关之际，南京城里却吵成了一锅粥，一众文武在选立皇帝的问题上争斗不已。按照常理，应该是由崇祯帝的儿子来接班，但问题是崇祯帝的三个儿子都已经在战乱中失踪，所以当时只能从明朝宗室中另选新君。那么，到底该选谁呢？

当时明朝近支宗室如惠王、瑞王、桂王等都远在外地，因此只能从避难来到淮安的福王朱由崧（万历皇帝之孙）和潞王朱常淓（万历皇帝之侄）中挑选。

若论亲疏远近，应该立万历皇帝的孙子福王朱由崧，但原南京兵部尚书史可法等人认为国难当头，立贤为主，他提议应该让潞王朱常淓登基。因为朱常淓虽然只是万历皇帝的侄子，但在性格、能力各方面都要比朱由崧强，于是史可法与时任凤阳总督的马士英达成一致，准备迎立潞王朱常淓。

然而当时的江北总兵高杰、黄得功、刘泽清、刘良佐等人为了争夺拥立之功，密谋迎立福王朱由崧，后来凤阳总督马士英也转变态度，改为拥护福王。无奈之下，史可法也只能同意拥立福王朱由崧。

明崇祯十七年（1644）四月二十九日，在史可法等臣工的陪同下，福王朱由崧来到了南京城。五月十五日，朱由崧即皇帝位，年号弘光，朱由崧也被称为弘光帝。由此，大明灭亡之后，在南京重启的明廷，就被称为"南明政权"或"弘光政权"。

朱由崧即位后，原本安排让史可法在内辅政，马士英在外督师。但马士英借口无力调停江北诸将的矛盾，提议由史可法在外督师。史可法没有反对，于是马士英霸占内廷，开始积极扩大自己在朝中的影响。

当时天下的局势，勉强算是三足鼎立的局面，即李自成的大顺政权、南京的南明弘光政权、入关的清政权。三足鼎立的局面要想维持，需要的是彼此制衡，如果各方实力相当，就会持续存在。然而，李自成的大顺政权属于典型的草台班子，很快就被清军消灭。1645年五月，李自成在今湖北九宫山附近被地方武装杀害。

在李自成被杀害的两个月前，多尔衮见大顺政权已经垮台，于是命战功显赫的多铎率领清军，直扑南京的弘光政权。在这生死攸关之际，南明小朝廷却闹起了内讧。驻守武昌的大将左良玉和凤阳总督马士英素来不和，于是左良玉干脆撂挑子不干了，他打着"清君侧"的旗号，顺江东下，打算回南京和马士英争夺朝廷的控制权。而马世英也不甘示弱，他立刻把原本驻守江北四镇、抵御清军的军队全部调去抵挡左良玉部。

南明朝廷的内斗一起，江北四镇的明军一撤，于是清军长驱直入，短短一个月内，就攻克了徐州，并跨过淮河，很快兵临扬州城下。1645年四月，清军大将多铎率领大军将扬州城围了个水泄不通。当时镇守扬州的史可法带着仅有的四千军队，坚守孤城。

国破家亡在即，南明朝廷既不派援军，也不拨军饷，其余各镇兵马也是隔岸观火，各自只管保存实力。如此艰难之境，史可法抱着必死之心坚守扬州城。当时，清军大将多铎感其忠烈，五次派人送书信给史可法，以高官厚禄来劝降，史可法毫无所动。

在外无援兵、清军又重兵压城的情况下，扬州很快城破，史可法被清军俘虏。面对多铎的再次劝降，史可法凛然而立，怒斥清军。多铎见招降无望，于是用自己的白虹刀杀死了史可法。事后，多铎特意让人在白虹刀的刀柄处，刻下了"此刀曾杀第一忠臣"八个字，以示纪念。据说，后来清朝统一中原后，这把白虹刀被收入紫禁城，成为清朝的镇国神器。

史可法死后，他手下的士兵在扬州城的大街小巷继续抵抗，多铎暴怒之下，下令清军对扬州展开了长达十天的屠杀，史称"扬州十日"。于是，在清军这场残忍的屠城事件之后，昔日繁华富庶的扬州城沦为一片废墟，扬州内外白骨如麻、血染城垣，八十万人死在了清军的屠刀之下，这场惨绝人寰的大屠杀也成为中国历史上一个巨大的伤痛。

随后，清军渡过长江，旋即又攻克了江苏镇江。此时，待在南京城里的一众文武大臣，早被扬州屠城的消息吓破了胆。于是在1645年五月十五日，拥兵二十三万的南京守将赵之龙与一代大儒钱谦益率领诸位大臣跪在南京城门的路旁，向清军大将多铎投降。

就这样，清军不费一兵一卒，轻轻松松进入了南京城。几天后，登基仅仅一年的弘光帝朱由崧在芜湖被清军抓获。随后，清廷颁布严苛的剃发令，即所谓"留头不留发,留发不留头"。面对严令，读了一辈子圣贤书的钱谦益借口"头皮痒得厉害"出门就剃了头发。一代大儒钱谦益剃了自己的头发，也丢掉了自己的骨气。然而这"剃发令"却激起了江南百姓的普遍反抗，尤以嘉定（今上海市嘉定区）的反抗最为激烈。面对激烈的反抗，清军连续三次屠杀嘉定百姓，史称"嘉定三屠"。

嘉定三屠的具体经过不忍描述，但请我们记住几个名字，他们是反抗暴政的抗清义士侯峒曾、黄淳耀、朱瑛、吴之番。史载吴之番"连杀数人，不能定，呼天曰：'吾死，分也。未战而溃，我目弗瞑矣！'"随后，他挺枪直奔嘉定城的东门，直至战死。这是嘉定人的伤心史，更是中华民族的惨痛经历。

让人感到气愤的是，制造这场大屠杀的清军主要将领是汉族的李成栋。他本是李自成的手下，后来归降明廷，多铎南下之时，他又归降了清军。为了给多铎立个"投名状"，李成栋将手里的屠刀毫不留情地砍向手无寸铁的平民百姓。

就在清军大肆屠杀江南百姓之际，逃亡到南方各地的明朝宗室纷纷称帝，相继建立起自己的小朝廷。比如，潞王朱常淓、益王朱慈炲、靖江王朱亨嘉等，然而他们临时拼凑的草台班子往往昙花一现，很快又纷纷消亡。

1645年闰六月，福州军阀、南安伯郑芝龙等人拥立唐王朱聿键（朱元璋九世孙）在福州登基称帝，史称"隆武政权"。朱聿键的隆武政权建立之后，很快就得到了明朝残余势力的支持以及江南各省的拥护。与此同时，身在绍兴的鲁王朱以海（朱元璋十世孙）也宣布监国，实际上也等于是称帝了。这样一来，中国南方就同时出现了两个明朝的皇帝。

虽说天无二日、国无二主，但当时的情况毕竟非比寻常。国难当头之际，隆武政权和鲁王政权本应同舟共济，共同抗击清军。谁承想，清军还没来，自己人先闹起了正统之争。他们都认为自己才是明朝的正统延续，以至于势同水火，谁也不搭理谁。

结局可想而知，隆武帝朱聿键最终死于清军的乱箭之下，而鲁王朱以海则一路逃跑，流亡海上，最终于1662年病死于金门岛（今福建省金门县）。

这种情况下，身在肇庆（今广东省肇庆市）的崇祯皇帝的堂弟、桂王朱由榔登基，建立了永历政权。然而朱由榔前脚刚登基称帝，后脚隆武帝的弟弟、唐王朱聿𨮁（yù）又在一百多公里外的广州即位，建立了绍武政权。国事如此艰难，都要亡国了，这个时候再不团结，等待大家的只有死路一条。然而即便如此，内斗依然不止，所谓"内斗就要亡国，但亡国也要内斗"。

朱由榔的永历政权和朱聿𨮁的绍武政权陷在内斗的泥潭里无法自拔，他们相互排挤，相互瞧不起对方，都认为自己才是唯一的明朝正统。之前隆武帝朱聿键和鲁王朱以海不过是彼此不搭理，而永历帝朱由榔和绍武帝朱聿𨮁则是真枪真刀的干，相互之间经常火并。结果，鹬蚌相争，渔翁得利，登基仅仅四十多天的朱聿𨮁，很快就成了清军的俘虏。而永历帝朱由榔也没有什么好下场，在清军的追击下一路逃到了广西。

朱由榔到了广西之后，永历政权不断收复周边的失地，甚至一度掌控了云贵、两广、湖南、江西、四川等省份。其中湖南基本上被永历政权收复。而在北方地区，陕西、甘肃、山西也都还有南明控制的城池。甚至永历政权的势力一度还延伸到福建和浙江沿海的一些岛屿。这足以说明，南明它不是残垣断壁，它也占据半壁江山，拥有相当的实力，足以抗衡清朝。

但问题是，党争和内斗一直是南明绕不过去的一个死结儿。而且，南明的内斗，可以说相当复杂，相当普遍，相当激烈。不仅老朱家这些皇帝宗室们在内斗，大臣们也在内斗。可以说，南明是内部环境在斗，外部环境也在斗。他们也知道内斗就会灭亡，但他们就是停不下来。他们宁愿灭亡，也要内斗。于是在这种异常激烈的内斗中，永历政权很快走向灭亡。

公元1659年八月，永历帝朱由榔被清军追击，从滇西逃往缅甸。不久后，缅甸东吁王莽白押着永历帝朱由榔，将他亲手交给了吴三桂。当时朱由榔提出的唯一要求，就是让吴三桂把他押回北京，因为他想在祖先的陵寝前死去。然而，吴三桂没有满足他的要求，几个月后，就在昆明，吴三桂让人用弓弦勒死了朱由榔以及他的儿子朱慈煊。

至此，勉强支撑了十八年，也内斗了十八年的南明彻底灭亡。

清朝前传：后金的开基立国

中国历史上最后一个封建王朝，就是由女真人建立的清朝。清朝传了十二个帝王，一共延续了二百九十六年。其实早在清朝建立的五百年前，位于辽东地区的女真人就曾经建立了强大的金国，金国在强悍之时，灭掉了辽国和北宋。但是仅仅一百多年后，女真人建立的金朝，就为后来崛起的蒙古帝国所灭。随后，中原地区的女真人逐渐与汉族融合，而留在辽东地区的女真人，慢慢就形成了众多的女真部落。

元朝时期，在辽东地区的女真部落又恢复到早先的游牧状态，他们逐水草而居，以捕鱼或狩猎为生。转眼到了明朝，公元1387年，大明将军冯胜率军驻守松花江一带，这里的女真诸部便成了明朝的藩属。后来，女真诸部经过繁衍壮大，逐渐分化，形成了建州女真、海西女真和野人女真三大部族，当时的女真人在明朝"分而治之"的策略下，各部族之间征战不断，彼此并不团结。

公元1559年，建州女真一个小部落酋长的家里，诞生了一个男婴。他，就是后来清王朝的奠基人——爱新觉罗·努尔哈赤。虽说出生于部落酋长之家，但努尔哈赤的早年生活并不幸福，十岁那年，他的亲生母亲去世了，而他的继母对他则十分刻薄。到了十九岁分家的时候，他几乎没分到什么家产，日子过得非常辛苦。为了生存，他经常到深山老林去采摘野果、人参、松子、蘑菇、木耳等，然后拿这些东西去和汉人、蒙古人做交易来维持生活。早年的这段生活经历，让努尔哈赤大致掌握了蒙古语和汉语。相传他非常喜欢读《三国演义》和《水浒传》，还把这两本小说当作自己的兵书宝典。

日子本来就这样平平淡淡地过着，谁承想到他二十五岁那年，明军将领李成梁率军进剿建州女真的阿台所部，他的祖父和父亲在乱军之中双双被杀。噩耗传来，悲愤交加的努尔哈赤当即以先人留下的"十三副铠甲"起兵，开启了他统一女真的艰难征程。起兵之初，他手下也就是几十号人马，力量弱小得可怜。因此，他一方面依附于明朝，年年向明朝纳贡，以麻痹明廷；另一方面，他招兵买马，四处征服女真各部，不断壮大自己的实力。五年之后，努尔哈赤统一了建州女真。此后又历经二十八年的艰苦征战，到了公元1616年，五十八岁的努尔哈赤又降服了海西女真、野人女真，统一了大部分的女真部族。

　　公元1616年正月初一，实力强大起来的努尔哈赤在赫图阿拉（今辽宁省永陵镇）正式称汗。国号仍沿用五百年前女真祖辈所建立的金朝国号，史称"后金"，年号天命。让人感到诡异的是，努尔哈赤搞出这么大的动静，整个明廷上上下下居然没有一点反应，仿佛这件事就像没发生一样。万历皇帝没反应，大明的内阁也没反应，大家集体沉默，就这样默认了努尔哈赤称汗建国。

　　两年之后，即公元1618年四月十三日，实力愈加强大的努尔哈赤干脆和明廷撕破了脸，他"告天"誓师，并宣读了与明廷有"七大恨"的讨伐檄文，率军两万向明廷发动了进攻。

"七大恨"檄文

　　"七大恨"是爱新觉罗·努尔哈赤发布的讨明檄文。一大恨：明军无故杀害努尔哈赤的祖父和父亲；二大恨：明朝偏袒叶赫、哈达等部女真，欺压建州女真；三大恨：明朝违反双方划定的范围，强令努尔哈赤抵偿其所杀的越境人命；四大恨：明朝出兵帮助叶赫部；五大恨：明朝支持叶赫将已许给努尔哈赤的女儿（叶赫老女）转嫁给蒙古喀尔喀部；六大恨：明朝驱逐居住在边境的建州百姓，毁坏其房屋田地；七大恨：明朝派萧伯芝赴建州，作威作福。

很快，在后金的进攻下，明朝的抚顺等地相继失陷，这个时候万历皇帝才发觉事态严重，于是忙派兵部左侍郎杨镐经略辽东，主持辽东防务。次年二月，八万明军抵达辽东，加上叶赫部和朝鲜派来的援军，共计有十万多人。之后，杨镐坐镇沈阳，发兵四路进剿努尔哈赤的后金都城赫图阿拉。

可以说，明军四路大军分进合击，在当时不失为一个高明的战略部署。因为努尔哈赤的后金兵力薄弱，如果他分兵迎击各路明军，那么每一路兵力都会处于劣势。如果他集中兵力攻打其中一路明军，那么另外一路明军就会对他形成夹攻之势，同时其他两路明军还会趁机攻取兵力空虚的赫图阿拉城。看起来，明军的胜算很大，然而分进合击需要一个很重要的条件，就是各路大军积极配合，互为支援。可惜的是，明朝晚期党争激烈，朝廷上文官在斗，战场上武将也是相互倾轧，并不团结。

当时努尔哈赤采取的对策是"凭尔几路来，我只一路去"，就是集中优势兵力攻打先头冒进的、由总兵杜松率领的左侧中路明军。当年三月初一，左侧中路明军与努尔哈赤亲率的主力部队在萨尔浒（今辽宁省抚顺东郊大伙房水库附近）一带发生激战，当时其他几路明军并未积极救援，致使杜松全军覆没。随后，努尔哈赤率军北上歼灭了由总兵马林率领的左侧北路明军。不久，刘铤的右侧南路明军和李如柏的右侧中路明军也相继被努尔哈赤打败。至此，开战之后前后不过五天，努尔哈赤的后金军就大败明军，史称"萨尔浒之战"。

萨尔浒之战的失败，让明朝对辽东的统治开始瓦解。而后金则借着萨尔浒之战的余威，几年之间，一鼓作气，先后攻占了辽东七十多座城池。从此，后金实力大增，明朝对后金的战略也从进攻转向了被动防御的态势。

公元1621年，努尔哈赤将都城从赫图阿拉迁到辽阳城，并在城东河岸兴建了一座新城——东京。次年，他又乘势攻克了辽西重镇广宁（今河北省昌黎县），紧接着又夺取了义州（今辽宁省义县）、锦州（今辽宁省锦州市）等四十多座城池。三年之后，努尔哈赤再次迁都，这次他将都城迁到了沈阳。

随后，他亲率六万大军，于公元1626年的正月，兵锋直逼兵力不足两万的宁远孤城。之所以称宁远为孤城，是因为当时的辽东经略高第和总兵杨麒拥兵山海关，却都不来救援被后金重兵围攻的宁远。努尔哈赤对拿下宁远可以说是胸有成竹，谁承想，这场宁远之战却成了他的滑铁卢。因为镇守宁远城的守将不是别人，正是后来让后金军队吃尽苦头的袁崇焕。面对后金来袭，他直接搬出了"大杀器"，葡萄牙制的红夷大炮，这让只会使用冷兵器的后金军队伤亡惨重，就连努尔哈赤本人也被红夷大炮击中，不得已，后金撤兵。当年八月十一日，受伤又加上患病的努尔哈赤病逝，终年六十八岁。

努尔哈赤死后，在诸贝勒大臣的拥立下，第八子皇太极继任后金大汗，即天聪皇帝。皇太极继位之初，后金面临的形势十分严峻。当时，袁崇焕积极构筑关宁锦防线，并联合朝鲜、蒙古封锁后金。而后金的内部则是"四大贝勒按月分直"制度掣肘皇太极的权力。同时，由于连年征战，后金的经济也遇到很大的困难，民众厌战的情绪在当时非常普遍。

在这种情况下，皇太极联合归附的蒙古各部，不断袭扰明朝，势力不断扩大。同时，他借机打击其他三大贝勒，将权力牢牢抓在了自己的手里。比如，二贝勒阿敏被送进高墙之内禁锢，永不叙用，不久病死；和硕贝勒莽古尔泰被降为普通的多罗贝勒，最终被活活气死；四大贝勒之首代善也被皇太极不断敲打，再也不敢与皇太极分庭抗礼。至此，威胁汗权的三大贝勒势力已除，皇太极实现了后金权力的集中和统一。与此同时，皇太极还效仿明朝制度，设立三院六部等，建立了一套体系相对完整的国家机构，从而取代了过去的八旗制度。

为了进一步增强后金的军事力量，皇太极不断拉拢汉族与蒙古族，后来又增设了汉八旗和蒙八旗。到了公元1635年，皇太极将女真族名改为"满洲"，以加强本部族的凝聚力和向心力。这一事件，标志着满洲族（满族）的正式形成。次年春天，皇太极在盛京（今辽宁省沈阳市）正式登基称帝，并改国号为"清"，清朝正式建立，皇太极即清太宗。

八旗制度

八旗制度原是努尔哈赤在早期统一女真部落时，建立的军政合一、兵民一体的组织形式。努尔哈赤刚刚起兵的时候，麾下没多少兵马，管理起来也比较方便，就以黑旗作为统帅旗号。后来，随着军队人数大大增加，努尔哈赤就增加了红旗，由自己统领，而将原黑旗属下的军队交给弟弟舒尔哈齐负责。随着努尔哈赤攻城略地，管辖的人口越来越多，他又把原来的黑、红二旗扩张为黄、白、红、蓝四旗。再以后，随着地盘儿的扩大，管辖的人口越来越多，四旗也管理不过来了，就又增加成为八旗，即正黄旗、镶黄旗、正白旗、镶白旗、正红旗、镶红旗、正蓝旗、镶蓝旗，这便是基本的八旗制度。

从此，皇太极将他的主要精力放在了进攻明朝上，明清之间的战略关系进入了一个新的历史阶段。

大清之一统与初兴

皇太极称帝之后,他改革过去的制度,不断扩充军力,逐渐形成了满八旗、蒙八旗和汉八旗,共计二十万的总兵力。与此同时,他发兵攻打朝鲜,使之成为清朝的藩属,以此解决了清军南下攻打明朝的后顾之忧。

从公元1640年开始,皇太极发动了意图打通明军关宁锦防线的"松锦之战"。此战历时两年,明军惨败,主帅洪承畴被俘后投降清廷,祖大寿率部献城,松山、锦州、杏山都被清军拿下。至此,明朝在辽东的防御体系几乎全线崩溃,辽东的最后防线仅剩下驻守山海关的吴三桂军。

公元1641年九月,当时正在松锦之战前线的皇太极得知他最宠爱的宸妃——海兰珠病危,于是马不停蹄赶回盛京,及至盛京之时,海兰珠已经病故了。海兰珠之死极大地打击了皇太极,使他肝肠寸断,从此身体就一天不如一天。

说起来,在清朝近三百年的历史上,曾有两个女人对其兴衰成败起到了关键性的作用。从某种意义上说,清朝是成也女人,败也女人。这两个女人一个是清初的孝庄太后,另一个就是清末的慈禧太后。而孝庄太后正是皇太极最宠爱的妃子——海兰珠的妹妹,她原名布木布泰,出身显贵,其家族是漠北草原上显赫的蒙古科尔沁部,是和硕忠亲王博尔济吉特·布和之女。她和姑妈哲哲、姐姐海兰珠都先后嫁给了同一个男人——皇太极。

与她的姐姐海兰珠不同,皇太极在世时,布木布泰并不是太受宠。

皇太极称帝时册封了"五宫后妃",她排在了最末位,赐号庄妃。公元1637年,海兰珠为皇太极生下了八皇子,成为皇太极称帝后的第一位"五宫后妃"之子。不幸的是,八皇子不到一岁就夭亡了。到了第二年,庄妃为皇太极生下了九皇子福临,福临也就成了皇太极称帝后最年长的嫡子。

然而,海兰珠的病逝让皇太极日渐消沉,公元1643年八月初九的夜里,皇太极病逝于盛京后宫,时年五十二岁。由于皇太极事先没有立储,一时之间这大清朝堂就陷入了动荡。皇位该由谁来继承呢?

当时,皇太极长子豪格战功赫赫,是最有资格竞争皇位的人选。但豪格母亲的身份并不高贵,不在皇太极册封的"五宫后妃"之内。然而,豪格屡建军功,又是皇长子,还得到了很多当朝勋贵的支持,所以豪格觉得自己承袭大统是胜券在握的。不过,豪格还有个强大的竞争对手,就是自己的叔叔、和硕睿亲王多尔衮。多尔衮战功赫赫,还颇有才能,当时两白旗是他的坚强后盾,其他几旗中也有不少宗室在暗中支持多尔衮。

就在两方势力为争夺皇权而不可开交之际,为皇太极生下了九皇子福临的庄妃游走于双方之间,最终促使多尔衮提出了扶立幼主福临的方案。就这样,庄妃以一介女流之身,兵不血刃地结束了这场争端,将自己的儿子福临扶上了大清皇帝的宝座。福临就是顺治帝,也称清世祖。到了顺治八年(1651),庄妃被尊为皇太后,就是清朝历史上著名的孝庄皇太后。

在历史上一直有一个疑问:对皇位虎视眈眈的多尔衮为何会突然放弃争夺皇位,并且推举福临继位呢?坊间纷纭,说孝庄为了使自己的儿子上位,不得已下嫁了多尔衮。比如"西湖三杰"之一的张煌言就写诗影射太后下嫁之事:

上寿觞为合卺尊,慈宁宫里烂盈门。

春官昨进新仪注,大礼躬逢太后婚。

不过,这终究只是野史传言,孝庄究竟有没有下嫁多尔衮,官方史书上并没有明确的记载。但不管怎样，正是凭借孝庄的多方斡旋，才让儿子福临坐稳了清朝的江山。当然，这个时候，清朝还只是偏居东北一隅，清朝的铁骑还没有入关。

其实清朝自建立之后，就一直侵扰明朝，清朝的铁骑一直想纵马中原。明朝为了应对清朝的进攻，每年都需要在边关花费大量的军饷。早先明朝廷还能从工商业中收取大量的税收，但随着和大商人集团有着千丝万缕联系的东林党人遍布朝堂，他们要求保护工商业者，于是就减免了工商业者原本要缴的各种税费。这对于工商业而言无疑是有利的，可对于朝廷来说就不是什么好事儿了。没了这部分税收来源，朝廷的财政收入大为缩水。为了弥补这部分财政的亏空，明朝只好向广大的底层农民增加赋税。

偏偏此时，中国的北方又干旱频繁，天灾不断。农民本来就吃不上饭，朝廷还要加重赋税，这简直是要把农民逼上绝路。于是各地的流民纷纷揭竿而起，天下起义不断。到了崇祯朝的最后几年，明帝国的主要力量都被用来对付越剿越多的农民起义军，这导致大明的国力最终被耗尽抽干。公元1644年，李自成攻陷北京城，崇祯帝自缢煤山。至此，延续了二百七十六年的明朝灭亡。

当时，明朝在辽东的最后防线是山海关总兵吴三桂，他听闻李自成的农民军在京城对明朝官员大肆劫掠，追赃逼饷。这让他认定农民军不能长久，于是转而投降清朝，并引清军入关。不过还有一种说法，说是李自成攻陷北京后，他手下的大将刘宗敏抢走了吴三桂留在北京的爱妾陈圆圆，于是吴三桂"冲冠一怒为红颜"，愤怒之下，他引清军入关。

公元1644年五月，多尔衮率领清军，以吴三桂为前锋，大败李自成的农民军，随后进入了北京城。当年十月，时年六岁的顺治帝福临，驾临北京，登上了紫禁城的皇帝宝座，他颁布诏书："入山海关，破贼兵二十万，遂取燕京，抚定中夏，迎朕来京，膺受大宝。"

虽然顺治皇帝已经入主北京的紫禁城，但当时李自成的大顺军、张献忠的大西军,以及南明的弘光政权仍然控制着关内的大部分区域。清王朝要想统一全国,还有很长的一段路要走。当时顺治帝年幼,难以担当重任,于是摄政王多尔衮就代行皇权,开始了清朝统一天下的征伐之路。

"秦淮八艳"之一——陈圆圆

陈圆圆,原名邢沅,字畹芳。明代歌妓、吴中名伶,是"秦淮八艳"之一。陈圆圆出身货郎之家,年幼时父母双亡,由姨妈收养,姨夫姓陈,故改名为陈圆圆。后来,陈圆圆被姨夫卖给苏州梨园,逐渐成为当时的名妓。因其才貌双绝,与当时南京秦淮河畔董小宛、李香君等并列为"秦淮八艳"。

传言云:崇祯末年,陈圆圆被田畹(崇祯帝田姓妃子之父)劫到京城,后被转送给吴三桂为妾。李自成攻破北京后,手下刘宗敏抢走了吴三桂府中的陈圆圆,吴三桂"冲冠一怒",遂引清军入关,攻入京城,于是陈圆圆再度归了吴三桂。陈圆圆晚年出家礼佛,于康熙年间去世。

公元1645年,在清军接连的追击下,李自成死于湖北通山县的九宫山,大顺政权灭亡。紧接着清军挥师南下,又攻灭了南明的弘光政权。第二年,清军进攻浙、闽,趁着南明在绍兴的鲁王政权和福州的隆武政权互相内斗之际,先后将其消灭。同年,清军又率兵进入四川,剿灭了张献忠的大西政权。至此,清王朝离着一统天下越来越近了。

然而,与此同时,功高盖主的摄政王多尔衮已经对顺治帝的皇权产生了严重的威胁。就在顺治帝与多尔衮的冲突一触即发之时,一件谁也料想不到的事情发生了。公元1650年腊月,多尔衮在河北滦平境内的喀喇城(今河北省滦河镇)突然暴病身亡,年仅三十九岁。多尔衮一死,年幼的顺治得以亲政。孝庄太后为了防止另一位摄政王济尔哈朗伺机干政,她让顺治发布上谕,宣布此后一切奏章必须由皇帝亲览,不必再经摄政王之手。由此,在孝庄太后的支持下,顺治帝牢牢掌握住了大清帝国的至高权力。

顺治帝亲政之后,他对多尔衮前期一系列过激的政策作出了相应的调整,缓和了满汉之间的紧张关系,也消散了汉族民众对清廷的敌视情绪。然而,就在清王朝的统治大有起色之时,顺治的生命却走向了尽头。公元1660年,顺治帝最宠爱的董鄂妃去世,这让他痛不欲生。次年正月,顺治又因感染天花,英年早逝,年仅二十四岁。

随后,孝庄太后扶持八岁的孙子、顺治帝的第三子玄烨继位,即康熙帝,也称清圣祖。因为康熙年幼,顺治帝临死前为他安排了四位辅政大臣,分别是索尼、苏克萨哈、遏必隆和鳌拜。然而,这四位辅政大臣很快就因争权夺利而矛盾激化。尤其是鳌拜,他自恃战功卓著,不甘心屈居辅政四大臣之末的位置。他培植党羽,把持朝堂,甚至不把小皇帝康熙放在眼里,公然抗旨违命,拦截奏章。

这样的情形让孝庄太后深感不安,于是她让十四岁的康熙举行亲政大典,提前锻炼。她还把康熙叫到跟前说:"猎人有捕虎的胆量,是因为猎人小时候靠亲手宰杀家里忠诚的猎狗练胆子。"孝庄接着表示说:"鳌拜就是那只猎狗,是你成长的阻碍,只有除掉鳌拜,你才能见识到真正的朝局。"

打这儿之后,康熙每天做梦都在想着如何剪除鳌拜。当时,康熙在宫内安排了一队少年侍卫,天天不务正业,就是摔跤、打架、胡闹。就这样,他成功麻痹了鳌拜。两年之后,年仅十六岁的少年天子康熙,一举拿下了权臣鳌拜及其全部党羽。铲除鳌拜让康熙长舒了一口气,但接下来三藩之乱的爆发,则使他面临更为严峻的考验。

公元1673年,清廷仓促撤藩,致使云南王吴三桂举起了反旗。随后,平南王尚可喜、靖南王耿精忠也相继起兵响应,史称"三藩之乱"。与此同时,广西将军孙延龄、陕西提督王辅臣等,连同一些前明遗老、降清官将,甚至据守台湾的郑氏集团,都纷纷加入抗清的行列。

甚至，就连当时蒙古的一些部族，也趁机策马寇边。面对如此严峻的形势，年轻的康熙在祖母孝庄太后的支持下，采取分化瓦解、软硬兼施的策略，经过长达八年的剿抚，最终平定了三藩之乱。

平定三藩之后，康熙将统一的目光又转向了台湾。公元1683年，福建水师提督施琅率军进攻台湾，郑氏海军在澎湖一役中兵败投降。次年，清廷在台湾设立一府三县，台湾也正式纳入了清朝的版图。

经历了除鳌拜、平三藩、收台湾，康熙已然成长为成熟的一国之君。公元1688年，孝庄太后去世。多年后，康熙不无感慨地说："设无祖母太皇太后，断不能有今日成立。"孝庄去世后，康熙又三征噶尔丹，平定了准噶尔首领噶尔丹的叛乱，维护了国家的领土完整。至此，清朝的疆域达到顶峰，总面积达到了一千三百万平方公里。学者柏杨曾评价康熙说："玄烨大帝，这个中国历史上最英明的君主之一，年轻气壮，有刘邦豁达大度的胸襟和李世民知人善任的智慧。"

三征噶尔丹

"三征噶尔丹"是指清朝三次征伐漠西蒙古（卫拉特）准噶尔部，平定准噶尔首领噶尔丹叛乱的事件，是维护国家统一、反对民族分裂的正义战争。

噶尔丹是厄鲁特蒙古准噶尔部首领。康熙十七年（1678），噶尔丹为割据西北、统治蒙古诸部，与清朝发生直接军事冲突。康熙帝为确保边疆安定，三次亲征漠北。康熙二十九年（1690）的乌兰布通之战，清军大破噶尔丹以万余骆驼组成的防御营地（驼城）。康熙三十五年（1696）昭莫多之战，清军歼敌数千，击溃噶尔丹主力军队，噶尔丹兵败流窜，众叛亲离。次年（1670），康熙又率军第三次亲征噶尔丹残部。噶尔丹走投无路，服毒而死。三征噶尔丹使清朝不仅成功阻止了准噶尔的东进，又将喀尔喀蒙古并入了版图。

公元1722年，在位长达六十一年的康熙帝病逝于北京畅春园。根据当时在畅春园的意大利人马国贤回忆："康熙驾崩的夜间，园内有呼号之声，不安之状。"言下之意，当晚似乎发生了"突然之变"。当然，也有的专家根据官方史书，尤其是根据后来雍正皇帝删改的《圣祖实录》，认为康熙帝属于正常病死。时至今日，康熙帝的真正死因已经难以查明。但在他的身后，一个疆域辽阔的庞大帝国已然兴起。清王朝逐渐摆脱了动乱的困扰，走入了和平发展的稳定时期。

大清之盛世及屈辱

康熙去世之后，皇四子胤禛（zhēn）即位，就是雍正皇帝。

说起雍正，他称得上是清朝历史上最勤政的君主，甚至可以说就是一个典型的工作狂。据说他每天睡觉不超过四个小时，一年中除了自己的生日外，剩下的日子几乎每天都在工作。然而就是这样一位勤勉的皇帝，却在当时以及后世备受苛责，甚至留下一世的骂名，究竟是为什么呢？

这还要从他登基的那天说起。公元1722年，在康熙病逝的榻前，面对群臣及诸多皇子，顾命大臣隆科多口述了康熙帝的一份遗诏："雍亲王皇四子胤禛，人品贵重，深肖朕躬，必能克承大统，著继朕登基，即皇帝位。"

这份遗诏让在场的皇子们大感意外，谁也没有想到，几十年的储位之争，笑到最后的，竟是默默无闻的老四胤禛。当时各位皇子对胤禛承袭大统根本就不认同。因为胤禛的生母乌雅氏出身低微，而且无论是才能还是人望，甚至学识，胤禛都比不上诸位阿哥。

于是，从雍正帝胤禛即位的那天起，朝野就有了他害父篡位的传言。为了遏制这些传言，几天后，雍正颁布了康熙的遗诏。然而，大家都怀疑遗诏的真实性，认为并非康熙的真迹。当时有传言，说康熙临终前，实际上发布了一道诏书，要求远在西宁的抚远大将军十四阿哥胤禵（tí）紧急回京继位。然而，诏书却被隆科多扣住不发，还把"十"字加了一横一勾，改为"于"字，于是康熙的诏书就从原本"传位十四皇子"变成了"传位于四皇子"。

如果传言属实，那就意味着雍正帝胤禛夺了自己亲弟弟的皇位啊。这个传言，不仅民间相信，就连十四阿哥胤禵也对雍正登基的合法性产生了怀疑，甚至亲生母亲乌雅氏也对雍正非常冷淡。或许在乌雅氏的心中，她最宠爱的小儿子十四阿哥胤禵才应该继承皇位。没过多久，雍正的生母乌雅氏突然暴病而亡，于是民间又开始散播雍正逼母自尽的传言。要知道封建社会一向以孝治天下，一个皇帝竟然逼迫自己的母亲自尽，这种行为简直是禽兽不如、大逆不道。

　　除此之外，坊间还传言，康熙临终前，皇四子胤禛端来一碗滋补人参汤。结果不知为何，康熙皇帝服食后竟突然驾崩，接着胤禛便继承了帝位，成了雍正皇帝。

　　那么这些传言属实吗？要知道在康熙晚年的时候，几个皇子为了争夺储君之位，引发了激烈的争斗，被称为"九子夺嫡"。这让老皇帝康熙非常寒心。唯独皇四子胤禛，韬光养晦，私下也不与大臣结交。因此在康熙的眼里，老四胤禛就是标准的孤臣一个。所谓孤臣，就是心中只有皇帝，没有旁人，绝不结党营私，这让康熙非常满意。再加上胤禛勤勉办事，他的才能和务实精神也得到了康熙的认可。基于此，康熙才将皇位传给了胤禛，就是雍正帝。

　　雍正虽说登上了皇位，但以皇八子为首的那些阿哥们并不甘心，他们散布谣言，制造事端，以发泄不满之情，企图动摇刚刚易主的皇权。而雍正也毫不手软，对他们进行分化瓦解、撤职监禁，给予无情的打击。然而，雍正对手足兄弟的严厉处置，又让世人给他添上了弑兄屠弟的恶名。

　　只是谣言还不算，雍正登上帝位后，发现父皇康熙留给他的并非一个清明富足的庞大帝国。康熙晚年吏治腐败，整个朝堂可以说是贪污成风。无数的大小官员以借款等名义，私自动用国库银两高达千万。后来，雍正让人清点库银时发现，堂堂大清国库，竟仅有库银八百万两。就剩下这点家底儿，如何支撑一个庞大帝国的运行呢？

　　为了维持大清帝国的正常运转，雍正决定整肃吏治，清查赋税。

无论你的官有多大，只要贪污，就会被罢官，然后补亏空，补不了，直接抄家。面对贪官，雍正绝不宽容，就算是皇族也不予姑息。而且，即便是贪污的人已经死了，只要你的子孙还在，那也要接着还，所谓"人死债不消"。比如雍正的十二皇弟为了还清欠款，最终竟然倾家荡产。如此严厉的肃贪手段，让雍正一举扭转了官场的腐败之风。到了雍正晚年，朝廷不仅弥补了康熙后期的亏空，库银还增至六千万两，一举充实了清朝的国力。然而，雍正的大力肃贪，却得罪了众多的王公大臣，于是他又被贴上"抄家皇帝""贪财好杀"等罪名。

以至于后来民间流传雍正帝有十条罪状，分别是：谋父、逼母、弑兄、屠弟、贪财、好杀、嗜酒、淫色、诛忠、任佞等。为了给自己辩驳骂名，雍正曾亲手编撰了一部《大义觉迷录》，在书中，雍正针对世人骂他的十条罪状逐一进行辩白、驳斥，还让当初骂他最凶的曾静到全国去巡讲。由此可见，当时雍正背负了多么大的污名。

平心而论，这些强加在雍正头上的污名，对他而言确实有些冤枉。总体来说，雍正是一位勤政自勉、颇有作为的皇帝。他继位之后，对吏治进行了一系列积极的改革。例如，为了加强对西南地区少数民族的统治，他实施了改土归流的政策。面对官员腐败问题，他推行耗羡归公政策，建立了客观可行的养廉银制度。同时，为了大清帝国的稳定运行，也为了向世人证明自己是位合格的皇帝，他"宵衣旰食，夙夜忧勤"，历史上如他一般勤政的帝王并不多见。

然而另一方面，雍正矫枉过正，他希望臣僚"惟知有君"，希望臣子对他绝对忠诚，绝对服从他的意志。更为严重的是，为了加强统治，雍正在位期间还发动了许多起文字狱，钳制了中国思想文化的进步。由于害怕世人的议论纷纭，雍正还建立了密折制度，并广泛应用于特务机构。他还特别设立了直接听命于皇帝的军机处，使君主专制达到了历史的巅峰。

客观地说，雍正留下了一些功绩，但也有不少争议，可谓毁誉参半。公元1735年，雍正驾崩，太子弘历继位，即乾隆皇帝，又称清高宗。

乾隆在康熙、雍正两朝的基础上，进一步统一了多民族国家，促进了社会的进一步发展。尤其是他通过一系列的边疆战事，巩固了对西藏的统治，也再次将广大新疆地区纳入了国土，近代中国的版图由此正式奠定。然而，帝王独尊的意识，让乾隆有些忘乎所以，再加上他的无端猜忌，使文字狱在乾隆一朝达到了最高峰。同时，他禁毁大量图书。严酷的禁书逆流以及伴生的文字狱，严重阻碍了学术思想的发展和中国社会的进步。不仅如此，乾隆时期开始实行全面的闭关锁国政策，进一步拉大了中国与世界的差距。

就在他自以为是天下之主的时候，在遥远的欧洲大陆，英国已经经历了第一次工业革命，成为当时世界上最强大的资本主义国家。而此时的中国，却像一艘古老破旧的大船，茫然无知地漂浮在暗流汹涌的大海之上。

公元1796年，在皇位上坐了整整一个甲子的乾隆皇帝，将大清的接力棒传给了太子颙（yóng）琰（yǎn），即嘉庆帝，又称清仁宗。不过，作为太上皇的乾隆，并没有完全退隐赋闲，而是继续以训政的方式掌握着大清皇权。三年之后，乾隆驾崩。之后，嘉庆帝亲政，此时他才发现，乾隆留给他的是一个千疮百孔、危机四伏的衰落局面。

乾隆的好大喜功、六下江南，导致劳民伤财，国库日益空虚。再加上乾隆宠信贪官和珅，使朝堂的腐败日益加剧。及至乾隆末年，全国各地又连连发生农民起义，大清的局面日益衰颓。

大清第一贪官——和珅

和珅，姓钮祜禄氏，满洲正红旗人。他在清朝乾隆年间，备受皇帝宠信，乾隆还将公主嫁给了他。和珅曾担任殿阁大学士、军机大臣等职，他利用职权，结党营私，大肆敛财，以巨贪而遗臭万年。乾隆去世后，和珅被革职下狱，抄家时发现其家中有巨额财产，清朝吏治的腐败可见一斑。

面对危局，嘉庆帝打出了"咸与维新"的旗号，他整顿内政，严肃纲纪，甚至诛杀了和珅等权臣，但他的努力，并没能从根本上扭转清朝政局的颓势。

嘉庆时期，朝廷的贪腐更加严重，加之闭关锁国，使清朝对外来事物采取盲目的排斥态度。在内乱频仍、外患渐逼中，清王朝的败落在嘉庆末年愈发明显。

公元1820年，在位二十五年的嘉庆帝驾崩，太子旻（mín）宁继位，即道光皇帝，又称清宣宗。道光帝即位之初，励精图治，试图振衰除弊，尤其是针对愈演愈烈的鸦片贸易。自1838年开始，他接受了严禁派的建议，全面实施禁烟政策，并支持林则徐的禁烟行动。

当时，经历了17世纪工业化洗礼的英国已然强大，被誉为"日不落帝国"。面对清朝的禁烟政策，英国对中国发动侵略，史称"鸦片战争"。公元1840年，英军总司令乔治·懿律率领四十七艘英军舰船、四千名陆军，兵临中国的南方港口——广东珠江口，由此拉开了中国近代屈辱史的序幕。

这是一场在力量上、信息上，双方完全不对等的战争，也注定了这场战争的最终结局。当时的西方殖民国家通过贸易、传教士和出使活动，收集了大量关于清朝政治、经济、文化和社会生活的情报，对清朝的军事实力也有充分的了解。而清朝还躺在天朝大国的美梦中，对外界几乎一无所知。因此，面对西方殖民者的坚船利炮，清朝最终迎来的只能是惨败的结局。

公元1842年，清政府被迫与英国签订了中国近代史上第一个不平等条约，即《南京条约》。两年后，美国又逼迫清政府签订了另一份不平等的《望厦条约》。接着，法国又强迫清政府签订了《黄埔条约》。此后，中国开始被动地参与对外开放贸易。

与美国、法国签订条约后，这两个国家的代表准备了现代科学技术书籍、望远镜、火枪、蒸汽机原理、世界地图以及各国概要等礼物赠送给清政府。可惜的是，自大无知的清政府竟断然拒绝了这些礼物。一方面，清朝自诩为天朝上国，面子上岂能输给洋人？另一方面，他们担心洋人的这些"奇技淫巧"会冲击维护皇权的封建礼教。与其开启民智，不若因循守旧，在国家进步与维系权力之间，清帝国坚决选择维护自己的皇权。

于是乎，大清帝国就像一条摇摇欲坠的破船，等待它的，终将是沉没的一天了。

公元1837年，一个屡试不第的穷书生第三次前往广州参加考试，却再次落榜。这次失败对他的打击很大，导致他大病一场。当他从四十多天的昏迷中醒来时，他的性情发生了巨大变化。几年后，他将掀起一场腥风血雨，并给予清王朝致命的一击。

他的名字，叫洪秀全。

大清之衰朽与谢幕

公元1850年正月十四，在位三十年的道光帝驾崩。之后，他的第四子奕詝（zhǔ）即位，就是咸丰帝。咸丰帝显然命不太好，因为他刚一登基，老天就送给他一份"惊天大礼"。

啥呢？就是差一点推翻了清朝的太平天国农民起义。

早在道光二十三年（1843），一个叫洪秀全的广东客家人第四次科考失败，于是他愤而发誓，今生再也不参加清朝的科举，同时发出了"等我自己来开科取天下士"的惊人豪言。同年，他读了当时的基督徒梁发所著的《劝世良言》，并创建了"拜上帝会"。

到了公元1850年，也就是咸丰帝登基的那一年，拜上帝会已经拥有了大批的信众。当时，洪秀全自称是上帝的次子，耶稣基督的弟弟，同乡冯云山、族弟洪仁玕、杨秀清、萧朝贵、韦昌辉、石达开等人都是他最初的信徒。

同年十一月，在杨秀清的统一指挥下，两万多名拜上帝会信徒集结到今天广西壮族自治区桂平市金田镇的金田村一带。一个月后，洪秀全和冯云山也来到了金田村。随后，洪秀全借自己三十八岁寿辰之际，率领信众在广西金田正式起义，建号"太平天国"，他自称"天王"，还将杨秀清、萧朝贵、冯云山、韦昌辉、石达开五人封为五军主将，由此拉开了轰轰烈烈的太平天国农民起义。

面对突然的民变，继位刚刚一年的咸丰帝立刻调集各路清军，对太平军进行围追堵截，但太平天国在重重围剿之下反而不断发展壮大。到了公元1853年，太平军攻占了武汉三镇。此后，太平军粮草弹药充足,人马达到五十万之众。不久后,太平军又占领江宁(今江苏省南京市),紧接着又取镇江、下扬州,形成了对江宁的犄角护卫之势。待江宁形势稳固后,天王洪秀全乘坐皇帝的大轿进入江宁城,他宣布定都于此,改江宁为"天京"。至此,当年那个屡试不第的穷书生,历经十年终于实现了"等我自己来开科取天下士"的誓言。

与此同时,清廷眼见太平军一步步发展壮大,而绿营八旗军已暮气垂垂、难堪大战,不得已放开了对汉族官员的限制,命令他们在家乡帮办团练,来抵御太平军的进攻。

于是,就在太平天国定都江宁的同一年,在湖南老家丁忧的曾国藩接到了命其帮办团练的朝廷谕旨。之后,曾国藩以捍卫儒家传统礼教为号召,以地方家族背景为基础,组建起了一支精悍的湘军。次年,湘军在湘潭大胜太平军。十月,又收复了被太平军占领将近半年的武汉三镇。由此,曾国藩及其所创建的湘军崛起于晚清的政治舞台。

然而,这短暂的胜利局面很快就被打破。公元1855年、1856年,太平军两次夺回武昌,并摧毁了清军江南、江北两个军事大本营,这使得整个长江流域都成了太平天国的势力范围。就在太平天国欣欣向荣之际,不料却祸起萧墙,爆发了严重的内讧。

公元1856年八月,太平天国的东王杨秀清逼迫天王洪秀全封他为"万岁"。无奈之下,洪秀全密令韦昌辉、石达开回京相救。到了九月初,杨秀清及其部属数万人被韦昌辉悉数杀害,史称"天京事变"。不久后,替主子洪秀全办完"脏事儿"的韦昌辉又被洪秀全无情地处死,就连石达开也遭到洪秀全的猜忌。石达开一气之下,在次年五月脱离了太平天国,率部数万人离开天京,谋求独立发展。

这场内讧使太平天国的实力受到极大损害,军政形势不断恶化。随即,武汉、九江相继落入清军之手,湖北、江西根据地也丧失大部,只有安徽的控制区域略有扩大。从此,太平天国走上了衰败的道路。

就在清廷镇压太平天国的同时,英、法等国再次趁机谋取中国的利益。公元1858年,英、美、法、俄分别逼迫清廷签订了《天津条约》。

然而，列强们对于《天津条约》规定的权利并不满足，又蓄意挑起新的战端，史称"第二次鸦片战争"。公元1860年，即咸丰十年的秋冬之际，英法两国再次联合侵略中国，兵锋直逼北京，而咸丰帝则以"木兰秋狝"（皇室秋季围猎活动）为名，从北京圆明园匆忙逃往热河的承德避暑山庄。同年八月二十三日的上午，三千五百名英法联军闯进了圆明园，对这座伟大的东方园林进行了野蛮的疯狂洗劫，他们掠夺了大批的珍贵文物，总计近一百五十一万件！随后，这些野蛮的侵略者又纵火焚烧，大火烧了三天三夜，不少精美的建筑与大量的珍贵书籍字画化为灰烬，对圆明园造成了严重的破坏。

就在英法联军入侵北京的同时，湘军统帅曾国藩被任命为钦差大臣兼领两江总督。次年，曾国藩手下的两大幕僚，李鸿章和左宗棠被分别授权处理江苏和浙江方面的军事，于是一场针对太平天国的最后围剿即将展开。

公元1861年七月十七日，咸丰帝在热河行宫病逝，年仅六岁的太子载淳继位，即同治皇帝，也称清穆宗。同治登基不久，其生母、野心勃勃的慈禧太后，设计将咸丰帝临死前安排的"顾命八大臣"统统铲除，随后她大权在握，操纵年幼的同治，开启了她垂帘听政、专权误国的时代。

这个时期的清王朝拖着垂死的病体，外被列强蚕食，内有太平天国起义，奄奄一息。然而，老天给了这个行将就木的腐朽王朝一个回光返照的机会。公元1864年，曾国藩的九弟曾国荃攻陷了太平天国的都城天京，历时十四年的太平天国就此灭亡。

尽管太平天国运动失败了，但它却对中国社会产生了深远的影响，使清王朝的统治力量遭到了极大的削弱。尤其是第二次鸦片战争使清朝的皇家园林被焚毁劫掠，酿成一场自清王朝诞生以来最大的劫难。这让恭亲王奕訢与曾国藩、李鸿章、左宗棠、张之洞等人在此巨大的冲击之中，深刻见识到西方的坚船利炮以及先进的技术，他们开始正视中国与西方在客观上存在的巨大差距，并尝试向西方学习，即所谓"师夷长技以制夷"。由此，从19世纪60年代开始，洋务派以"自强"为旗号，开展了中国近代史上著名的洋务运动。

当时，洋务派通过引进西方的机器设备和技术开始着手创办军工企业。到19世纪70年代以后，洋务派又以"求富"为口号，在继续发展军工事业的同时，创办了一些与民用相关的工业。到了19世纪80年代，开平矿务局还修建铁路运输煤炭，从而开创了中国最早的铁路运输事业。

同时，洋务派还着手建立海军，到公元1885年，北洋、南洋、福建三支海军已初具规模。公元1888年，北洋海军正式编成北洋舰队，拥有军舰二十多艘，俨然成为当时亚洲第一的海上舰队。

洋务运动使清朝的国力得到了一定程度的恢复和增强，清朝一度出现相对稳定的局面，因此这一时期又被称为"同治中兴"。

公元1874年，年仅十九岁的同治帝在养心殿东暖阁病逝。关于同治帝病逝的原因，历史上一直众说纷纭，有人说是因为天花，也有人说是因为花柳病，至今没有定论。但无论如何，这位备受慈禧压制的皇帝，活得实在太憋屈。也许对他来说，死亡才是真正的解脱。

同治帝去世之后，由于他没有子嗣，为了继续掌控朝局，慈禧太后扶立醇亲王奕譞（xuān）刚刚四岁的儿子载湉（tián）登基，即光绪帝，也称清德宗，而慈禧太后则继续垂帘听政。

在此期间，清朝因为洋务运动似乎有了一些近代化改革的影子，然而清政府"老大帝国"所积累的自负以及满朝士大夫的目光短浅，使时人认为，中国仅仅是军事技术、武器装备上落后于西方，只需要学习和引进西方的坚船利炮就足够了，并没有意识到要深层次地改变自身。

同时，这场洋务运动从一开始就缺乏全局意识，并没有来自中央的顶层设计，虽然也得到了清王朝部分当权人物，例如恭亲王奕䜣的支持，但洋务运动总体上来说是各地督抚自行推动、各自筹划。而各地督抚又因各自的派系不同而互相提防、不通信息，导致洋务运动终归落于一盘散沙、各自为战的无序状态。

因此，清朝的洋务运动看起来热热闹闹，实则只是浅表性的军事近

帝国余晖：明清

代化改良，清政府乃至地方督无意要深层次地改造中国传统的文化底层和社会制度，他们更期待通过引进西方的军事技术和坚船利炮来为自己制造一个强大的藩篱，以便挡住外来的强敌，更好地维护自己的皇权统治。基于这样的目的，洋务运动的结果可想而知。

与此同时，昔日的弹丸小国日本也经历了一系列被西方列强敲诈勒索的屈辱事件。面对汹汹而至的西方列强，日本痛定思痛，决意改弦更张，彻底向西方学习。公元1868年，日本在《易经·说卦传》"圣人南面而听天下，向明而治"的这句文辞中，取"明治"二字为年号，以全面近代化为国策，开始了西化革新的明治维新。与清政府各地督抚自行筹办洋务运动有所不同，日本的明治维新从一开始就是一场自上而下、系统性的全面改革。它不仅仅着力于军事技术、武器装备，还包括社会方方面面的彻底的改变，小到老百姓的发型、服饰、一日三餐、卫生习惯等，大到日本政府的组织架构、社会思想和教育方针等方面，日本都在全盘向西方学习。

明治维新之后，日本从一个东亚弱国迅速成长为一个蒸蒸日上的近代化强国。渐渐地，它显露出了四处扩张的腾腾杀气。

公元1894年，这一年极不平静。首先是清朝的藩属国朝鲜爆发了东学党起义，当年5月31日，起义军攻占了朝鲜的重镇全州。6月3日，朝鲜政府请求宗主国清朝派兵入朝协助戡乱。6月5日，光绪帝下旨令北洋大臣李鸿章派军队入朝。然而就在清军进入朝鲜之后，日军竟然不请自来，并迅速以陆军、海军的强势兵力进驻朝鲜。

当年7月23日，日军突袭汉城朝鲜王宫，朝鲜国王李熙被俘。得知消息，北洋舰队"广乙号"和"济远号"抵达朝鲜牙山湾，护卫运兵船"飞鲸号"卸载清军及物资。任务完成后，在队长方伯谦的指挥下准备返航威海，中途遭遇日本军舰。早上7时20分（部分资料记载为7时43分30秒），日舰不宣而战。"济远号"稍做抵抗便悬挂白旗而逃；"广乙号"顽强力战，最终舰体受到重创，退往朝鲜海岸后，搁浅自焚；海战中误入战场的运兵船"高升号"被日舰击沉，舰上陆军官兵上千人殉难；另一艘误入战场的运输舰"操江号"被日军俘获。

与此同时，已经登陆朝鲜的日本陆军也展开了对清朝陆军的进攻，清军惨败之下，只能一退再退。面对日本的不断挑衅，当年8月1日，清廷发布谕旨正式对日宣战。同一天，日本也发布了对中国宣战的诏书。

然而这终归是一场实力悬殊的战争。表面上看，北洋舰队似乎实力不差，实际上，北洋舰队的装备过于落后，而且后勤保障完全跟不上战争的节奏。加之，日本是以举国之力在打这场战争，而清朝方面则只有北洋一方，其他各省完全没有协同作战。这导致在战争一开始，力量就不对等。更重要的是，日本经过明治维新，已经从内到外全面革新西化，而清朝只是皮毛上的粉饰，战争的结局可想而知。

随后，登陆朝鲜的清朝陆军惨败，平壤陷落。当年9月17日，就在平壤陷落的第三天，北洋舰队与日军主力舰队在黄海爆发了一场激烈的海战。此战，北洋舰队损失五艘军舰，伤亡千余人。到了次年的2月17日，日军登陆刘公岛，威海卫海军基地陷落，北洋舰队全军覆没。

由于这场战争发生于1894年，是传统甲午年，因此史称"中日甲午战争"。

甲午战争的惨败迫使清政府不得不签订了屈辱的中日《马关条约》，导致清政府再次遭受割地、赔款，以及主权进一步丧失的厄运，同时加速了中国半殖民地半封建化的屈辱进程。国家生死存亡的危难形势迫使光绪帝痛定思痛，他极力支持维新派实施变法图强。

公元1898年，在光绪帝的积极支持下，梁启超、康有为等改良派人物发动了一场思想政治改良运动，史称"戊戌变法"。然而这次变法，前后只持续了短短一百零三天就被守旧派扑灭。此后光绪帝被慈禧软禁在瀛台，大权尽失。

公元1900年，八国联军攻入北京城，慈禧带着光绪帝一路狂逃，仓皇跑到了西安。这一年是庚子年，故也称"庚子之变"。次年，清廷不得不与八国联军签订了屈辱的《辛丑条约》，再次被迫赔款、割地、划定使馆界、扩大通商口岸等。至此，殖民者才退出了北京城。

《辛丑条约》被认为是中国历史上最不平等的条约。这份条约的签订，标志着清王朝已经完全沦为帝国主义奴役中国的工具。公元1908年，光绪帝与慈禧太后相继去世，年仅三岁的溥仪继位，即宣统皇帝，也是大清王朝的最后一任皇帝。

三年后，旨在推翻清朝帝制、建立共和的辛亥革命爆发。熊熊燃烧的革命烈火席卷了这个古老的帝国，带来了一场翻天覆地的变化。

公元1912年2月12日的早晨，阳光照进了沉睡中的紫禁城，隆裕太后带着年仅六岁的小皇帝溥仪，在养心殿签署了清帝退位的诏书。

这一天，没有历史上改朝换代常有的喋血场面，一切似乎都那么平静。

然而，这一天着实极不平凡，中国延续两千多年的封建帝制彻底终结，一个崭新的时代徐徐拉开了大幕。

后记

历时三年,"十分钟了解一个朝代"系列终于完稿了。

说句实话,开始做这个专题的时候是有些"鲁莽"的。因为我本身是理工科毕业,对于历史知识并不专业,随着一期期的持续讲述,我发现要学习、要梳理的知识点非常庞杂,很多时候感到无从下笔。甚至,很多次想过放弃。

然而,凭着一个念想,就是把中国历史用通俗易懂的方式讲述给读者,最终还是坚持了下来。

今天终于完稿了,可以长舒一口气。

对于中国历史,我所讲述的,仅是综合各种史料,力争客观严谨地还原和梳理,而不敢有太多的评判。因为历史没有假设,一个问题的发生也有太多我们今天看不到的因素在悄然地发力。我只想客观地讲述,把历史上那些悲欢离合、兴衰成败摆在今人的面前。

是非对错,任人评说吧……

正如大明才子杨慎在《临江仙》中所慨叹:

滚滚长江东逝水,浪花淘尽英雄。是非成败转头空。青山依旧在,几度夕阳红。

白发渔樵江渚上,惯看秋月春风。一壶浊酒喜相逢。古今多少事,都付笑谈中。